KB213156

죽은 신의 인문학

죽은 신의 인문학

이상철 지음

2018년 7월　2일 초판 1쇄 발행
2018년 8월 16일 초판 2쇄 발행

펴낸이 | 한철희
펴낸곳 | 돌베개
등록 | 1979년 8월 25일 제406-2003-000018호
주소 | (10881) 경기도 파주시 회동길 77-20 (문발동)
전화 | (031) 955-5020
팩스 | (031) 955-5050
홈페이지 | www.dolbegae.co.kr
전자우편 | book@dolbegae.co.kr
블로그 | imdol79.blog.me
트위터 | @Dolbegae79

주간 | 김수한
편집 | 김진구·오효순
표지디자인 | 정은경
본문디자인 | 김동신·이연경
마케팅 | 심찬식·고운성·조원형
제작·관리 | 윤국중·이수민
인쇄·제본 | 한영문화사

ISBN 978-89-7199-854-0 (03230)

이 도서의 국립중앙도서관 출판예정도서목록(CIP)은 서지정보유통지원시스템 홈페이지
(http://seoji.nl.go.kr)와 국가자료공동목록시스템(http://www.nl.go.kr/kolisnet)에서
이용하실 수 있습니다.(CIP제어번호: CIP2018016836)

죽은
신의
인문학

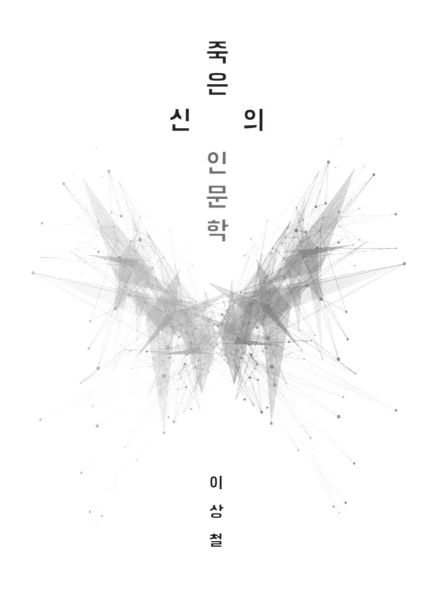

이
상
철

돌베
개

차례

일러두기

1. 책에 인용된 성경 구절은 대한성서공회가 펴낸 『새번역 성경』을 기준으로 삼았다.

2. 저자의 의도에 따라 '신'神을 뜻하는 우리말 표현으로 '하나님'이 아닌 '하느님'을 썼다.
   인용 구절의 경우에도 '하나님'을 '하느님'으로 고쳐 본문 전체에서 일치시켰다.

'인문/신학'이라는 새로운 상상력

왜, 인문/신학인가?

신학과 인문학 사이에는 전통적으로 미묘한 적대적 감정이 있습니다. 무엇보다도 자신을 상대와 극단적으로 차별화하거나 상대를 무시하려는 태도가 양자 사이에 존재합니다. 신학계에서 인문주의를 논하면 신성을 모독하는 불순한 인물로 찍힙니다. 인문학 전통에서 신학은 이성적이지도 논리적이지도 않은 구시대의 패러다임으로 취급당합니다. 둘 사이의 분리 혹은 배제를 향한 파토스는 상대방에게 자신의 이름을 각인하려는 인정투쟁의 욕구이겠지만, 이러한 양자 사이의 적대적 공생은 한 어머니에게서 나온 이란성 쌍둥이를 연상시킵니다. 같은 뿌리에서 나온 본질적인 친근성이 역으로 서로를 밀어내고 있는 것이지요. 마치 소설가 이상 李箱의 시 「거울」에 등장하는 거울 속의 내가 거울 밖의 나를 바라보며 부조화를 느끼는 것처럼 말입니다.

저는 이러한 신학과 인문학 사이의 불화가 오히려 양자 사이의 대화와 타협, 그리고 종합의 방식이 아닐까, 라는 생각을 합니다. 요즘 거세게 일고 있는 인문학 열풍과 포스트휴먼으로 상징되는 종교와 과학의 대화, 그리고 마르크스주의자인 지젝, 데리다, 벤야민, 바디우 등이 펼치는 신학적 언사들이 주목을 받고 있습니다. 이는 근본적으로 인문학과 신학이 같은 뿌리에서 나왔다는 반증이고, 양자 사이를 횡단할 줄 아는 사유가 없이는 21세기의 지적인 지형을 판독할 수 없음을 역으로 드러내는 현상이라 하겠습니다. 이러한 시대적 요청이 저를 '인문/신학'에 대한 사색으로 인도했습니다.

저는 '인문/신학 담론'이라는 개념을 통해 책의 특징을 설명하고자 합니다. 그것은 다음과 같은 두 가지 이유에서입니다. 첫째, 인문학과 신학 사이 역사적으로 존재했던 배타적 관계가 사물의 질서를 둘러싼 진실로 접근하는 것을 봉쇄했으나 현대는 이 은폐된 관계가 탈은폐되는 시대이고, 따라서 과거와는 다른 양자 관계의 정상화가 요구되고 있습니다. 둘째, 이러한 시대적 흐름 속에서 신학과 인문학의 관계를 재설정하는 것은 인문학의 존재이유와 목표점을 이동시키는 작업이며, 이것은 신학의 경우도 마찬가지입니다. 그러므로 '인문/신학 담론'이라는 말에는 변화된 학문적·문화적 지형에서 양자가 어떻게 시대정신에 맞춰 변화할 것인지에 대한 고민과 몸부림이 담겨있다 하겠습니다.

본격적으로 인문/신학 담론을 전개하기 전에 제가 '인문/신학 담론'을 해(써)야겠다는 결심을 하게 된 계기에 대해 먼저 이야기를 할까 합니다. 모든 사건과 사태의 이면에는 그것을 견인한 동인이 있습니다. 따라서 거기서부터 이야기의 실마리를 풀어가야 할 것입니다. 제게 있어 그 동인은 10년 동안의 미국 유학을 마치고 귀국한 지 한 달 만에 터진 세월호 사건이었습니다.

세월호 광장에서 길을 잃다/찾다

세월호 사건이 발생하고 달포쯤 지난 어느 날이었습니다. 제 수업을 듣는 한신대 신학대학원생 4명이 서울 청계광장에서 삭발을 하고 기자회견을 가진 후에 세월호 참사 진상 규명과 책임자 처벌을 요구하며 단식농성에 들어갔습니다. 그 전날 학생들은 내일 제출할 리포트를 미리 보내며, "교수님, 에세이 보냅니다. 내일 수업에는 참여하지 못할 것 같습니다. 죄송합니다. 안 그럴 줄 알았는데 떨리네요. 기도해주십시오"라는 문자를 보내왔습니다. 그 세미나는 '해석학과 윤리'라는 이름으로 개설되었고, 슐라이어마허부터 시작하여 레비나스까지 11명의 굵직한 사상가들의 해석학적 특징을 살펴보고, 그들의 사상을 어떻게 윤리학에 접목할 것인지를 공부하는 시간이었습니다. 그리고 그날, 학생들이 삭발하고 단식에 들어간 2014년 5월 21일 수요일 우리 앞에 나타난 인물은 프랑스의 해체주의 철학자 자크 데리다였습니다.

저는 학생들과 데리다가 말하는 애도의 방식을 놓고 대화를 하고 싶었습니다. "어떻게 우리는 세월호에 대한 애도를 시작해야 할까? 이 엄청난 슬픔에 대한 애도가 과연 가능하기는 한 것일까?"라는 물음에서부터, 데리다가 말하는 '불가능성의 가능성'이 시사하는 바가 무엇이고, 그것이 세월호 사건에 대한 애도의 불/가능성과는 어떤 연관이 있는지? 그리고 최종적으로 지금 이 상황에서 우리가 할 수 있는 애도의 방법은 무엇인지? 이런 내용을 가지고 수업을 진행하려 했으나, 11명의 수강생 중 4명이 청계광장에 가 있었던 까닭에 논의의 밀도 있게 진척되지 못했습니다. 결국 수업을 서둘러 마치고 삭발식과 기자회견이 열리는 청계광장으로 달려갔던 기억이 있습니다. 어

프롤로그. '인문/신학'이라는 새로운 상상력

세월호 참사 진상 규명과 책임자 처벌을 요구하며 단식농성에 들어간 한신대 신학대학원생들의 모습. ⓒ유코리아뉴스 최승대

쩌면 이 책에 실린 글들은 그날 수업에서 말하려고 했던, 그러나 말하지 못했던 것들에 대한 아쉬움에서 시작되었을지 모릅니다.

투쟁하는 학생들 덕에 광화문 주변을 배회하면서, 그리고 이런 저런 세월호 애도의 과정을 지켜보고 혹은 직접 참여하기도 하면서, 저는 한국 사회로 빠르게 진입했습니다. 유학생활 동안 유지하고 있던 이방인의 시선에서 내부자의 입장이 된 셈입니다. 하지만 10년이라는 세월의 공백 탓일까요. 저는 내부자도 아니고 그렇다고 이방인도 아닌, 애매한 주변인의 입장에서 현상들을 바라보고 있었습니다. 처음에는 이도저도 아닌 저의 입장이 혼란스러웠는데, 4년이 지나가면서 지금은 어느 정도 한국 상황에 익숙해진 듯합니다. 경계인이기에 지니는 사물에 대한 거리 두기와 객관성, 내부인이기에 지니는 사건을 바라보는 애정과 집중력이 내 안에 공존할 수도 있겠다는 기대가 조금씩 생기기 시작한 것을 보면 말입니다. 이렇듯 세월호 사건은 막 한국으로 들어와 적응하려는 저에게 많은 도전과 시련을 선사하면서 급속도로 한국 사회로 녹아들게 했습니다.

21세기 한국의 개신교와 인문학 풍속도

한국 사회로 서서히 진입해 들어오면서 신학자로, 그리고 인문학자로서 겪는 자기분열과 모멸감의 정도는 가히 절망적이었습니다. 남한 땅에서 '개신교'처럼, '인문학'처럼 오용되고 남용되는 말이 있을까요? 세월호 참사에 대처하는 한국 교회의 태도와 여러 가지 정치적·사회적 현안을 대하는 한국 개신교도들의 반응은 민망함과 유치함을 넘어 심지어 사악하기까지 했습니다. 특별히 차이를 차별의 근거로 삼고, 다름을 배제와 제거의 원칙으로 삼는 능력에 있어서 한국 개신교가 보이는 강도와 민첩성은 강하고도 빠릅니다. 외국인 혐오, 여성 혐오, 동성애 혐오, 빨갱이 혐오 등 한국 사회를 휩쓰는 온갖 종류의 혐오의 중심에는 어김없이 대형교회들이 있습니다. 사랑의 종교였던 기독교가 어떤 과정을 거치면서 한반도에서는 혐오와 적대의 종교가 되었을까요. 한국으로 개신교가 수입된 지 고작 1세기밖에 지나지 않았음에도 말입니다.

문득 서울의 야경을 내려다보다가 별처럼 빛나는 시뻘건 십자가들을 발견하고는 저에게 그 십자가의 정체가 무엇이냐 물었던 미국 친구가 생각나네요. 유나이티드에어라인 승무원을 하면서 신학 공부를 하던 남학생이었는데 승무원이다 보니 세계 이곳저곳 많이 다니나 봅니다. 한국을 다녀온 그가 제게 다가와 이렇게 묻더군요. "서울 시내 곳곳에 왜 그렇게 묘지가 많아?"라고 말입니다. 박장대소를 하고 나서 십자가 표시는 묘지가 아니고 교회라고 설명하면서 씁쓸함을

프롤로그. '인문/신학'이라는 새로운 상상력

느낄 수밖에 없었습니다. 종교가 지니는 존엄을 상실한 한국 교회, 시대와 사회를 향한 긴장과 비판을 잃어버린 한국 교회가 아닙니까. 교회가 세상을 걱정하고 선도하는 것이 아니라, 세상이 교회를 염려하고 구제해야 할 처지에 이른 것이 지금 한국 교회의 현실입니다. 어쩌면 서울 시내 곳곳에 박혀 있는 빨간 십자가들을 상공에서 내려다보면서 묘지라고 생각했던 그 친구의 말이 한국 교회에 대한 정확한 진단일지도 모르겠습니다. 도시 곳곳에 세워진 십자가가 이제는 역으로 종교성의 상실을 증명하는 표식이 되어버렸으니 말입니다.

저는 우리 사회에서 한국 개신교가 벌이는 소동이 정신병의 증상과 유사하다고 생각합니다. 흔히 정신병과 신경증, 그리고 도착증은 정신질환의 중요한 세 가지 범주로 알려져 있습니다. 정신병은 사회, 법, 관습, 윤리와 도덕으로 대변되는 상징체계로 편입하지 못한 주체의 상태를, 신경증은 반대로 주체가 상징계를 전적으로 흡수하는 바람에 나타나는 증상을, 도착증은 신경증과 정신병의 어느 중간쯤이라 생각하면 될 듯합니다. 신경증 환자와는 의사소통이 가능하지만, 정신병자는 그렇지 않습니다. 타인과의 불화와 단절이 정신병의 증상입니다. 한국 교회를 정신병과 연결 짓는 이유는 분명합니다. 그들만의 리그를 만들어 스스로를 게토화한 채로 체제(교회) 내 언어와 소통만을 감행하고 있다는 점에서 그렇고, 그것이 절대로 세상과 섞이지 못한 채로 불화를 조장하고 있다는 점에서 그렇습니다.

한국 개신교가 자기만의 성을 쌓고 타인과의 소통을 거부한 채 한국 사회에서 섬처럼 존재하고 있다는 점에서 정신병적이라면, 근래에 일고 있는 인문학 열풍은 도착증적이지 않나 하는 생각을 합니다. 도착증은 상징적 질서를 거부하지는 않지만, 그것을 전적으로 수용하지도 않는 증상이라 할 수 있습니다. 도착증적인 주체는 상징적 법을 인정하면서도 다른 법을 호시탐탐 엿봅니다. 현실의 법을 인정하면서도 더 큰 자극과 향락을 찾아나서는 마음이 도착증입니다. 한국의 인문학 열풍이 지금 그렇습니다. 귀국 후 제가 파악한 한국의 인문학은 도착적으로 한편에서는 힐링 열풍이, 다른 한편에서는 스펙 추구만이 난무했습니다. 나의 아픔만을 치유하기 위한 인문학, 내 스펙만을 쌓는 데 필요한 도구로 인문학이 추락하고 만 것입니다.

하지만 인문학의 역사를 조금만 거슬러 올라가도, 현재 광풍처럼 번지는 한국의 인문학 열기가 얼마나 비인문학적이고, 반인문학적인지 금방 알아차릴 수 있습니다. 인문학은 더 큰 자극과 향락을 향한 질주라기보다는 존재와 근원에 대한 의심과 물음이어야 맞습니다. 조물주가 창조한 인간의 섬세함과 복잡다단함에 대해 잘 알고 있는 인문학은 인간들이 만들어내는 사회가 스펙과 힐링이라는 두 단어로 요약 정리될 수 없음을 너무나도 잘 알고 있습니다. 현재의 인문학 열기가 낯설고 어색하게 느껴지는 것은, 우리가 알아왔고 경험해왔던 인문학 전통과는 다른 흐름 속에서 사이비 인문학이 향유되고 있기 때문입니다. 저는 다른 모든 분야가 시대의 유행과 요청에 기민하고 민첩하게 대응하더라도 인문학만큼은 끝까지 이런 흐름에 저항해야 한다고 봅니다. 우리가 지닌 의식의 과잉, 감정의 과잉, 행위의 과잉을 단순하고 청빈하게 유지할 수 있도록 하는 감산減算의 사유가 인문학이기 때문입니다. 그러므로 지금처럼 자본과 결합하여 마치 도착증 환자처럼 더 큰 자극과 쾌락을 찾아 배회하는 한국의 인문학 증상은 분명 문제적입니다.

이렇듯 한국의 개신교와 인문학은 어딘가 비정상적이고 그로테스크한 모습으로 현재 우리 앞에 존재합니다. 하지만 오히려 이런 타락의 와중에 있기에 우리는 역설적으로 신학과 인문학이 지니는 소중함을 더 분명하게 느끼고 있는 것 아닐까요. 한국 교회의 부끄러운 증상과 한국 사회의 조야한 인문학 열풍을 지켜보면서 많은 사람들이 안타깝게 생각하고 있습니다. 그 이면에 깔린 정서는 길을 잃어버린 신학과 인문학을 향한 원망의 마음이겠지만, 그보다는 신학과 인문학이 더 이상 추락해서는 안 된다는 위기감입니다. 이것이 '인문/신학 담론'을 쓰고자 다짐하게 된 이유입니다.

'인문/신학'을 위한 변명

신학이 우리와 상관없는 높은 하늘에서 전지전능한 자태를 뽐내며 세상을 내려다보고 심판하고 벌주는 신을 인간의 경험과 언어 안으로 안치시켜 찬양하고 서술하는 학문이라고 한다면, 그 신학은 얼마나 가난하고 초라한 모습일까요. 이것이 진정한 신학의 진면목은 아닙니다. 제가 생각하기에 신학을 신학답게 하는 것은 인간의 언어와 경험 안으로 포섭되지 않는 신학의 바깥 또는 신학의 외부입니다. 신을 향한 인간 언어의 바깥, 신을 향한 인간 경험의 한계 저편을 바라보는 것을 신학의 본성이라 할 때, '신학 함'doing theology이란 욕망의 법칙이 난무하는 현실의 세계를 뚫고 나가는 극단과 파국의 사고 또는 행위라 할 수 있습니다.

이 점은 인문학에도 적용 가능합니다. 인문학적 전통이란 인간의 아레테arête를 물으면서 시작되었습니다. 그것은 보편이 아닌 개별에 초점이 맞춰져 있습니다. 아리스토텔레스는 보편에 개인을 맞추는 것이 아니라, 나의 아레테를 발견하고 그 아레테를 끝까지 밀어붙이는

16

것이 윤리이고 그것이 행복의 요소라 말했습니다. 나의 나 됨, 내 안에 있는 가능성과 잠재성의 발현을 추구하는 것이 인문정신의 시작이었던 셈입니다. 얼핏 들으면 인문학의 역사가 이기적인 개인들의 집단 서사 아닌가, 라는 생각이 들 수도 있겠습니다. 하지만 집단적이고 전체적인 삶의 방식이 강제되는 공간에서 나의 나 됨을 발견하고, 나의 아레테를 발견한다는 것은 기존의 시스템에 대한 회의와 종전의 사유에 대한 의심이 없으면 불가능합니다. 끊임없이 내 직영直營의 저편을 바라보고, 도달할 수 없는 그곳을 끊임없이 앙망하는 불화의 주체가 인문학적 주체라는 말입니다.

신학과 인문학이 지니는 함의와 신학적 주체, 인문적 주체 안에 담긴 전복적인 특징들을 회상하다 보니 자연스럽게 신학과 인문학의 관계를 다시 생각하게 됩니다. 이런 이유로 양자 간의 관계를 좀 더 상생적으로 상상해보자는 취지에서 '인문/신학'이라는 말을 떠올리지만 이 말에는 해명해야 할 부분이 많습니다. 우선 '인문'과 '신학' 사이에 있는 ' / '의 의미를 밝히는 것이 중요하다고 생각합니다.

저는 '인문/신학' 사이에 있는 ' / '를 바라보면서 '사라지는 매개자'vanishing mediator가 생각났습니다. '사라지는 매개자'는 슬라보예 지젝이 『그들은 자기가 하는 일을 알지 못하나이다』에서 일관되게 사용하는 개념입니다. '사라지는 매개자'는 서로 대립하는 둘 사이에 매개가 되었다가 사라지는 개념을 가리킵니다. 어떤 힘과 권위에도 아랑곳하지 않고 현실을 탈주하는 자의 삶의 태도와 마음이 그 안에 숨겨져 있다고 생각합니다.

'사라지는 매개자'의 활동을 생생하게 보여주는 예가 복음서에 등장하는데, 세례자 요한이 대표적입니다. 절망과 죄악에 빠져 있는 유대 사회에서 나쁜 정치와 부패한 종교를 바꿔야 한다는 열망이 민중 사이에서 들끓었을 때 그 열망을 분출할 수 있도록 틈과 균열의 역할을 했던 자가 세례자 요한이었고, 마지막에 예수에게 바통을 넘기고 요한은 역사의 저편으로 '사라지는 매개자'가 되어 퇴장했습니다. 그 결과 예수로부터 시작되는 새로운 시대와 삶에 대한 전망이 가능했던 것입니다. '인문'과 '신학' 사이에 있는 '/'도 그러합니다. 세계와 예수가 만나기 전에 세례자 요한이 그랬던 것처럼, '인문'과 '신학'이라는 서로 다른 풍경을 이어주는 다리 역할을 '/'가 하고 있는 셈입니다.

'인문/신학'이라는 표현을 얼핏 보면 인문학적인 비판정신으로 신학 하기, 혹은 신학적 감수성으로 인문학 하기이겠지만, '인문/신학'이 진정으로 추구하는 것은 상호 침투와 소통을 통해 새로운 사고와 행위를 하는 주체를 상상하는 것입니다. 그러기 위해서는 유념해야 할 점이 있습니다. '인문'과 '신학' 사이에 있는 '/'는 양자 간의 구별을 위한 표식이 아닌, 서로가 서로를 비추는 거울이 되어야 한다는 것입니다.

통상 정신분석학에서 말하는 좋은 상담가(분석가)란 내담자(분석 대상)에게 투명한 스크린이 되어주는 사람이라고 합니다. 내담자가 스스로 말할 수 있도록 분위기를 조성해주고, 자기가 하는 말을 통해 문제를 발견하고 진단하면서 치유 방법을 스스로 터득할 수 있도록 하는 것이 중요하다고 합니다. 그 역할을 잘하는 사람이 좋은 상담가입니다.

그런 의미에서 '인문'과 '신학' 사이에 있는 '/'는 서로가 서로를 비추는 스크린이 되어야 할 것입니다. 스크린을 사이에 두고 하루는 인문학이 신학의 상담가가 되고, 다른 날에는 반대로 신학이 인문학의 상담가가 되는 것이죠. 그 과정에서 양자는 각자의 부족분과 과잉분을 대면하게 될 것이고, 그러면서 둘은 각자 새로운 자기의식에 도달하다가 하나로 합체되기도 하고 그러다 헤어지기도 할 것입니다.

이렇듯 '인문/신학'은 '/'를 매개로 서로를 향한 연속과 단절이 해석학적인 순환을 이루는 광장이라 할 수 있습니다. 그 광장은 인문학과 신학이 만나는 접경接境의 장소이자, 둘이 이별하는 분리分離의 장소이고, 또한 그곳은 양자가 함께 세상을 돌파하는 월경越境의 장소입니다. 그러한 과정을 거치면서 인문학과 신학은 모든 형태의 종속을 거부할 수 있는 용기와 지혜를 터득할 것입니다.

담론에 관하여

'인문/신학'에 대한 나름의 변명을 했으니 이제부터는 '담론'에 대한 해설을 할 차례입니다. 담론의 영어 표현은 'discourse'입니다. 변증법은 영어로 'dialectics'입니다. 담론과 변증법 두 단어 앞에 'di-'가 붙어 있습니다. 접두어 'di-'는 많은 뜻이 함축되어 있지만, 그중 '둘'two이라는 뜻이 있습니다. 둘이 걷는 여정course이 담론이고, 둘이 함께 말lecture하는 기술technic이 변증법입니다. 이런 이유로 담론은 교조화된 채로 울려퍼지는 대타자大他者의 음성에 대한 일방적 추종과 복종이 아니라, 우리 삶에서 울려퍼지는 다양한 목소리에 주목합니다.

세계는 다성, 다종, 다형의 사회이고, 그러기에 인간은 특정한 사안에 대한 견해와 해결책을 놓고 때때로 갈등합니다. 그 과정에서 우리는 다양한 층위의 폭력과 배제와 억압의 현실에 직면하게 됩니다.

그것을 의식하든 의식하지 못하든, 그것이 말해지든 말해지지 않든지 간에 말입니다. 제가 느끼는 담론의 가치란 배제되고 억압받는 존재들의 목소리에 귀를 기울이는 것, 그리고 그 내용들을 세상에 알려 완벽하다고 각인된 체제에 충격과 균열을 일으키는 것이 아닌가 합니다. 신과 진리에 대한 탐구가 마치 어딘가 엄밀하게 존재하는 궁극적 진리를 찾아 길을 떠나는 것이라 말해왔던 이들에게 담론은, 진리란 어쩌면 다양한 말의 주체들을 발견하는 것이라고 일러줍니다. 신을 경험한 다양한 사람들의 목소리를 경청하고, 그동안 가려졌던 진리의 이면을 들춰보면서 새로움을 상상하라는 것이 담론이 우리에게 요구하는 사항입니다.

그렇다면 담론 활동은 어떻게 하는 것일까요. 이는 담론의 방법론과 관련된 질문입니다. 우선 떠오르는 것이 소실점을 중심에 두는 방법입니다. 소실점의 발견이 르네상스 이후 근대 회화에 미친 영향은 막강합니다. 화면 한가운데 설정된 소실점을 중심으로 사물들이 배열되고 그에 따라 원근감도 표현됩니다. 소실점은 근대적 주체가 지니는 의식의 준거점이라 부를 수도 있겠습니다. 계몽주의에 반발하는 낭만주의적인 방법은 소실점을 중심으로 이루어지는 규칙성과는 다른 구조입니다. 소실점을 중심으로 서열화된 동심원적 원칙이 아니라 멀리 있는 것, 기억나지 않는 것, 봉인되어 있는 것, 그로테스크한 것들이 오히려 부각되면서, 어쩌면 저 불확실함이 진리에 더 가까운 것이 아닐까 하는 암시와 전망으로 우리를 몰아갑니다.

여기에 하나를 더 보태자면 정신분석학적인 방법이 있습니다. 잘 아시다시피 정신분석은 무의식에 억압되었던 것이 귀환하는 가운데 발생하는 이야기에 주목합니다. 그 과정에서 사후적으로 진실은 다시 구성되고, 그러면서 주체는 그동안 잃어버렸던 자기와 조우하게 됩니다. 반전이 있는 기법이라 하겠습니다.

　이렇듯 하나의 텍스트를 둘러싼 담론의 방식은 다양합니다. 진정한 텍스트란 이처럼 다양한 담론들이 서로 충돌하며 공존하는 장입니다. 다양한 이야기들이 고유한 자기 색깔을 간직할 수 있는 공간이 텍스트인 셈이죠. 결국, 앞에서도 언급했듯이 인간의 현실에는 다양한 층위의 감정과 해석의 지평, 편견과 억압의 구조가 상존합니다. 이런 이유로 우리의 의식은 서로 다른 의견과 입장이 충돌하는 장이고, 우리의 선택과 행위 또한 그러합니다. 그 과정에서 발생하는 에피소드들이 모아진 것을 담론이라 부르고, 거기서 추방당하고 억압당한 목소리들의 집합소가 또 다른 이야기의 층을 이룹니다. 그러므로 진리란 이런 다종의 이야기들이 서로 콜라주를 이루는 형국이라 할 것입니다. 바로 이 점이 담론의 역사가 주목하는 부분입니다.

인문학과 신학의 시차적 관점

2014년 귀국 후에 이런저런 형태로 학생들, 시민들, 교인들 앞에서 강의와 강연을 진행하면서 느낀 바가 많았습니다. 주로 '기독교와 인문학', '포스트모더니즘 시대의 윤리학', '현대 철학과 신학'을 주제로 하는 강좌였습니다. 자연스럽게 인문정신에 대한 이야기, 현대 사상의 낯설고 거친 키워드들과 신학과의 대화가 어떤 함의를 지니는지에 대한 내용들, 그리고 현재 우리 일상에서 벌어지는 현상들, 예를 들면 신자유주의 문제, 여성 혐오 문제, 동성애 문제, 포스트휴먼 논쟁으로까지 토론 주제가 번져나갔습니다.

　비교적 늦은 30대 후반에 유학을 떠나 10년 동안 미국에서 공부하고 40대 중반이 넘어 고국으로 돌아와 글을 쓰고 강의를 하면서 저는 제가 하는 공부에 대한 이름 짓기에 한참 동안 골몰했습니다. 그것은 내가 추구하는 학문이 나의 앎과 삶으로부터 동떨어지지 말아야 한다는 강박일 수 있고, 생각의 구체성을 삶의 차원에서 견지하고자 하는 나름의 의식적 노력이기도 했습니다. 이런 시간들을 겪으면서 떠오르는 물음이 있었습니다. 무엇이 텍스트인가. 텍스트를 텍스트이게끔 하는 것은 무엇인가. 그리고 So What? 그 텍스트는 내게 그리고 우리에게 어떤 의미로 다가오고, 구체적 현실에서 어떻게 작동하나.

텍스트를 텍스트이게끔 하는 것은 한 시대를 지배하는 당대의식일 수 있고, 공동체마다 다른 고유한 집단의 경험과 의식일 수도 있으며, 특정 개인이 내밀하게 간직하고 있는 경험, 그리고 자기의식일 수도 있습니다. 그런 다성·다종의 목소리들이 하나의 텍스트로 묶이는 과정을 추적하는 것이 제게는 담론이라 할 수 있습니다. 그리고 그 이야기를 만드는 과정에서 '인문/신학'이 중요한 도구가 되기는 했으나, 여전히 설명되지 않는 부분이 많은 것이 사실입니다.

그럼에도 불구하고 한 가지 위안이 되는 점이 있다면, '인문/신학 담론'에 대한 해설이 매끈하지 않고, 그래서 그것에 대한 완벽한 해설과 절대적 평가가 불가능하다는 것이 어쩌면 '인문/신학 담론'이 지니는 미덕이 아닐까 하는 것입니다. 지젝은 이런 뒤엉킴의 원인이 '시차視差적 관점'parallax view에 있다고 합니다. "우리는 여기에서 어떠한 중립적 공동기반도 가능하지 않지만 그럼에도 밀접하게 연결되어 있는 두 관점들에 대면하게 된다."[*]

* 슬라보예 지젝, 김서영 옮김, 『시차적 관점』(마티, 2009), 14쪽.

그렇습니다. 인문(학)과 신학은 뚜렷한 중립적 공동기반을 갖고 있지는 않으나 둘은 서로 마주합니다. 비유하자면 소실점을 향해 달려가는, 혹은 소실점으로부터 빠져나오는 서로 다른 두 점근선입니다. 그런데 이 대목에서 우리가 주목해야 할 것이 있습니다. 소실점이 우리가 알고 있는 명확한 기준, 혹은 준거점이 아니라는 사실입니다. 소실점은 "대상 안에 들어 있는 대상 자체를 넘어서는 부분인 맹점 blind spot", 즉 얼룩입니다. 다시 지젝의 말을 들어보지요. "그것은 내가 바라보는 현실이 결코 전체가 아니라는 것을 의미한다. 그 대부분이 나를 속이기 때문이 아니라 그것이 내가 그 속에 포함되어 있음을 나타내는 얼룩, 맹점을 내포하기 때문이다."*

　　자기이면서 자기를 넘어선, 자기와는 다른 얼룩이 '시차적 관점'에 의해 구성됩니다. '인문/신학 담론'은 인문과 신학 사이의 시차적 관점을 전제합니다. 그것은 인문(학)과 신학의 변증법적 종합을 뜻하지도, 양자 간의 합을 의미하지도 않는다는 말입니다. 유한한 것과 무한한 것 사이의 심연, 말해진 것과 말해지지 않은 것 사이의 간극, 총체성과 전체성으로 완벽히 무장된 세상 속 얼룩을 드러내는 것이 '인문/신학 담론'이 겨냥하는 지점입니다. 그 시차적 관점이 독자들에게도 이 책을 읽는 내내 시종일관 낯섦과 불편함으로 작동되기를 기대합니다. 왜냐하면 인문학은 우리가 사는 삶의 자리에 대한 회의와 의심에서 시작되었고, 신학 역시 하느님의 뜻과 다른 이 땅의 현실에 대한 안타까움에서 세상을 변혁하기 위해 태어났기 때문입니다.

　　좋은 텍스트는 독자들에게 모험과 도전을 선사합니다. 익숙한 것

* 　위의 책, 40쪽.

을 비틀어 보여줌으로써 기존의 시각에 변화를 주는 것, 안락한 자세에서 편안하게 텍스트를 접하는 것이 아니라 책을 읽어가면서 나의 실존에 불편함을 느끼게 하는 것, 그리하여 최종적으로 독자들로 하여금 이전과는 다른 시선으로 사물과 사건을 바라보고, 이전과는 다른 행위의 선택을 가능하게 하는 것, 그것이 바로 진정한 텍스트의 가치입니다. 이 책을 읽는 독자들이 그런 텍스트의 유혹과 쾌락에 흠뻑 빠졌으면 하는 마음, 저자로서 간절합니다.

파국을 노래하라!

결론적으로 이 모든 전제들을 거친 후에 '인문/신학 담론'이 최종적으로 겨냥하는 지점은 파국의 선언입니다. 21세기 현대 사회를 묘사할 때 가장 적절한 단어를 하나 고르라면 저는 '파국'을 선택하겠습니다. '파국'에 해당하는 영어 단어는 '재앙, 참사'의 뜻을 가진 'catastrophe'입니다. 세계 곳곳에서 발발하는 기상이변, 예상치 못하는 각종 테러, 연쇄적으로 전 세계를 순회하는 국가 경제 침몰의 뉴스, 이런 흐름 속에서 갈수록 파편화된 채로 파멸되어가는 개인들에 대한 소식이 파국의 현상학을 드러내는 단적인 표식이겠지만, 더 문제적이고 암울한 파국의 현상학은 파국의 일상화로 인한 전망의 부재, 혹 어떤 전망이 있다손 치더라도 디스토피아적 미래만을 예측해야 한다는 무력감 또는 절망감이 아닐까 싶습니다.

이런 것들을 확인하는 데는 그리 많은 시간이 필요하지 않습니다. 대한민국 사회만 잠시 둘러봐도 그 증상이 얼마나 심각한지를 쉽게 파악할 수 있습니다. 연속되는 재앙과 참사의 현장을 살아가는 한국인들에게, 신자유주의 본고장인 미국보다도 훨씬 완벽하고 철저하게 시행되는 신자유주의의 잔혹함을 체험하고 있는 한국인들에게 파국은 이 시대를 살아가는 삶의 조건이 되어버렸는지도 모르겠습니다. 세계 최저의 출산율과 삶에 대한 만족도, 여성의 사회 참여도, 노인들의 자존감, 청소년·청년들의 미래에 대한 기대감, 세계 최고의 자살률, 노동시간, 비정규직 비율, 이민 가고 싶은 사람들의 비율 등의 수치를 조사할 때 OECD 국가, 아니 전 세계적으로도 최하위 아니면 최상위권을 점유하고 있는 나라가 대한민국 아닙니까. 이러한 수치들과 전망들은 한국 사회에 임박한 파국을 예감케 함으로써 우리를 얼어붙게 만듭니다.

그렇다면 '인문/신학 담론'은 이러한 파국의 지형을 어떻게 거슬러 올라가야 하는 걸까요. 기독교가 이른바 '개독교'가 되어버린 이 땅에서 차라리 교회를 불태워야 하는 것이 능욕당하는 신과 인간에 대한 최소한의 예의이고 양심이 아닐는지. 나만의 힐링과 나만의 스펙 쌓기에 경도된 인문학은 쓰레기와 같아서 그냥 어딘가 처박아버리는 것이 이 사회를 위해 더 좋지 않은지. 저는 목사임에도 불구하고 이런 불경한 생각을 하루에도 열두 번은 합니다.

서구 사상에서 파국론만큼 중요하게 다루어진 분야는 없습니다. 교회적인 용어로는 종말론이라고 하죠. 서구 역사를 살펴보면 파국에 관한 논의는 철학과 종교뿐만이 아니라 정치가 개입하는 영역이기도 했습니다. 파국, 즉 끝을 향해 가고 있다는 불안과 강박은 시간에 의미를 부여합니다. 마지막 때에 대한 성찰은 공간과 세계에 대한 인간의 인식을 바꿔놓았습니다. 그것이 역사를 유의미하게 만드는 계기가 되지 않았나 싶네요. 하지만 시간의 처음과 끝은 인간의 지식과 경험으로는 도달할 수 없는 상상과 믿음의 영역에 속합니다. 그래서 그토록 많은 시간의 끝을 둘러싼 예언과 묵시가 등장했던 것입니다. 그리고 그것들의 대부분은 파국적 사건을 통해 다가온다고 믿었습니다.

그러나 성경을 자세히 읽어보면 파국破局은 파국catastrophe이 아닙니다. 성경이 증언하는 파국apocalypse(아포칼립스)의 관점에서 본다면 이야기는 달라집니다. 아포칼립스적으로 파국을 바라본다면 그것은 종말인 동시에 창조이고, 절망인 동시에 희망이기 때문입니다. 어쩌면 그것은 데리다가 말하는 해체deconstruction와 유사합니다. 해체주의에 따르면 어떤 사물의 질서와 본질은 안과 밖의 경계가 명확한 지점에 위치하지 않습니다. 안이 어느덧 밖이 되고 밖은 별안간 안으로 변하는 뫼비우스의 띠처럼, 아포칼립스적인 파국에는 현상의 역전이라는 해체적 성격이 있습니다.

저는 '인문/신학 담론'이 파국의 상상력과 해체주의 수사학으로부터 많은 영감을 받을 수 있으리라 봅니다. 부연하자면 그것은 '다음'을 감지하는 것입니다. 우리에게 진리에 대한 확신과 선善에 대한 믿음이 굳게 자리하는 경이적이고 매혹적인 순간이 도래할지라도, 그 사유 속에는 언제나 독毒이 자리할 수 있다는 것을 인정하는 것입니다. 또는 우리의 현재가 비록 탄식과 환난의 연속일지라도, 그 현실의 한복판에 아포칼립스적인 희망이 도사리고 있다는 것을 예감하는 것입니다. 그것이 '인문/신학 담론'이 취하는 자세입니다. 그러므로 우리에게 필요한 것은 사태와 현상을 흠없이 바라보는 완벽한 조감도가 아닙니다. 오히려 익숙한 대상들을 향한 낯설게 하기와 박제화되고 굳어버린 대상들을 향한 치기 어린 시선, 그리고 엄숙하고 근엄한 목소리를 향한 딴지와 비틀기가 아닐까 합니다.

이런 원칙에 입각해 '인문/신학 담론'을 화폭에 담는다고 가정한다면 그것은 매끈하게 일필휘지로 완성되는 그림이 되어서는 안 될 것입니다. 군데군데 캔버스에 구멍이 뚫려 있어 균열과 얼룩이 남아 있는 그림이 되는 것, 하지만 그 균열과 얼룩이 파국 catastrophe의 지형을 드러내는 중요한 단서가 되고, 그 균열과 파국으로 인해 진정한 파국 apocalypse의 도래를 예감하게 하는 것, 그리하여 오늘 이 땅에서 여전히 변혁을 꿈꾸는 사람들에게 중요한 판본의 역할을 감당하는 것, 이것이 제가 바라는 '인문/신학 담론'입니다. 지금부터 그 여행으로 여러분을 초대합니다. Are You Ready?

프롤로그. '인문/신학'이라는 새로운 상상력

1부

파국의 윤리

인문정신은 왜 윤리적이고,
윤리는 왜 파국인가?

이 책을 집필하는 동안 '인문/신학'에 대한 책을 쓰고 있노라고 지인들에게 말하면, 대부분의 사람들은 '인문/신학'이 뭐냐고 질문했다. 인문학적으로 신학 하기, 혹은 신학과 인문학의 대화를 둘러싼 책인가, 라는 반문과 함께 말이다. 그리고 이러한 시도들은 계속 꾸준히 이루어지고 있는데 네가 의도하는 '인문/신학'이 비슷한 성격의 다른 책들과 비교할 때 무엇이 다른지 설명해달라는 요청도 이어졌다. 이러한 모니터링 과정을 거치면서 내가 생각하는 '인문/신학'에 대해 스스로 질문할 수 있었다.

　책의 성격을 묻는 질문에 대해서는 내가 의도하는 책은 체계적인 이론서는 아니다, 라고 답했던 것 같다. 그리고 책 제목이 『죽은 신의 인문학』이다 보니 독자들 가운데는 신학과 인문학 사이의 학문적 대화를 시도하는 책으로 짐작할 수 있겠다는 생각이 들었다. 그때부터 '인문/신학'을 향한 나름의 호명 작업이 시작되었다. 그래서 내린 결론이 이것이다.

　내게 '인문/신학'이란 세상을 향해 말을 거는 방식이 아닐까 싶다. 이런 이유로 '인문/신학'에 대한 사전적 정의를 밝히고, '인문/신학'의 계보학 또는 방법론을 구구절절 펼쳐놓고 싶지는 않았다. 어쩌면 '인문/신학'은 그 자체는 텅 빈 기표이고, 누군가에 의해 깃발이 나부끼는 영토화된 상징적 공간에서는 특정 체제의 틈과 균열을 드러내는 불편한 존재를 자처한다. 이것이 내가 생각하는 '인문/신학'의 기능이다, 라고 이제는 조심스럽게 말할 수 있게 되었다.

그런 점에서 '인문/신학'을 논하는 1부의 제목을 '파국의 윤리'로 명명한 이유는 분명하다. 신학은 인문학적인, 특별히 윤리적인 문제의식을 경유하지 않을 때 신앙적 독단이나 광기에 빠지기 쉽기 때문이다. 그것은 지난 역사가 증명한다. 동·서양 교회의 역사에서 발생했던 비극들은 종교적 독단이 불러온 광기의 역사였고, 이것은 종교가 인문학적 목소리와 결별한 이후 발생한 불행이라 해도 과언이 아니다. 인간을 제물로 바쳤던 인신공양, 중세의 마녀사냥, 종교개혁의 도화선이 되었던 면죄부 판매를 통해 우리는 신앙적 무지와 독단이 얼마나 인류를 불행하게 만들었는지 충분히 목도했다. 근대 제국주의의 침략과 살육의 역사는 서양 교회의 선교의 역사와 맥을 같이 해왔다는 것은 주지의 사실이다. 한국의 경우는 어떠한가. 한국 개신교는 한국 현대사의 전개 과정에서 증오와 적대의 메커니즘을 생산하는 본거지가 되었다. 빨갱이 혐오, 여성 혐오, 이슬람 혐오, 동성애 혐오, 외국인 혐오 등. 이런 모든 혐오 행위의 이면에 한국 개신교가 있다고 한다면 지나친 억측일까.

동·서양 공히 인문학적 사유는 몽매한 종교의 독단과 문명의 야만과 자연에 대한 무지로부터 벗어나려 했던 인간정신의 투쟁과 도덕적 책임에서 출발했다. 그것은 기원전 5세기를 전후하여 등장한 성현들의 시대와 더불어 시작되었다. 그들은 초자연적이고 신비적이고 주술적인 힘이 아니라, 인간의 덕과 선함과 행함으로 세상을 변혁하고자 했던 인물들이다. 기복신앙에 물든 신앙이 아니라 인간의 마음을 제물로 드리는 신앙, 인간이나 짐승을 번제물로 드리는 종교가 아니라 일상의 정의로운 삶을 신께 바치는 종교에 대한 각성이 그 무렵에 일어났다. 동양에서는 공맹 이후, 서양에서는 소크라테스와 플라톤과 아리스토텔레스로 이어지면서 윤리적 삶에 대한 새로운 패러다임이 형성되었고, 신앙생활이 아닌 '생활신앙'으로 종교활동의 스펙트럼도 넓어졌다.

이러한 종교적·윤리적 변화와 각성은 기존 질서에 대한 도전이자, 과거의 상징체계에 대해 파국을 선언하는 것이나 마찬가지다. 그 파국의 현장에서 자연에서 인간으로의 전환이 일어나고, 신적 주술보다는 인간의 선한 의지를 더 중요하게 생각하는 기조가 형성되었다. 이렇듯 인문학적인 사유와 윤리적 행위는 처음부터 현실의 원칙에 대한 파국을 예감하면서 등장했다. 그것은 세월이 많이 흐른 21세기 현재에도 여전히 유효하다.

'파국의 윤리'라고 이름 붙일 수 있는 선명하게 떠오르는 역사적 지점은 대략 두 군데 정도다. 앞서 밝혔던 기원전 5세기 무렵 동·서양의 천재들이 등장하던 시절과 17~18세기 서양 근대의 계몽주의가 발현하던 무렵이다. 근대에 몰아친 '파국의 윤리'는 서양 중세를 지배하던 기독교에 대한 도전이었고, 다시 한 번 인문학적인 상상력을 동원하여 종교적 광기로부터 벗어나려 했던 시도였다. 그 과정에서 근대성의 윤리는 새로운 시대를 앞당기는 촉매 역할을 했다.

1부에서 다루는 내용은 지난 시절에 있었던 파국의 윤리에 대한 회고가 아니라, 21세기 현재 진행되고 있는 '파국의 윤리'이다. 현대성의 윤리적 담론이라 해도 무방할 것이다. 현대성의 특징을 보여주는 현상들에 대한 윤리적 함의를 드러내는 일, 그리고 그 안에 깃든 문명사적 의의를 드러내는 것이 1부의 목적이다. 이 모든 과정의 최종 목적은 신자유주의가 전 지구적으로 완성한 거대자본의 독단과 광기를 돌파하는 '파국의 윤리'를 다시 상상하는 것이다.

이를 위해 마중물 역할을 할 요소들이 필요했다. 나는 그것을 현대 사상을 대표하는 개념어들에서 차용하기로 했다. 고심 끝에 주체subject와 자기the self, 타자the other, 실재the Real, 욕망desire, 해체deconstruction, 환대hospitality 같은 용어들을 선택했다. 이것들은 각각 동떨어진 개념어 같지만, 일렬로 혹은 병렬로 이을 수도 있고, 대각에 위치시킬 수도 있으며, 경우에 따라서는 서로가 서로의 빈 곳을 대리하거나 보완하는 역할도 한다. 이 개념어들은 신학적·윤리적·인문학적 서사를 들려주면서 나의 '인문/신학 담론'을 위한 도구로 사용될 것이다.

1장은 근대 주체 중심의 사고에 반기를 들고 등장한 미셸 푸코의 '자기' 개념을 다룬다. 푸코는 근대성의 파국을 선언한 대표적인 인물이다. 그는 근대적 '주체의 윤리'를 대체할 대안으로 '자기의 윤리'를 말했는데, 이는 근대성 자체에 대한 비판의 의미와 미래 윤리에 대한 청사진을 제시했다는 점에서 주목할 만하다. 결론적으로 1장은 주체에서 자기로의 전환이라는 파국적 메시지를 담고 있는 셈이다.

2장에서는 현대 철학을 대표하는 가장 상징적 개념인 타자론에 대한 내용이 펼쳐진다. 타자 일반에 대한 논의에서부터 레비나스의 타자론까지 폭넓게 횡단하면서, 주체 중심의 강력한 매트릭스의 파국을 지향하는 '타자의 윤리'에 대한 내용이 전개된다.

3장은 데리다의 해체주의에 입각한 환대의 윤리를 다룬다. '해체'라는 말이 풍기는 낯설고 생경한 이미지와 다르게 해체주의적 사유는 대상과 사건을 바라보는 새로운 창을 우리에게 선물한다. 환대의 윤리는 이런 해체주의 철학의 대명사인 데리다의 실천철학적 면모를 잘 드러내는 말이다. 해체주의의 윤리적 전회라고 할까. 해체는 말 그대로 파국적 메시지이지만, 환대의 윤리는 따뜻하다.

　　4장에서는 프로이트-라캉-지젝으로 이어지는 정신분석학의 윤리적·철학적 성과에 주목한다. 이를 위해서는 욕망과 실재 등 정신분석학적 용어에 대한 이해가 필수적이다. 글의 초반에서는 정신분석학의 기본 원리를 살펴보고, 후반에 가서는 정신분석학적 상상력이 어떻게 현실을 뚫고 나가는 파국의 윤리로 고양될 수 있을지를 밝힐 것이다.

1장

주체여, 안녕!

자기의 윤리

윤리학 일반에 관하여

'윤리'와 '도덕'의 추억

지금 돌이켜보면 초중고 학창시절 '바른생활-도덕-국민윤리'로 변신하면서 이어지던 어린 학생들을 향한 국가의 이데올로기 조작은 꽤나 효과적이었다. 초등학교 때 암기했던 "나는 자랑스런 태극기 앞에"로 시작하는 국기에 대한 맹세와, 중학교 1학년 1학기 중간고사 때 암송했던 "우리는 민족 중흥의 역사적 사명을 띠고 이 땅에 태어났다"로 시작하는 국민교육헌장을 지금까지 외우고 있는 것을 보면 말이다.

우리에게 도덕은 국가가 부과하는 책임과 의무를 내면화하는 믿음의 체계였고, 윤리란 국가권력의 식민植民인 국민이 마땅히 따라야 할 국민의 윤리였다. 윤리와 도덕이 철저히 대타자에 복속되어 있었다는 말이다. 대타자는 말할 것도 없이 국가였고, 종교일 수도 있고, 전통과 관습일 수 있다. 특정한 시스템을 지탱하고 보존하는 것이 윤리와 도덕의 존재이유였기에 그것들을 학습하고 암기해야만 했던 도

36 페이지, 1부. 파국의 윤리

덕과 윤리 시간은 언제나 따분하고 지겨웠다. 이것이 우리가 기억하는 도덕과 윤리에 대한 쓸쓸한 추억이다.

'윤리'ethics는 그리스어 '에토스'ethos에서 파생했다. 에토스는 터전, 익숙한 곳, 고향, 거주하는 장소 등의 뜻을 내포한다. 일정한 지역에 정착하여 문화와 문명을 일구다 보면 각각의 문화마다 규범과 법률이 생기기 마련인데, 이 규범과 법률에 따라 판단을 내리는 태도가 에토스였다. 동북아시아 전통에서 사용되는 윤리倫理의 한자를 풀이하면, '倫'은 '차례, 순차, 나뭇결, 동류, 동등'을 뜻하고, '理'는 '도리, 이치, 사리, 다스리다'를 뜻한다. 그러므로 윤리란 사물의 이치를 마치 나뭇결이 배열되어 있는 것처럼 차례로, 순차적으로 정열하는 것을 의미한다. 정해진 이치를 차례대로 잘 다스리고 지키는 것이 윤리의 동양적 의미인 셈이다.

위에서 살펴보았듯이 동·서양의 윤리라는 말 속에는 인간의 개별 경험을 초월하는 선험적 요소를 전제한다. 이런 이유로 플라톤 이래로 서구 윤리학 전통에서는 아무리 사회가 변하더라도 불변의 도덕률이 있다고 믿었다. 그것은 밖에서 주어지는 권위였고, 개인은 주어진 규범에 복종하면 되었다. 이것을 '윤리적 절대주의' 혹은 '규범윤리학'이라 부른다. 그 규범윤리학의 대표가 바로 목적론적 윤리와 의무론적 윤리다.

규범윤리학

목적론적 윤리학 전통은 고대 그리스로 거슬러 올라간다. 플라톤이 말한 아레테arête는 선함이 아니라 우수함이었고, 플라톤의 제자였던 아리스토텔레스에 이르러 윤리학의 궁극적 관심은 포괄적인 의미의

'좋음', 즉 행복으로 확정되었다. 어떤 행위의 결과가 내게 선the good(좋은 결과)을 제공할 수 있는지에 관심을 갖는 목적론적 윤리학의 계보는 아리스토텔레스에서 시작하여 에피쿠로스 학파, 영국의 경험론, 공리주의를 거쳐 현대의 공동체주의로 이어진다. 행위의 동기보다는 그 행위가 일으키는 결과에 방점이 있다고 하여 '결과주의 윤리학'이라고도 불린다. 이는 기본적으로 인간의 가능성, 즉 어떤 목표를 설정하고 이를 향해 달려가는 인간의 능력을 인정하고, 인간의 자기실현을 향한 분투를 긍정하는 윤리학이라 할 수 있다.

어찌 보면 고대 그리스인들에게 '선함'과 '좋음'은 동류항이 아니었나 싶다. 양자 사이에 별다른 구별이 없기 때문에 그렇다. 서양인들은 칸트에 이르러 비로소 그것을 구분하기 시작했다. 즉 칸트는 '어떤 목적을 위해 좋은 것'과 '그 자체로서 좋은 것'을 구별하여 후자를 윤리학의 새로운 영역으로 선언한 것이다. 목적론적 윤리학과 더불어 서양 윤리학의 양대 산맥을 이루는 의무론적 윤리학은 이렇게 탄생했다.

의무론적 윤리는 행위의 결과보다는 동기에 무게를 둔다. 『실천이성비판』에서 "네 의지의 준칙이 항상 동시에 보편적 입법으로서 타당하도록 행위하라"라고 말한 칸트가 대표적이고, 현대에 와서는 하버마스의 담론윤리학으로 계승되었다. 이들은 목표와 이상에 따라 행위가 달라지는 목적론적 윤리와 달리, 조건에 관계없이 내가 따라야 할 최고법칙이 무엇인지를 묻는다. 왜냐하면 선이란 행위에 의해 결정되는 것이 아니기 때문이다. 선이란 바른 행위를 가능하게 하는 동력이고 원인이기에, 결과에 의해 좌우되는 성질이 아니다.

목적론적 윤리학이나 의무론적 윤리학이 서로 지향하는 바가 다르다 할지라도, 둘 다 궁극적으로 행위에 방점이 있었던지라, 나름 현실에서의 실천 강령을 필요로 했는데, 그것을 아리스토텔레스는 '중용', 칸트는 '정언명법'이라 불렀다. 현실세계에서 살아갈 법도와 순서를 규정한 것이다. 하지만 지금 언급한 양대 윤리학은 다음과 같은 윤리적 난제를 지니고 있다.

우선 목적론적 윤리학은 인간의 윤리적 행위를 결과적으로만 판단한 나머지 지나친 실용주의, 더 나아가 도구주의 윤리학으로 전락할 위험을 내포한다. 반면 의무론적 윤리학은 윤리적 행위와 결과의 불일치라는 문제가 있다. 예를 들어 일제강점기 때 순사에게 쫓기는 독립투사를 집에 숨겨두고는 시치미를 떼는 것은 의무론적 윤리로 어떻게 설명할 수 있을까. 의무론적 윤리의 입장에서 보자면, 거짓말하는 것은 옳지 않기 때문에 마땅히 진실을 말하는 것이 옳다. 그러므로 일본 순사가 독립운동가의 행방을 물었을 때 '여기 있다'라고 말하는 것이 정답이다. 하지만 그럴 경우에는 행위의 동기와 결과 사이에 괴리가 생길 수 있다.

규범윤리를 넘어서

지금까지 우리는 전통 윤리학의 양대 산맥인 목적론적 윤리와 의무론적 윤리에 대해 간략하게 살펴보았다. 인간은 어떤 행위를 할 때 결과라는 도덕적 목적의식을 가져야 하고, 또한 행위의 동기가 무엇인지도 숙고해야 한다. 결국 인간의 윤리적 행위는 '결과'와 '동기'라는 커다란 구조 안에서 결정된다. 하지만 인간의 윤리적 행위의 근거를 결과와 동기로 다 담을 수 없다는 반성과 회의가 심심치 않게 제기되었다.

주체여, 안녕!

그래서 양대 윤리학이 지닌 부족분과 헛헛함을 메우기 위해 등장한 것이 책임윤리와 상황윤리다. 책임윤리는 윤리적 행위란 나와 관계를 맺고 있는 대상들을 향한 책임임을 강조하고,* 상황윤리는 윤리적 행위란 결과와 동기라는 틀에 의해 제한되는 것이 아니라, 대상이 처한 입장과 처지를 먼저 고려하는 '사랑의 윤리학'이라 말한다.** 이러한 대안들은 윤리적 선택의 구조화, 즉 윤리적 행위의 우선순위가 '행위의 결과'와 '행위의 목적'으로 구조화된 윤리학의 정형성에 대한 반론이라 할 수 있다. 이번 장에서 살펴볼 미셸 푸코Michel Foucault(1926~1984)의 '자기the self의 윤리학'은 윤리학이 지니는 규범성에 대한 하나의 도전이라 할 수 있다. 우선 푸코의 자기의 윤리학에 대해 논하기 전에 푸코가 자기라는 개념을 끌고 오기까지의 과정을 알아보고자 한

---

* 책임윤리에 따르면 인간은 의무론자도 아니고, 목적론자도 아니다. 책임윤리는 개별적 인간들이 자아내는 관계들에 주목하면서, 윤리적 행위란 관계 속에서 발생하는 물음과 아픔과 상처에 응답하는 것이라고 말한다. 그리하여 리처드 니버에 이르러 인간은 '응답하는 존재'man-the-answer로 재탄생하게 된다. 니버는 목적론적 윤리가 '선'good, 의무론적 윤리가 '옳음'right에 관심을 가진다면, 책임윤리는 '적합성' 또는 '적절성'fitting에 주목한다고 말한다. 즉 인간은 언제나 다른 사람과의 관계 상태에 처해 있고, 이 관계에 의해 적절하게 행동한다. 그리고 그 관계는 다른 사람에 대한 책임적 관계다. H. Richard Niebuhr, *The Responsible Self*(New York: Harper & Row, 1963), 55~61쪽.

** 상황윤리의 상징적 인물이라 할 수 있는 조셉 플레처는 "오로지 한 가지만 본유적으로 선한 것이 있는데 그것은 사랑이다. 그 외의 모든 것은 그렇지 않다"(조셉 플레처, 이희숙 옮김, 『상황윤리』, 종로서적, 1989, 51쪽)라고 과감하게 선언한다. 가치는 사변적 또는 선험적으로 정해진 것이 아니다. 가치란 하느님의 인간 사랑에 근거하여 상황에 따라 결정된다. 즉 사랑 낳고 진실이 있는 것이지, 진실 때문에 진실이 있는 것이 아니다. 모든 진실과 가치는 사랑을 향한다. 이렇듯 상황윤리는 지금 여기서 맞닥뜨리는 구체적인 현실과 그곳에서 작동하는 제1명법이 사랑임을 천명하면서 규범윤리학이 지니는 원칙 우선주의에 대한 재고를 제안했다.

1부. 파국의 윤리

다. 그것은 근대적 주체에 대한 의심과 회의로부터 시작되었다.

코기토의 탄생과 근대의 출현

코기토가 등장하기까지

'인간이란 무엇인가?'라는 물음만큼 지속적으로 반복되어온 질문이
있었던가. 인간은 사회적 동물이고, 인간은 생각하는 동물이며, 인간
은 또한 도구적 인간, 유희의 인간이다. 인간은 세상(타자)을 자기 안
으로 끌어들여 내 것으로 만드는 동일성의 주체이고, 인간의식 너머
의 것을 추구하는 자유로운 존재다. 그리고 이는 인간을 윤리적 주체
로 등극하게끔 하는 요인이 되었다. 정신분석학에서 말하는 인간은
강철 같은 의지와 명철한 이성을 가진 근대적 주체와는 거리가 먼 무
의식의 욕동으로부터 자유롭지 못한 존재이고, 마르크스에게 인간이
란 의식의 상부구조가 아닌 경제적 하부구조에 의해 삶의 조건이 결
정되는 존재다. 21세기에 들어와 인간은 쇼핑을 통해 자신을 표현하
는 소비의 주체가 되었고, 인간 게놈 프로젝트, 인공지능으로 상징되
는 테크놀로지의 발달은 급기야 포스트휴먼 논쟁을 불러일으키면서
미래의 인간상에 대한 새로운 상상을 우리에게 요구하고 있다.

'인간이란 무엇인가?'라는 물음에는 수많은 예상 가능한 답이 있
지만, 그중에서도 나는 근대성의 주체가 어떻게 형성되는지에 대해
주목할 것이다. 데카르트의 '생각하는 주체'와 칸트의 '선험적 주체'
가 만들어지는 과정이 어떠했는지, 그리고 그것들이 지니는 각각의
함의가 무엇이었는지에 대해 살펴볼 것이다. 근대적 주체에 대한 내

주체여, 안녕!

용은 뒤이어 펼쳐지는 타자와 욕망에 관한 논의를 위한 전前이해적인 성격을 지니며, 타자와 욕망에 대한 공부를 거치면서 주체에 대한 외연은 더욱 풍부해진다.

인간 일반에 대한 물음은 의제 자체가 워낙 거대하여 어디서부터 접근해야 할지가 주저되는 질문이다. 그것보다는 좀 더 작은 느낌을 줄 수 있는 것으로 무엇이 있을까 고민하다가 개인個人이라는 말이 생각났다. 개인의 뜻을 국어사전에서 찾으면 다음과 같다. "국가나 사회 단체를 구성하는 낱낱의 사람." 즉 고유한 개체로서의 한 사람이라는 뜻이 담겨 있는 말이 개인이다. 그렇다면 과연 우리는 고유한 개인인가? 이렇게 반문하고 나니 자신이 없어진다. 어느 누가 스스로를 독특하고 고유한 존재라고 말할 수 있고, 그것을 어떻게 증명할 수 있겠는가.

개인이라는 말이 실제 삶에서 사용되기 시작한 것은 얼마 되지 않는다. 동북아시아 전통에서 개인이라는 신조어가 유포되기 시작한 것은 19세기 후반 일본 메이지 유신 때로 거슬러 올라간다. 영어 individual을 어떻게 번역할지 망설이다가 '개인'個人으로 번역한 것이 시초였다. 그 후 개인이라는 단어가 한국, 중국, 일본 동북아시아 3국에서 공통적으로 사용되기 시작했다. 하지만 개인보다는 집단, 개별보다는 전체에 방점이 있었던 동북아시아 전통에서 개인은 낯설고, 때로는 불온한 개념이었다.

이러한 경향은 서양의 경우도 대동소이하지 않았을까 싶다. 중세 1000년 교회의 권력과 해석만이 유일한 삶의 표준이었던 사회에서 개인의 의사와 의견은 침묵당해야 했다. 설령 운좋게 그것이 발설되었다손 치더라도, 그(녀)의 발언은 전체를 위험에 빠뜨리고, 보편에 균열을 내는 위험한 음모이기에 제거되어야 마땅했다. 그들은 종교재판에 회부되었고, 마녀사냥의 희생양이 되면서 사라져갔다. 서양역사에서 '개인'이라는 말이 등장한 것은, 15세기 르네상스 시절 인구조사가 시작되면서부터다. 후마니타스의 재건과 인간 해방이 모토가되었던 르네상스 시대에 개인은 다른 사람과 구별되는 개별성과 독특성과 고유성을 지닌 존재로 탈바꿈되었다. 인식론적인 회의주의자였던 르네상스 휴머니스트들은 전체성에 종속되고 부속되어 있는 인간이 아닌, 중세 봉건체제 밖으로 탈주하는 인간을 발견하려고 노력했다. 그들의 그런 몸부림은 중세를 마감하고 근대를 예감하는 마중물의 역할을 했다. 근대 사상의 출발점으로 기록되고 있는 데카르트René Descartes(1596~1650)는 이러한 회의주의적 분위기에서 어떤 하나의 답, 모든 것을 회의해도 부정할 수 없는 하나의 답을 찾으려고 애썼다. 그 결과 도달한 지점이 바로 '생각하는 나', 코기토cogito의 발견이었다.

코기토의 탄생

데카르트의 명언 "나는 생각한다. 그러므로 존재한다"Cogito ergo sum에서 주목해야 하는 단어가 뭘까? 그것은 두말할 필요도 없이 '코기토'cogito다. 코기토는 흔히 근대적 이성을 가리킬 때 쓰이는 말이다. 그렇다면 고대, 중세의 이성은 다른가? 고대, 중세에는 '코기토'라는 말 대신 '로고스'logos라는 말을 사용했다. 「요한복음」 1장 1절은 "태초에 말씀이 계셨다"로 시작하는데, 이때 말씀으로 번역된 헬라어가 '로고스'다. 중국어본 성경은 「요한복음」 1장 1절을 다음과 같이 적고 있다. "太初有道." '로고스'가 동북아시아에서는 '도'道로 번역된 셈이

주체여, 안녕!

다. 이렇듯 '이성'으로 번역되는 로고스는 동·서양에서 모두 신적인 원리이자 우주의 운행질서를 가리키는 초월적 법칙을 뜻했다. 로고스로서의 이성은 자연의 운행, 인간의 사유, 사회의 변동을 주관하는 정언명법이었던 셈이다. 그러므로 고대, 중세 세계의 인민들은 무조건적인 명령이라 할 수 있는 로고스의 테두리 안에서 생각하고 행위하는 주체subject였다.

이 대목에서 '주체'의 라틴어인 'subjéctum'을 살펴볼 필요가 있다. 'sub'는 '아래'를 의미하는 접두어이고, 'jéctum'은 '던지다'라는 뜻이다. 그렇다면 본래 주체란 로고스 아래에 던져진 존재, 즉 로고스의 법칙에 순응하는 존재인 셈이다. 영어사전에서 주체를 뜻하는 'subject'를 찾아보면, 한 구석에 '신민臣民, 신하'를 뜻하는 대목도 눈에 보이고, 형용사로 쓰일 경우에는 '복종하는', '지배를 받는', '~에 빠지기 쉬운'으로 해석해야 한다. 우리가 알고 있던 강철 같은 의지와 서릿발 같은 비판정신을 지닌 채 역사의 모순과 사회적 부조리를 변혁시키고자 했던 주체는 애초에는 철저하게 어딘가에 종속되어 있던 주체였던 셈이다.

로고스의 붕괴와 코기토의 등장은 중세에서 근대로의 패러다임 전환과 맥을 같이한다. 종교개혁과 시민혁명을 거치면서 교회는 급속히 영향력을 상실해갔고, 그 과정에서 로고스를 대체할 새로운 중심의 도래는 시대의 요청이 되었다. 천명天命이 사라진 세계에서 인간은 과연 어떻게 진리에 도달할 수 있을까? 데카르트의 실험이 시작되는 지점이었다. 도대체 신이 사라진 세상에서 지금 내 눈앞에 펼쳐져 있는 대상의 참됨에 대하여 누가 대신 판명할 것인가? 이러한 의문을 갖고 데카르트는 진리에 대한 근원적인 물음으로 돌입했고, 이를 그는 '방법적 회의'라 불렀다.

　　그러나 아무리 의심해보아도 끝까지 의심할 수 없는 것이 있더란다. 그것은 바로 '내가 생각하고 있다'라는 사실이다. 내가 악마의 속임수에 넘어가 짜고 단맛이 나는 과일을 사과라고 부르고 있다손 치더라도, 지금 내 눈앞에서 펼쳐지는 세계가 가상의 공간이라 할지라도, 속고 있는 나는 존재한다. 데카르트는 이로부터 '의식의 존재로서 내가 있다는 사실만큼은 부인할 수 없다'라는 결론에 도달했다. 그것마저 부인하면 사고의 근거는 설 자리를 잃고 만다. 인간의 고유한 인식능력인 코기토는 이런 과정을 통해 탄생했고, 그것이 근대 이후 오늘날까지 이성의 의미로 사용되기 시작한다. 데카르트에 와서 인식 대상과 인식 주체는 코기토를 매개로 연결된 것이다. 이제 인간은 신적인 권위에 기대지 않고, 오직 자기의 내적 능력에 따라 대상을 인식하는 주체로 거듭났고, 그것 자체가 근대성의 대표적인 특징으로 떠오른다.

　　하지만 데카르트는 완전한 근대적 철학이라고 말하기에는 2퍼센트 부족하다. 데카르트는 인간을 사유 실체res cogitans와 연장 실체res extensa로 구분했다. 인간은 생각하는 실체이고, 동시에 몸을 가진 실체다. 전자는 인식을 책임지는 영역이고, 후자는 감각을 책임지는 영역이다. 그런데 문제는 데카르트의 '실체'res 개념에 있다. '실체'라는 말에는 '대상', 즉 'object'의 의미가 깃들어 있다. 생각하는 인간도 대상이고, 몸을 지닌 인간도 사물이라는 말이다. 그리고 '사유 실체'와 '연장 실체' 뒤에는 신이 버티고 서 있다. 인간이란 우리가 알고 있는 신으로부터 완전히 독립한 주체와는 다소 거리가 있는, 여전히 신의 그림자 밑에 거주하는 존재인 셈이다. 그런 의미에서 데카르트는 완

　　　　　　　　　　　　　　　　　　　주체여, 안녕!

전한 근대인이라고 하기에는 아직 부족하다. 중세의 마지막 철학자라고 하는 편이 오히려 더 합당한 평가가 아닐까 싶다. 엄격한 의미에서 사물을 주관적 입장에서 종합적으로 인식하는 근대적 주체의 탄생은 임마누엘 칸트 Immanuel Kant(1724~1804)에 와서 완성되었다고 하는 것이 맞다.

'근대'라는 이름

본격적으로 칸트가 말하는 주체에 대해 언급하기에 앞서, 근대성 일반에 대해 살펴볼 필요가 있다. 막스 베버 Max Weber(1864~1920)는 죽기 1년 전에 행한 강연에서 그가 살았던 근대를 회고하며 "주술로부터 세계를 해방시킨 합리화의 과정"이라고 정의한 바 있다. 고대, 중세 사회를 유지하고 지탱해주었던 진·선·미의 완고한 결합이 풀어지고 개별 가치들이 독립적으로 각자의 목소리를 내기 시작한 시기를 근대라 한다면, 근대는 베버의 지적처럼 다양한 분야에서 자기의 목소리들을 발견해나가던 시기였다고 회고할 수 있겠다.

각 분야에서 전개되었던 근대성의 양상은 다음과 같다. 정치·경제적으로는 국민국가의 탄생과 자본주의의 등장을 근대의 특징이라 부를 수 있을 것이고, 철학적으로는 주체의 발견과 이성에 대한 긍정이 근대를 규정하는 말일 것이다. 과학계에서는 뉴턴의 고전물리학과 다윈의 진화론이 근대의 서막을 열었다. 이들은 공히 중세를 지배한 강력한 패러다임이던 신적인 권위에 도전하고 신적인 원리의 해체를 선언했다는 점에서 중요한 의미를 지닌다. 종교개혁과 종교전쟁을 치르면서 지금과 같은 유럽의 국경선이 완성되었고, 그 과정에서 유럽인들은 신민臣民이 아니라 자율적 시민이 되었다. 그들의 삶의 법칙은 더 이상 신민에게 요구되는 신앙의 원리가 아닌, 자본주의적 논리에 맞는 경쟁과 이윤 추구를 위한 삶의 방식으로 점점 전환되어갔다.

예술 분야에서 전개된 모더니즘은 한층 복잡하다. 문학과 건축, 미술 분야에서 다양한 형태로 전개된 모더니즘 예술을 뭐라 하나로 단정 짓기는 불가능하다. 문학의 경우 과학기술의 발달에 따른 실증주의적 사고에 대한 대립항으로 모더니즘 문학이 등장했다. 사건과 대상의 재현 가능성을 확신하는 리얼리즘 문학에 대한 불신이 모더니즘 문학의 특징이었던 셈이다. 그 안에서는 객관성이 아닌 주관성, 보편성에서 벗어난 단독성이 가치의 척도로 등장한다. 그러므로 모더니즘 소설 속 주인공이란 세계를 재현하는 투명한 주체도 아니고, 세상에 대한 선명한 판정을 내리는 지사적 주인공도 아니다. 소설 속 그(녀)는 어딘가 모순적이고, 세상에 대한 불만으로 가득하고, 그러다가 어느 순간 길을 잃고 방황하는 인물로 묘사된다. 그(녀)는 현실과 조화를 이루지 못해 갈등하고 고민하는 인물이고, 여전히 마음속에는 저 하늘의 빛나는 별과 같은 강렬한 무엇을 소장하고 그것을 추구하는 낭만적인 주체이기도 하다.

이렇듯 근대를 규정하는 입장과 편차가 다양한 까닭에 근대를 논의하는 장 혹은 근대 이후 탈근대를 논의하는 자리에서 근대가 누구의 근대였는지, 그리고 근대라는 말이 어떤 의미와 맥락에서 쓰이는지를 밝힐 필요가 있다. 그만큼 근대성을 둘러싼 논의의 결이 다양하다는 말이다. 그럼에도 불구하고 다종, 다성의 근대를 하나로 엮어내는 근대성의 키워드가 있지 않을까 하는 물음과 호기심은 여전히 남는다. 나는 그것이 칸트의 '선험적 주체'의 탄생이 아니었을까 생각한다.

주체여, 안녕!

근대성의 정점, 칸트의 선험적 주체

인식의 코페르니쿠스적 전환

칸트의 '선험적 주체'에 대한 선언은 인식론적인 맥락에서 근대를 대변하는 사건이었다. 선험적이라는 말은 '경험을 초월하다'transcendental라는 뜻이다. 선험이라는 뉘앙스에서도 느낄 수 있듯이 칸트는 당시 흄David Hume(1711~1776)으로 대변되는 경험주의자들의 주장에 영향을 받으면서도, 그들이 지녔던 회의주의적 태도로 인해 무너진 인간 정신을 어떻게 회복할 수 있을지 골몰했다.

인간의 의식은 경험주의자들의 주장처럼 경험에서 비롯되는 것이 맞다. 하지만 인간의 인식은 경험의 잡다한 다발만은 아니다. 그 경험을 가능하게 하는 '선험적 조건'이 있어야 한다. 칸트는 이러한 목적을 갖고『순수이성비판』에서 선험적 감성론, 선험적 분석론, 선험적 변증론을 차례로 전개했다. 그 과정을 통해 경험을 가능하게 하는 인간의 조건을 발견했고, 그것을 '선험적인 것'이라 명했다.

예전에도 잡다한 인간의 경험을 묶어주고, 맥락 없는 경험과 기억들에 통일된 의미를 부여하는 힘을 '선험적인 것'이라고 불렀지만, 그것은 칸트의 '선험성'과는 다르다. 전 시대에는 초월적인 신에 의해 선험성이 유지되었다면, 경험론자들은 신의 존재에 대해 회의적인 시선을 보냈다. 칸트 역시 전통 서구 형이상학이 빠졌던 오류에 대해 경험론자들처럼 비판한다. "이성의 원칙들은 모든 경험의 한계를 넘어 있어서 경험의 어떤 시금석도 더 이상 받아들이지 않기 때문에, 그 숨겨져 있는 착오들을 발견하지 못한다. 이런 끝없는 싸움거리의 전장이 형이상학이라 불리는 것이다."*

칸트는 위의 글에서 전통 형이상학이 자행했던 이성의 독단에 대해 말하고 있다. 지식이 객관적인 진리가 되려면 인간의 사유는 언제나 경험적으로 주어진 객관세계와 연결되어야 한다. 칸트에 따르면 기존의 형이상학은 이성이 경험과 관계없이 독주한 결과 경험적으로 주어진 것과는 아무 관계없는 것을 선포하는 월권에 빠지고 말았다.

이 말을 쉽게 풀이하기 위해, 인간은 50미터밖에 헤엄칠 수 없다고 가정하자. 그런데 섬은 200미터 바깥에 있고, 100미터를 헤엄쳐가야 비로소 섬을 볼 수 있다. 여기서 50미터밖에 헤엄칠 수 없는 것을 인간의 한계라고 보고, 섬을 칸트적 용어로 '물자체'物自體(Ding an sich)라고 했을 때, 50미터를 헤엄쳐 온 경험만 가지고 보이지도 않는 섬을 말해왔던 것이 지금까지의 형이상학 역사였음을 고발한 것이다. 즉 경험과 관계없이 이성이 혼자서 자기의 형식적인 필연성을 전개하여 물자체에 도달하려는 이성의 망상을 칸트 이전의 형이상학은 알아채지 못했다.

칸트의 물자체에 대한 불가지론不可知論 선언은 "진리를 인식하는 것은 불가능하다"라는 철학적 사형선고와도 같았다. 여기까지 경험론자들이 펼쳤던 전통 형이상학에 대한 회의론과 칸트의 그것은 동일하다. 하지만 칸트는 경험론자들과 다르게 다음 단계에서 "대상이 인식을 낳는 것이 아니라, 인식이 대상을 구성한다"라는 혁명적인 제안을 했다. 칸트는 이를 '코페르니쿠스적 전환'이라고 표현했다. 태양이 지구를 중심으로 도는 게 아니라 지구가 태양의 둘레를 돌고 있다는 발상의 전환을 코페르니쿠스가 하지 않았던가. 칸트 역시 대상이

---

* 임마누엘 칸트, 백종현 옮김, 『순수이성비판 1』(아카넷, 2006), 165~166쪽.

주체여, 안녕!

인식 주체에게 진리를 전달하는 것이 아니라, 인식 주체가 인식 대상을 구성하면서 진리가 형성된다고 선언한 것이다. 여기서 칸트의 말을 직접 들어보자.

> 이제까지 사람들은 모든 우리의 인식은 대상들을 따라야 한다고 가정하였다. 그러나 대상들에 관하여 그것을 통해 우리의 인식이 확장될 무엇인가를 개념들에 의거해 선험적으로 이루려는 모든 시도는 이 전제 아래에서 무너지고 말았다. 그래서 사람들은 한번, 대상들이 우리의 인식을 따라야 한다고 가정함으로써 우리가 형이상학의 과제에 더 잘 진입할 수 있겠는가를 시도해봄 직하다. (……) 이것은 코페르니쿠스의 최초의 사상이 처해 있던 상황과 똑같다. (……) 코페르니쿠스는 관찰자를 회전하게 하고 반대로 별들을 정지시킨다면, 그 설명이 더 잘 되지 않을까를 시도했다. 이제 형이상학에서 우리는 대상들의 직관과 관련하여 비슷한 방식의 시도를 해볼 수 있다.[*]

예를 들어 여기에 돌멩이 하나가 있다고 가정해보자. 나는 돌멩이만 바라보면 학창시절 시위 기억이 떠오른다. 처음 데모 나갔을 때 전경을 향해 돌멩이를 던지기 전에 두렵고 겁나고 미안해하며 머뭇거렸던 기억, 하지만 사태가 격해지면서 분노가 치밀어 전경을 향해 돌멩이를 던지면서 내 안에 있던 폭력성과 악마성을 느꼈던 기억들이 서로 얽혀, 돌멩이를 볼 때마다 유쾌하지 않다. 반면 미켈란젤로에게

[*] 위의 책, 182쪽.

돌멩이는 어떤 의미일까. 위대한 조각품을 낳게 하는 기쁨의 원천일까, 아니면 창작의 고통을 선사하는 대상일까. 그렇다면 내가 알고 있는 돌멩이와 미켈란젤로의 돌멩이는 같은 것인가. 각각이 느끼는 돌멩이와 '물자체'로서의 돌멩이를 어떻게 일치시키고, 그것의 일치를 누가 보증하는가?

이런 질문은 당혹스러울 수도 있지만, 조금만 생각해보면 나름대로 의미를 가진다. 인식의 대상을 돌멩이가 아니라 삶이나 사회로 바꿔보자. 그러면 삶이란 무엇인가, 사회란 무엇인가라는 물음으로 전환된다. 이에 대한 답은 사람마다 다르다. 언뜻 무모하게 비치는 철학상의 난문제는 인간이 자연이나 세상을 인식하려고 할 때, 왜 일치된 견해에 도달하지 못하는 것일까라는 극히 일반적인 질문에 의해 유지되고 있다.

서양 철학의 오랜 과제인 인식과 대상의 일치, 주관과 객관의 조화는 인간이 세계를 완전히 올바르게 인식할 수 있는가의 문제를 의미한다. 이 일치를 정확히 증명하는 것은 인간 이성이 가진 능력을 밝히는 것이다. 하지만 칸트는 사물 자체를 인식하는 것은 불가능하다고 선언하면서, 인식과 대상의 일치를 진리라 믿어왔던 서양 철학의 신념을 원천적으로 흔든다. 그렇다면 진리란 무엇인가?, 이 지점에서부터 칸트의 선험적 주체에 대한 논의가 시작된다.

선험적 주체의 탄생

경험론자처럼 칸트에게도 경험은 모든 인식의 시작이다. 경험론자에게 경험이란 한낱 지각의 다발에 불과했다. 칸트는 이러한 경험론자들의 비판 위에서 새로운 인간 의식의 역사를 써내려갔다. 칸트는 우

주체여, 안녕!

선 인간의 대상을 향한 인식이 어떤 과정을 거치면서 이루어지는지를 살폈다. 그러고 나서 대상을 받아들이는 기관을 감성이라고 말했다.

감성이란 외부의 사물을 우리가 받아들이는 형식이다. 시간과 공간이 대표적인 선험적 감성 형식이고, 둘 다 우리 내부에 이미 장착되어 있다. 시간과 공간이라는 누구에게나 있는 공통된 문을 통해 경험이 들어오기에, 우리는 각자가 다양한 경험을 지녔음에도 불구하고 인식의 보편타당성을 보장받는다. 비록 인간이 겪게 되는 경험의 양과 질은 다르겠지만 누구나 경험을 통해 사건과 사물을 인식한다면, 그것의 수용 원칙도 동일하기에 인간은 대상을 동일한 방식으로 경험하게 된다.

감성에 의해 우리에게 다가온 대상은 오성에 의해 비로소 생각, 즉 종합 판단을 하게 된다. 감성이 수용성의 영역이라면, 오성은 자발성의 영역이다. 참다운 인식은 감성과 오성이 결합할 때 발생한다. 칸트는 오성의 형식을 양, 질, 관계, 양상의 네 가지로 분류하고, 그것을 더 세분하여 12개의 범주로 나누었다. "태양이 촛불보다 밝다"라는 판단이 가능하려면 '밝다'와 '어둡다'라는 범주가 먼저 선험적으로 존재해야 한다. "젖은 손으로 전기플러그를 만지면 전기가 통한다"라고 했을 때, 전기가 통하는 경험과 손에 물이 묻는 경험이 우선 있어야 한다. 하지만 더 중요한 것은 서로 다른 두 경험을 결합하여 "젖은 손으로 전기플러그를 만지면 전기가 통한다"라는 판단에 도달하는 것이다. 그러기 위해서는 생각의 틀(범주)이 작동해야 한다. 이것은 경험이 발생하기 전부터, 경험을 초월해서 이미 우리 안에 존재하고 있던 인식의 선험적 형식이다.

물자체에 대한 사망선고가 내려지면서 인간의 인식에 대한 보증이 사라져 충격에 빠질 수도 있었겠지만, 칸트는 인간의 사고구조가 동일하다는 것을 밝혀내면서 상실한 인식의 보편성을 복원해냈다. 시간과 공간이라는 사물에 대한 수용의 형식을 인간은 공통적으로 갖고 있고, 12개의 범주를 사용하여 사물을 종합적으로 판단하는 형식을 인간은 공유하고 있다. 그 결과 인간은 우리에게 다가오는 대상과 사건에 대해 동일한 판단과 결정을 내릴 수 있게 된다. 이러한 인식의 틀은 외부에서 주어진 것도 아니고, 경험적으로 획득된 것도 아니다. 모든 인간들에게 선험적으로 주어진 인식의 틀이다. 이것이 '선험적 주체'를 가능하게 한다.

칸트에 이르러 비로소 인간은 인식의 주인공이 그 누구도 아닌 '나'임을 깨달았다. 진리는 하늘 높이 달려 있다가 우리에게 일방적으로 꽂히는 것이 아니다. 설사 물자체가 있다손 치더라도 인간은 그것을 온전히 재현할 능력도 없고, 그래야 할 이유도 없다. 칸트가 발견한 '선험적 주체'란 진리를 그대로 재현하는 주체가 아니다. 인간에게는 '있음'을 있는 그대로 담아낼 능력이 없다. 이런저런 앎의 형태로, 인간이 지닌 나름의 앎의 틀(범주) 안에서 진리가 담기는 것이다. 즉 진리란 인간의 인식이라는 틀 안에 담긴 진리다. 내가 있기 전에 진리가 있는 것이 아니다. 진리란 나에게 담긴 진리다. 진리가 내게 다가올 때 그(녀)는 무심하게 내게 오지만, 내가 가지고 있는 선험적 인식의 틀을 통과하면서 그(녀)는 내 안에서 나의 그(녀)가 된다. 진리가 나를 구성하는 것이 아니라, 내 안에서 진리가 구성된다. 이렇게 칸트의 '선험적 주체'에 이르러 근대적 주체 중심의 철학은 완전체를 이루었다.

주체여, 안녕!

문제적 인간, 미셸 푸코

풍문 속 미셸 푸코

진리가 우리 외부에 존재하지 않고 나의 내면에서 구성된다는 칸트의 선험적 주체 선언은 전통적인 인식론의 방법을 바꾸는 가히 패러다임의 전환이었다. 이후 근대의 정신은 사물과 사건을 해석하는 데 있어 지나치게 주체 중심으로 경도되어갔고, 그 과정에서 주체의 동일성 안으로 포섭되지 않는 상대를 타자로 규정하여 배제와 차별의 정치학을 전개하기 시작한다. 이러한 근대적 주체의 타자에 대한 배제의 역사에 관심을 가진 철학자가 있었으니 그가 바로 미셸 푸코다.

서구의 근대를 완성했다고 하는 헤겔의 관념론이 개인과 권력 간 갈등과 긴장을 조정하면서 전체성을 지향했던 것과는 다르게 푸코는 역사의 전개 과정에서 발생하는 개인과 권력 관계의 갈등과 긴장을 통합하려 하지 않는다. 그는 헤겔류의 동일성의 원칙에 기초한 근대적 주체를 의심의 눈초리로 바라보면서 '주체' 대신 '자기'를 제안했다. 본격적으로 푸코의 '자기' 개념과 '자기의 윤리학'에 대해 알아보기 전에 푸코의 사상이 지닌 함의를 잠시 살펴보기로 한다.

20세기 내내 가동되었던 현실사회주의의 실험은 1990년을 기점으로 역사의 무대에서 공식적으로 사라졌다. 자본주의에 대한 견제 세력으로 유의미한 거점을 확보하고 있던 사회주의의 몰락은 진보 진영 전체를 충격으로 몰아넣기에 충분했다. 푸코가 사람들로부터 조명을 받기 시작한 것이 이 무렵이었다. 푸코는 여러 저작들을 통해 현실 사회주의 몰락 이후 마르크스주의를 대신해서 현대 사회의 부조리를 폭로하고, 그 원인과 대책을 새로운 문제의식과 신선한 역사적 틀로 재조명했다.

　푸코는 인간이란 무엇인가, 사건은 무엇이고 사물은 무엇인가 등 서구 사상이 지녀왔던 뿌리 깊은 실체 중심주의에 반기를 들었다. 그는 예를 들자면, 누가 너를 동북아시아인 혹은 한국인이라 정의했는지를 묻는다. 저것이 의자인 게 중요한 것이 아니라 누구에 의해 저것이 의자라 불리게 되었는지에 주목한다. 도대체 그 상징적 질서는 누구에 의해 명명되었는가? 이러한 푸코의 물음은 초역사적이고 초월적이고 보편타당한 단 하나의 진리가 있다고 믿어왔던 서구인들에게 진리를 바라보는 창이 하나가 아닐 수 있음을 일깨워주었다.

　푸코에게 사물의 개념, 혹은 사건의 실체는 구체적 역사의 어느 시점에서 누군가에 의해 모종의 틀 안에서 주조된 것이다. 이를테면 예전에 중학교 생물시간에 배웠던 '종-속-과-목-강-문-계'로 시작하는 린네의 동물분류법을 우리는 기억한다. 이후 우리는 그것이 당연히 동물계를 분류하는 사물의 질서라고 생각했다. 그러나 푸코는 이 당연함에 딴지를 걸었다. 푸코는 『말과 사물』의 서문에서 보르헤스 J. L. Borges의 단편소설에 나왔던 '어떤 중국 백과사전'에 대해 언급하면서 거기에 적혀 있는 중국인들의 동물분류법을 소개하고 있다. 그 책에 따르면 중국인들은 동물을 다음과 같이 분류한다. 향료로 처리하여 썩지 않게 보존된 동물, 사육동물, 젖을 빠는 돼지, 전설 속의 동물, 광포한 동물, 낙타털과 같이 미세한 모필로 그려질 수 있는 동물, 물주전자를 깨뜨리는 동물, 멀리서 보면 파리같이 보이는 동물 등.

　여러분은 린네의 동물분류법과 중국인의 동물분류법 중 어느 것이 더 마음에 와 닿는가. 개인적으로 나는 결단코 후자다. 그럼에도 불구하고 우리는 당연히 동물 분류를 '종-속-과-목-강-문-계'로 알고 있지 않나. 누군가에 의해 어느 시점에서 그것이 당연시되었기 때문이다. 푸코의 저작들은 우리가 그동안 당연하게 생각해왔던 사실들을 의심한다. 이러한 푸코 특유의 방법론을 알린 책이 『광기의 역사』다.

광기는 어떻게 만들어졌나?

『광기의 역사』(1961)는 푸코의 박사학위 논문이다. 그의 학문하는 방법론인 계보학이 시작되는 첫 책이라는 점에서 의의가 있고, 이후 전개되는 학문의 방향성을 가늠해볼 수 있다는 점에서도 중요한 저술이다. 정신질환은 확실한 질병이고 심한 경우는 격리 치료를 받아야 하는 위험한 병이다. 그것은 신경증, 도착증, 정신병으로 분류할 수 있으며, 각각의 증상에는 차이가 있고 상태에 따라 치료법도 다르다. 이런 식으로 우리는 광기에 대해 '이러이러하다'라고 규정하고 정의를 내린다. 그런데 과연 우리가 광기를 제대로 알고 있기나 한 것일까. 푸코는 중세와 르네상스 시대까지는 정상인과 광인이 함께 마을에서 모여 살았다고 밝힌다. 광기가 질병의 대상이 아니었다는 말이다. 당시 광기는 신비적인 특징도 있었고 낭만주의적 해석의 대상이기까지 했다.*

그랬던 광기가 17~18세기 고전주의 시대를 거치면서 감금의 대상이 되었다. 이 시대는 근대성의 시대정신이라 할 수 있는 이성이 급부상하던 시기였다. 광기는 바로 이성의 바깥에 존재하는 타자로 분류되었다. 이성적이지 않은 것, 이성으로 파악할 수 없는 것이 광기다. 이 말은 광기 자체에 무슨 정체성이 있는 것은 아니라는 말이다. 단지

---

* 미셸 푸코, 김부용 옮김, 『광기의 역사』(인간사랑, 1999), 10쪽.

　　　　　　　　　　　　　　　　1부. 파국의 윤리

동일자인 이성의 견해, 경향, 양태와 다르다는 이유만으로 광기는 차별의 대상이 되었다. 푸코는 『광기의 역사』 이후 일관되게 이성의 타자들의 발자취를 추적했다. 『임상의학의 탄생』에서는 병자들이 이성의 타자로 등장하고, 『말과 사물』은 주류담론에서 제외되는 하위담론에 대한 이야기를 다룬다. 『감시와 처벌』에서는 근대 부르주아들이 지녔던 이성적인 사고방식으로 이해가 안 되는 죄인들이 타자로 등장한다. 『성의 역사』에서는 여성과 동성애자와 어린이들이 어떻게 역사 속에서 타자로 취급되어왔는지를 그린다.

푸코는 『광기의 역사』를 마무리하면서 이성의 타자라는 이유만으로 광기를 정상이 아닌 비정상으로 취급해온 인류의 기획에 대해 다음과 같이 비난한다. "광기를 측정하고 심리학을 통해 광기를 정당화했다고 믿어온 세계는 이제 광기 앞에서 스스로를 정당화해야 한다"라고 말이다.* 푸코가 결국 말하고자 했던 것은 어떤 개념이나 본질은 하늘에서 뚝 떨어진 것이 아니라, 역사적 과정 속에서 만들어지고 변해간다는 것이다. 푸코의 문제 제기는 그동안 우리가 지녀왔던 사유체계의 한계를 일깨워주었을 뿐 아니라, 절대적 사유에 대한 불가능성과 정직하게 대면하게 한다. 이처럼 우리가 당연하게 생각하는 특정의 진리가 어떤 과정을 거치면서 어느 맥락에서 왜 그렇게 되었는가를 따져가는 것이 푸코의 계보학이다. 그렇다면 푸코의 방법론으로 근대적 주체를 바라보면 어떻게 될까. 이제부터 본격적으로 다룰 '자기'는 푸코의 이러한 문제의식에서 출발한다.

---

* 위의 책, 289쪽.

주체의 윤리에서 자기의 윤리로

자기의 발견

'인간이란 무엇인가'라는 질문은 앞에서도 언급했듯이 초역사적이고 지극히 보편타당한 성격을 지닌 문제다. 인간은 사회적 동물이고, 종교적 동물이며, 생각하는 존재이고, 동시에 선험적 주체다. 이런 초월적 인간에 대한 정의를 푸코는 탐탁지 않게 생각했다. 그는 '누가 인간을 그렇게 규정하더냐?'라고 반문했다. 푸코의 저작들에서 드러난 주체란 이성적인 주체 혹은 자의식을 가진 주체가 아니라, 권력에 의해 구성되고 조정되는 수동적 주체다. 푸코의 '자기'는 이런 근대적 주체에 대한 의식적 거리 두기라고 할 수 있다.

　기실 우리가 알고 있는 근대란 시민혁명으로 인해 중세의 봉건적 폐습이 혁파되던 시절이고, 신의 절대적 위상이 인간의 이성에 의해 대체되던 시기다. 하지만 그것은 신앙에서 이성으로 이름만 바뀌었을 뿐, 지배의 형태와 방식은 고대나 중세와 다를 바 없었다. 신적인 로고스가 지배하던 세상이 생각하는 주체를 내세우는 코기토로 주인만 바뀌었을 뿐이다. 이런 근대의 이중성을 최초로 비판한 사람은 니체였다.

　니체Friedrich Nietzsche(1844~1900)는 『비극의 탄생』에서 "근대를 믿느니 차라리 허무와 악마를 믿는 것이 더 나을 것이다"*라는 독설을 던졌다. 그는 근대적 이성의 횡포가 현대 문명을 파탄으로 이끈 주범이라 꼬집었다. 그리하여 아폴론적인 이성과 다른 디오니소스적인 정

---

*　프리드리히 니체, 곽복록 옮김, 『비극의 탄생』(범우사, 1989), 28쪽.

신의 부활을 촉구했다. 소크라테스와 플라톤으로부터 시작된 아폴론적인 이성의 전통을 해체하고, 의미로 환원되기 이전의 주체, 사회적 시스템으로 편입되기 이전의 주체라 할 수 있는 디오니소스적 주체의 재림이 근대성이 저지른 야만을 극복하는 길이라고 니체는 믿었다.

푸코는 이런 니체 사상의 영향을 받았다. 『말과 사물』에서 푸코는 니체에 대한 자신의 속마음을 분명하게 밝힌다. "이 점에서 니체는 이 미래를 우리에게 약속과 동시에 책무로 제시하면서, 현대 철학이 다시 사유하기 시작할 수 있는 문턱을 가리키며, 아마 앞으로도 오랫동안 철학의 진전을 계속해서 지배하게 될 것이다."* 푸코의 예언은 적중했다. 니체는 푸코와 들뢰즈로 대변되는 긍정과 기쁨의 포스트모던 해석학의 출발점이었다고 해도 과언이 아니다. 그리고 니체의 디오니소스적 인간은 푸코가 주체를 대신하여 소환한 '자기' 개념에 영향을 미쳤다고 볼 수 있다.

근대적 주체에 대한 대항담론으로서의 자기의 발견은 푸코의 마지막 저술이라 할 수 있는 『성의 역사 2: 쾌락의 활용』과 『성의 역사 3: 자기에의 배려』에서 다루어졌다. 푸코는 대상(타자)과 자기 자신과의 관계를 통해 자기 스스로를 윤리적 주체로 구성하는 것을 '자기의 테크놀로지'technology of the self라 칭하였다. "요즘 나의 관심은 점차 자기 자신과 타자의 상호관계, 그리고 개인이 행사하는 지배의 테크놀로지에서 얼마나 개인이 자기 자신에게 작용하는가에 대한 역사, 즉 자기의 테크놀로지로 기울어졌다."** 자기의 테크놀로지는 개인

---

* 　미셸 푸코, 이규현 옮김, 『말과 사물』(민음사, 2012), 468쪽.
** 　미셸 푸코, 이희원 옮김, 『자기의 테크놀로지』(동문선, 1997), 37쪽.

　　　　　　　　　　　　　　　　　　　　　　주체여, 안녕!

주체들이 세상을 (혹은 대상과 사건을) 자기만의 방식과 개념으로 바라보게 하는 기술이라 할 수 있겠다. 이는 권력장치와 당대의 지배적인 담론에 의해 예속되었던 순응적인 근대적 주체를 자율적인 주체로 등극하게끔 하는 푸코의 처방전이었다.

주목할 점은 푸코의 '자기'는 근대성의 주체와는 다르게 자기의 욕망이 더 반영된 주체라는 것이다. "자기 체험은 단순히 통제된 힘이나 언제나 반항할 준비가 되어 있는 힘에 대한 지배력을 체험하는 것이 아니다. 그것은 자기 자신에 대해 느끼는 일종의 기쁨이다. 이렇게 자기 자신에 접근할 수 있는 자는 자신을 즐거움의 대상으로 삼을 수 있다."* 상상계에서 상징적 질서로 들어온 주체는 나의 욕망이 아니라 타자의 욕망을 따라야 하는 주체였고, 저 하늘에 별이 빛나듯 내 마음에는 도덕률이 빛난다고 주장하는 주체는 저 하늘의 별을 의식하고 모방해야만 하는 주체였다. 그런데 푸코가 이와 반대로 니체의 디오니소스적 주체를 환기시키는 '자기'에 대한 언급을 한 것이다.

자기의 발견은 근대적 주체의 죽음이 운운되는 포스트모던 시기에 주체의식의 재설정을 도모하고자 노력하는 사람들에게 새로운 활력을 제공했다. 우리에게 남겨진 과제는 근대적 주체의 대안으로 등장한 '자기'를 구체적인 삶의 공간에서 어떻게 실천철학화할 수 있는가이다. 단순한 선언과 구호가 아니라 실천과 행위의 장에서 '자기의 윤리'는 어떻게 자리를 확보하면서 활동의 영역을 담보할 수 있을까?

---

*   Michel Foucault, *The Care of the Self—Vol. 3 of The History of Sexuality*, translated by Robert Hurly(New York: Pantheon Books, 1986), 66쪽.

미학이 지닌 윤리적 상상력

푸코는 근대 철학에 내재해 있는 문제점을 지적하고 거기서부터 논의를 시작한다는 점에서 포스트모던 철학자이지만, 자칫 포스트모더니즘이 빠질 수 있는 허무주의, 혹은 퇴폐적 낭만주의와는 선을 긋는다. 앞에서 나는 푸코가 『성의 역사』를 써나가면서 전향이라고 할 정도로의 급격한 자기변신을 도모했다고 밝혔다. 이는 '자기의 테크놀로지' 혹은 '미학적 주체, 미학적 윤리학'으로의 전회다.

푸코는 고대 그리스의 존재미학에 기대어 미학과 윤리의 관계를 분석하면서 아름다움에 대한 생각과 선善에 대한 생각을 구분하는 전통에 반대했다. 푸코는 "왜 우리의 삶은 예술작품이 될 수 없는가? 사물은 예술의 대상이 되는데 우리의 삶은 왜 그렇지 못한가?"*라는 도발적인 질문을 통해 미학적 윤리에 대한 화두를 제시했다. 그렇다면 과연 푸코가 말하는 미학적 윤리는 무엇이고, 그것이 과연 가능한 것일까.

푸코는 『성의 역사 2: 쾌락의 활용』에서 고대 그리스의 존재미학이 지니는 윤리적 함의에 대해 다음과 같이 설명했다. "그것이 의미하는 것은, 인간이 자신의 행위의 규칙들을 설정할 뿐 아니라 그들 자신을 변형하고자 하는 의식적이고도 의도적인 실천이다. 자신의 특수한 존재 속에서 스스로를 변화시키고, 자신의 삶을 어떤 미학적 가치를 담고 있으며 특정 양식의 기준에 상응하는 작품으로 만들기 위한 것

---

* Michel Foucault, "On the Genealogy of Ethics: An Overview of Work in Progress," in *The Foucault Reader*, edited by Paul Rabinow(New York: Pantheon Books, 1984), 350쪽.

이다."*

푸코는 개인들을 도덕적 강요 안에 가두는 것이 아니라 각자가 지닌 미적인 상상력으로 자기를 구성하고 창조할 수 있는 가능성을 고대 그리스의 존재미학에서 발견했다. 고대 그리스의 미학적 진리는 일반적으로 알려져 있는 이데아를 현실세계에서 모방하는 '재현의 진리'가 아니라 지금까지 없었던 것을 있게끔 하는 '사건으로서의 진리'다. 신을 만난 경험, 그리고 그것을 재현하고자 신상을 만들거나 신전을 건축한 것이 아니라, 신상을 만들고 신전을 지으면서 고대인들은 신을 만나는 사건에 직접 참여했다.

우리는 여기서 미학적 창조성이 자기를 형성하고 자기의 삶을 변화시키는 데 중요한 동력임을 깨달을 수 있다. 전통적으로 아름다움을 구현한다는 것은 표현하고자 하는 미적 대상이 지닌 이데아를 잘 모방하는 것이었다. 미적 대상이 지닌 이데아에 대한 모방의 순도가 높을수록 좋은 예술작품으로 인정받는다. 하지만 현대 미학의 흐름 속에서 전통적인 미학의 입장은 부정된다. 오히려 이데아가 지닌 아우라의 파괴가 새로운 미적 가치로 부상했다. 미적 대상이 지니는 이데아와 미적 주체 간의 일치를 중시했던 미학적 패러다임이 무너진 것이다.

자기의 윤리학

푸코는 이러한 현대 미학의 상상력을 그의 윤리학으로 초대했고, 이

---

* 미셸 푸코, 신은영·문경자 옮김, 『성의 역사 2: 쾌락의 활용』(나남출판, 2004), 25쪽.

를 주체 중심의 윤리학과는 다른 '자기의 윤리학'이라는 이름으로 제안했다. 더 이상 윤리가 이데아를 모방하는 도덕적 규범이 되게 해서는 안 된다는 반성과, 더 이상 개인을 보편을 흠모하고 모방하기만 하는 수동적인 도덕적 주체로 한정지을 수 없다는 성찰이 푸코로 하여금 새로운 윤리를 호명하게 한 것이다.

고백하자면 역사의 전개 과정에서 다양한 존재들이 자아내는 차이와 다름은 지금까지 존중되지 않았다. 그것들은 전체성과 동일성의 원칙 아래 억압당하고 제거되어왔다. 푸코에 따르면 그것은 '광기의 역사'였다. 성의 차이, 성적 취향의 차이, 인종 차이, 지역 차이, 이데올로기의 차이가 있는 곳에서는 어김없이 동일성의 원칙에 위반된다는 이유로, 도덕적으로 위험하다는 이유로 폭력과 진압이 정당화되었다. 흑인이라는 이유로, 유대인이라는 이유로, 여성이라는 이유로, 이교도라는 이유로, 이성애자가 아니라는 이유로, 유럽이나 미국의 시민이 아닌 제3세계와 식민지 국가에서 태어났다는 이유로, 이념이 다르다는 이유로 얼마나 많은 사람들이 무차별적으로 희생되었던가!

푸코가 말하는 '자기의 윤리'는 무엇이 옳고 그르냐의 문제가 아니라, 참과 거짓을 강요하는 대타자의 목소리와 과감하게 대결한다. 그 음성은 국가일 수 있고, 민족일 수 있고, 전통일 수 있고, 윤리적 정언명령일 수 있고, 종교일 수 있고, 경전일 수 있다. 대타자의 목소리들을 의심에 찬 시선으로 바라보는 것, 그들에 의해 은폐되고 잊힌 희생양의 얼굴을 기억하고 애도하는 것, 그것이야말로 푸코가 보기에는 가장 윤리적인 것이다.

예를 들면 이런 것이다. 수천 년을 지배했던 가부장제라는 유리 천장에 여성들이 돌을 던져 참정권과 교육의 권리를 쟁취하고, 남성과 동등하게 사회 발전에 기여할 수 있는 기회를 확보하기 위해 투쟁했던 여성 인권의 역사를 우리는 기억한다. 절대로 깨질 것 같지 않았던 가부장제라는 동일성에 돌을 던져 균열crack을 일으키는 행위야말로 푸코가 보기에는 윤리적이다. 뿌리 깊게 이어져왔던 흑인 억압의 역사 속에서 '나에게는 꿈이 있습니다'I Have a Dream를 외치고 '승리는 우리에게'We Shall Overcome를 부르면서 백인 위주의 동일성에 항거했던 흑인 인권의 역사 또한 푸코식 '자기의 윤리'를 잘 보여주는 장면이다.

이데올로기가 강제되던 시절 사회주의와 자본주의라는 양자택일의 문제 앞에서, 노동해방이 먼저냐 민족해방이 먼저냐 같은 거역할 수 없는 선택의 기로에서, "나는 단지 나일 뿐!"이라고 외치면서 그런 대타자들의 목소리 앞에서 주눅들지 않고 자신을 드러낼 수 있다면 당신은 자기의 윤리학을 잘 실천할 수 있는 주인공이다. 신자유주의 논리로 재편된 21세기 사회에서 "자본의 논리에 충실해야만 살아남을 수 있다"라는 대타자의 목소리가 들려올 때, 그것에 저항하겠다는 마음이 생긴다면 그대는 자기의 윤리학을 감행할 준비가 되어 있는 사람이다.

결론적으로 자기의 윤리학은 나만의 독특한 삶을 살도록 유도한다. 나만의 삶을 산다는 것은 동일자의 시선 안으로 포섭되는 삶이 아니라, 동일성의 원칙을 거스르는 가운데 자신만의 삶의 방식을 발견하고, 그것을 향해 나아가면서 자기만의 동일성을 발견하는 것이다. 그런 삶을 산다면 당신은 충분히 윤리적이다. 기존의 윤리가 대타자의 목소리를 단순히 수동적으로 답습하는 것이었다면, 자기의 윤리는 새 시대에 맞는 새로운 삶의 원칙을 스스로 입법화하면서 능동적으로 실천하는 윤리다. 이는 답안을 작성하는 윤리가 아니라 질문하는 윤리, 체제에 단순 가담하는 윤리가 아니라 장場 자체를 새롭게 개시開示하는 윤리다.

푸코는 '자기의 윤리학'을 마지막으로 제안하고는 그것이 채 완성되기도 전인 1984년 6월 25일, 57세의 나이에 에이즈로 사망했다. 푸코의 절친이었던 들뢰즈는 장례식에서 푸코를 추모하면서 푸코가 병상에서 완성한 『성의 역사 2: 쾌락의 활용』과 『성의 역사 3: 자기에의 배려』의 서문을 떨리는 목소리로 읽어 내려갔다. 『성의 역사』는 푸코의 마지막 저작이다. 푸코가 채 완성하지 못한 '자기의 윤리학'은 들뢰즈의 추모사를 타고 우리에게로 전달되었고, 그리하여 푸코가 남긴 미완의 과제는 고스란히 우리의 몫이 되었다. Adieu, Foucault!

주체여, 안녕!

2장

그대가 곁에 있어도 나는 그대가 그립다

타자의 윤리

'타자'는 어떻게 시대의 화두가 되었는가

현대 타자론의 자리

현대 사상을 대표하는 키워드들이 있다. 주체, 욕망, 해체, 타자, (탈)구조, 무의식, 다원성, 포스트모더니즘 등등. 그중에서 이 모두를 포섭할 수 있는 단어를 하나 고르라면 '타자'가 아닐까 싶다. 가히 21세기는 타자(성)의 시대라고 해도 과언이 아닐 정도로 우리 주변에는 온갖 타자 담론들이 난무한다. 그렇다면, 왜 타자일까? 역사 발전의 어느 시기에 단 한 번이라도 인류가 나 아닌 상대방에게 관심과 배려의 시선을 보낸 적이 있었던가. 항상 타자는 감시와 처벌과 착취와 제거의 대상이었다. 그랬던 타자가 21세기에 각광을 받고 있는 이 상황을 어떻게 이해해야 하는 것일까. 갑자기 전 세계인에게 도덕적 각성이 일어난 것이 아닌데도 말이다.

타자 담론이 급부상한 시기는 1990년 무렵이다. 20세기 내내 실험되었던 현실사회주의가 실패로 돌아가고, 급기야 붉은 광장에서 레

　　　　　　　　　　　　　　　　　　　　1부. 파국의 윤리

닌의 동상이 철거되는 광경을 지켜보며 많은 사람들은 충격에 **빠졌**다. 어느 시인은 혁명의 계절을 뒤로하는 헛헛함을 「서른, 잔치는 끝났다」라고 노래했고, 이념의 시대를 풍미했던 학생운동의 주역들은 거리에서 국회로 무대를 옮겨갔고, 노동해방과 민주주의 만세를 외쳤던 시인들은 문명 전환 운운하며 갑자기 생명을 노래하기 시작했다. 당시 스물한 살의 청년이었던 내가 이해하기에 세상은 너무 복잡했고 어른들은 너무나 기민했다.

이러한 시대 상황에서 한국 사회로 급물살을 타고 수입된 사상이 바로 포스트모더니즘이다. 푸코, 라캉, 데리다, 레비나스, 알튀세르 등 주로 프랑스 철학자들의 사상이 한국의 대학가를 휩쓸었다. 그들은 공히 근대성이 지니는 문제점들을 조목조목 화려한 내공을 부리면서 반박하던 강호의 고수들이었다. 이데올로기의 종말이 현실화된 세상에서 새로운 대안을 찾아야 한다는 그들의 문제 제기는 설득력 있게 다가왔고, 그들의 현실 분석은 날카로웠다. 그런데 이들이 공통적으로 주목하면서 새로운 해석을 시도한 대상이 있었으니, 그것이 바로 타자다.

타자의 문제가 시대의 화두로 등장하게 된 배경에 대해 여러 가지 해설이 있겠으나, 크게 두 가지 이유를 제시할 수 있다. 하나는 근대성의 문제점을 파악해 들어가는 과정에서 타자에 대한 배제와 폭력의 역사가 부각되었고, 그 결과 근대의 극복은 타자에 대한 재발견으로부터 시작되어야 하지 않나, 라는 반성이 그것이다.

다른 하나는 자본주의를 그나마 견제했던 사회주의의 몰락이 원인이었다. 현실사회주의의 패배는 묶여 있던 자본의 이드 id를 석방한 사건이었다. 자본의 무한질주와 무한경쟁을 선언한 신자유주의가 본격적으로 가동되기 시작하면서 자본은 고삐에서 풀려나 자유롭게 유영하면서 국경을 넘고 넘어 빠르게 세계 구석구석으로 파고들었다. 자유롭게 흘러다니는 돈의 흐름을 타고 사람들도 유랑하기 시작했다. 인구가 이동한다는 것은 언어와 문화와 종교가 서로 교류하기 시작하면서 긴장이 발생한다는 말이다. 저마다 우리 안으로 들어온 낯선 사람들, 낯선 문화와 종교들에 대해 어떻게 반응해야 할지가 고민거리로 등장했다. 이것이 타자론이 부상하게 된 결정적인 원인이 아닐까 싶다. 우리 안으로 유입되는 타자에 대한 환대 또는 적대의 방식이 사회적 문제로 대두되기 시작하면서 올바른 타자론에 대한 이해가 전 지구적으로 요청되고 있다.

타자의 계보학

이러한 시대적 요청 속에서 타자론이 급부상했다고는 하나, 타자를 바라보는 우리의 시선은 낯설다. 나의 박사학위 논문 제목이 'The Turn to the Other'(타자로의 전회)인 까닭에 귀국 후에 많은 사람들로부터 요즘 유행하는 타자 담론에 대해 간단하게 설명해달라는 요청을 많이 받았다. 타자가 무엇이고, 누가 타자이고, 왜 요즘 부쩍 타자에 대한 논의가 많은지. 타자성에 관한 질문의 레퍼토리다. 사람들이 내게 불쑥 이런 질문을 던질 때마다 나는 당혹감에 빠진다. 왜냐하면 타자라는 말이 다양한 층위에서 존재하고 그 다양성만큼이나 많은 타자성이 존재하기 때문이다.

타자란 우선 글자 그대로 내가 아닌, 우리가 아닌 어떤 존재다. 나 아닌 네가 타자이고, 우리가 아닌 너희가 혹은 그들이 타자다. 남자가 아닌 여자, 그리고 백인에게는 흑인이 타자다. 기독교인에게는 이교도가 개종을 강요하거나 제거해야만 했던 타자다. 이성애자에게 동성애자들은 건널 수 없고, 절대로 타협할 수 없는 타자다. 이렇듯 자기의 존재를 무엇으로 설정하느냐에 따라 타자의 내용도 달라지는데, 이를 존재론적ontological 타자라 부를 수 있을 것이다. 어찌 보면 존재론적 타자는 어떤 대상을 우리가 명확하고 확실하게 가늠할 수 있다는 믿음을 바탕으로 한다는 점에서 순진한 타자라 할 수 있다.

인식론적인 타자도 있다. 우리의 감각과 경험 너머에 존재하면서 잡히지 않는 그것 역시 타자다. 인식론적인 타자를 언급한 대표적인 인물이 칸트다. 칸트에게 물자체란 인간이 머무르고 있는 시간과 공간을 초월한 영역에 존재하는 무엇이다. 이렇듯 파악할 수도 없고 말할 수도 없는 물자체를 인식의 영역으로 포함시켜 실체화했던 역사가 바로 서구 형이상학의 역사였다고 칸트는 비판한다. 물자체를 인식론적으로는 인간이 알 수 없는 부분이라 선포한 것은 헤겔을 비롯한 후대 학자들에게 선사한 칸트의 선물이었다. 헤겔 철학은 칸트에 의해 인식론적으로 단절된 세상을 어떻게 다시 봉합할 수 있을까라는 물음에서 출발했다.

존재론적으로는 확실하나 인식론적으로는 모호한 타자도 있다. 예를 들면 이런 것이다. 흠모하는 사람을 향한 사랑의 언어는 언제나 결핍을 동반한다. 사랑하는 이에게 "사랑해, 사랑해, 사랑해!"라고 무수히 말하지만, 그 말들은 언제나 존재론적으로 확실하게 바로 눈앞에 서 있는 그(녀)에게 닿지 못한다. 시인 류시화가 "그대가 곁에 있어도 나는 그대가 그립다"라고 한 것은 존재론적인 충만과 인식론적인 결핍 사이에 있는 타자를 묘사한 탁월한 표현이었다. 사랑은 나를 혹은 그(녀)를 늘 타자로 남게 한다. 우리는 이 타자를 뭐라 이름 지어야 할까.

　정신분석학에서는 타자가 내 안에 있다. 존재론적 타자나 인식론적 타자는 둘 다 우리 바깥에 있는 대상을 타자로 선정했다. 그러나 정신분석학에서는 타자가 바깥에 있지 않다. 내 안에 있지만 나를 초과한, 혹은 내가 모르는 그 무엇이 나를 불안하게 하고 궁핍하게 한다. 과연 나를 나라고 부를 수 있는 것이 무엇일까. 프로이트가 말한 무의식의 발견으로부터 시작된 자아에 대한 새로운 성찰은 타자론의 직영을 넓힌 사건이었고, 이후 정신분석학의 타자론은 라캉과 지젝으로 이어져 더 깊고 풍부해졌다.

　지금까지 타자의 현상학을 살펴보면서 그 종류와 양상이 다양하다는 것을 발견할 수 있었다. 이런 이유로 어디서부터 타자론에 대한 논의를 시작해야 할지 조금 막막한 감이 없지 않다. 한 마디로 타자론에 대한 논의는 그 자체가 타자적이고 유령적이다. 그럼에도 불구하고 현대 타자론의 기원을 연 철학자를 한 명 꼽으라면 그는 바로 헤겔이다. 헤겔Georg Wilhelm Friedrich Hegel(1770~1831)에 와서 비로소 유럽인들은 근대를 확정했는데, 그것은 타자를 전제로 하는 주체성의 확립을 성취하고 난 이후의 일이었다.

헤겔의 타자론—내 안에 너 있다

헤겔의 타자론의 함의

타자를 동일자의 시야를 확보하고 영토를 구축하기 위한 희생의 제물로 삼으려 했던 태도는 플라톤 이래로 서양 철학이 추구했던 사유법

　　　　　　　　　　　　　1부. 파국의 윤리

이라 할 수 있다. 중세는 그것에 대한 일반화가 극에 달했던 시기다. 전적 타자인 신은 끝없이 고양되었고, 이에 반하는 생각과 행위는 종교재판에 회부되어 마녀사냥으로 제거되었던 시기가 중세다.

고대·중세 사고에 깃들어 있던 형이상학적인 독단에 대해 최초로 의심의 시선을 보냈던 집단은 로크와 흄으로 대표되는 영국의 경험론이 아닐까 싶다. 경험할 수 없는 것에 대해 침묵해야 한다는 그들의 발언은 타자에 대한 정직한 접근과 고백을 요구했던 최초의 메시지였다. 칸트는 경험론자들의 영향을 받아 인간의 지각과 경험 바깥에 있어 포착할 수 없는, 전 시대에 신神이라 불리며 맹목적으로 숭배되었던 그것을 현상계와 분리하여 가상계에 존재하는 물자체라 칭했다. 그러고는 가상계와 물자체에 대해 불가지론을 선언했다.

칸트의 선언은 '이성의 빛'(로고스)으로 천상에서 지하까지 투명하게 세계를 밝히면서 하나로 이어주던 질서가 붕괴되었음을 만천하에 공표한 사건이었고, 신적 계시의 종말을 의미했다. 지금부터 이야기할 헤겔의 타자론은 칸트가 분리해버린 현상계와 가상계의 간극을 어떻게 다시 봉합할 것인지에 대한 헤겔의 고민과 관련이 있다.

철학사에서는 헤겔이 독일 관념론을 완성했다고 평가한다. 이것은 "역사는 절대정신의 자기실현 과정"이라는 헤겔의 말에서도 드러나듯이 분열된 세계에 대한 이성에 의한 봉합을 뜻한다. 헤겔은 칸트가 남겨놓은 가상계의 타자를 다시 정신 속으로 흡수하여 칸트가 사망선고를 내려버린 전체성을 회복시키려고 했다.

하지만 그것은 기독교로 통합되었던 중세의 전체성과는 달랐다. 헤겔은 신이 아닌 이성의 명료한 빛으로 세계를 하나로 통합하고자 했고, 이에 대한 사상의 투쟁이 담겨 있는 책이 바로 그 유명한 『정신현상학』이다. 헤겔은 이 책에서 인간정신의 가장 낮은 단계인 감각적 확신에서 오성, 자기의식, 불행한 의식, 이성, 도덕과 양심, 종교 등의 단계를 거치면서 어떻게 정신이 절대정신에 이르는지를 다루었다.

『정신현상학』에서 헤겔이 묘사하는 주체는 타자를 통해 자신을 실현하고 보존하는 주체라는 측면에서 이채롭다. 그는 『정신현상학』 제4장에서 '자기의식'에 대해 서술하면서 타자의 존재가 어떻게 주체 형성에 영향을 미치는지를 서술했다. 헤겔은 주체를 즉자 卽自(an sich)와 대자 對自(für sich)로 구분한다. '즉자'가 그냥 있는 존재라면, '대자'는 자기 자신을 반성(반추)하는 존재다. '그냥 존재한다'라는 말을 할 수 있는 주체는 확고한 동일성 위에 서 있는 존재다. 신만이 '그냥 존재한다'라고 말할 수 있는 유일한 존재 아닌가. 모세가 신을 만나 "당신은 누구십니까?"라고 물었을 때, 야훼는 "나는 곧 나다"I am who I am라고 답했다. 이는 즉자적 동일성 상태로 존재하는 유일한 대상인 신의 위상을 상징하는 발언이었다.

반면 대자적으로 존재하는 주체는 자기 안에 있는 잠재성을 인지하여 차이를 만들고 그것에 기반하여 사건을 일으키는 주체라 할 수 있다. 잠재성은 내 안에 있지만 아직 발현되지 않은 타자이고, 차이는 타자를 만났을 때 일어나는 의식의 분류 작업이며, 사건은 타자와의 충돌로 인해 발생한 결과물이다. 결국 대자적으로 존재하는 주체란 타자와 함께 맞물려 있는 존재라 할 수 있다.* 그러므로 대자적으로 존재하는 주체를 말하고자 하는 헤겔에게 타자란 주체를 형성하는

---

* 게오르크 빌헬름 프리드리히 헤겔, 임석진 옮김, 『정신현상학』(분도출판사, 1981), 264쪽.

데 필요충분조건인 셈이다.

주인과 노예의 변증법

헤겔의 타자론이 급부상하게 된 원인으로 헤겔을 프랑스에 소개했던 러시아 출신 사상가 알렉상드르 코제브 Alexandre Kojève(1902~1968)의 영향을 빼놓을 수 없다. 그가 쓴 『헤겔』은 우리나라에서 『역사와 현실 변증법』으로 변역되었는데, 『정신현상학』 제4장 「자기의식」에 나오는 '주인과 노예의 변증법'을 헤겔 해석의 핵심으로 삼았던 대표적인 『정신현상학』 주석서다. 코제브는 1932년부터 1939년 사이 파리에서 헤겔의 정신현상학을 강의했다. 당시 그의 강의는 많은 프랑스 지식인들을 매료시켰다. 수강했던 학생들 중에는 에마뉘엘 레비나스, 자크 라캉, 메를로 퐁티 등이 있었다.* 이들은 코제브로부터 헤겔의 『정신현상학』에 드러난 타자 이해를 접하면서 자신들의 타자론에 대한 구상에 착수했다.

코제브는 헤겔이 '주인과 노예의 변증법'에서 말하고자 했던 것이 주체와 타자 사이의 관계였다고 밝히면서 특별히 자기의식을 가진 주체로 홀로 서기까지 주체가 타자에게 얼마나 많은 빚을 지고 있는지를 설명한다. 그 과정을 우리에게 익숙한 무협지 플롯으로 전환하여 살펴보기로 하겠다. 보통 무협지의 시작은 이렇다. 평온하던 집안에 갑자기 죽음의 그림자가 밀려온다. 그 와중에서 가까스로 어린 생명 하나가 살아남아 그 집 유모나 하인의 등에 업혀 뒷산으로 피신하

---

* 마리 안느 레스쿠레, 변광배·김모세 옮김, 『레비나스 평전』(살림, 2006), 159~160쪽.

는 장면이 제일 먼저 등장한다. 하지만 주인집의 마지막 어린 생명을 지키려 했던 그들마저도 얼마 지나지 않아 죽음을 맞게 되고, 이제 어린 생명은 홀로 세상에 남겨지게 되는데, 그 위기의 순간에 어디에선가 구원자가 등장한다. 지나가던 가객 혹은 도사의 손에 의해 어린 주인공은 양육된다.

세월이 흘러 아이는 어느덧 청년이 되었고, 그(녀)는 그동안 스승으로부터 온갖 무공을 익혔다. 어느 날 스승은 제자에게 일대일로 맞짱을 뜨자고 제안하고, 제자는 스승에 맞서 승리를 거둔다. 그러자 스승은 제자에게 하산을 명하면서, 20년 전에 있었던 주인공의 비극적인 가족사를 들려준다. 그는 그제야 자신의 부모 형제가 모함을 받고 적들의 손에 잔인하게 죽었다는 사실을 알게 된다. 이후 주인공은 복수의 일념으로 하산하여 적진을 향해 한 걸음씩 다가가면서 장애물을 제거하고 마침내 원수와 마지막 결투를 벌인다. 당연히 주인공은 승리한다.

무릎을 꿇은 원수에게 칼을 겨누며 그(녀)는 말한다. "20년 전 그때를 기억하느냐?" 그래도 원수가 기억을 못하자 주인공은 20년 전에 있었던 자기 집안의 잔혹사를 들려준다. 이 모든 사실을 알고 원수가 하는 말은 이것이다. "20년 전 그때 너를 살려두지 말았어야 할 것을! 분하고 원통하다! 어서 나를 죽여라!" 드디어 주인공은 원수를 죽이고, 쓸쓸히 등을 돌려 석양 속으로 걸어가면서 이야기는 끝이 난다.

이야기 속 주인공과 원수는 상호 인정투쟁에 돌입한 두 주체를 상징한다. 싸움은 시작되었고, 승자와 패자는 가려지고, 승자는 주인, 패자는 노예가 된다. 하지만 승리한 주인은 패한 노예를 바로 죽이지 않는다. 주인이 주인으로서 자기의식이 생기는 것은 절대로 주인 자

1부. 파국의 윤리

신으로부터 시작되지 않는다. 노예로부터 '주인님!'이라고 불리는 순간, 즉 타자에 의해 주인님으로 호명되는 순간에 주인이라는 '자기의식'이 생겨난다. 이야기 속 주인공이 원수를 바로 죽이지 않는 것은 원수로부터 인정의 말을 듣기 위해서다. 원수가 주인공의 존재로 인해 탄식하고 비참해하고 괴로워하는 모습을 최종적으로 확인하면서 주인공의 '자기의식'은 완성된다.

헤겔의 『정신현상학』 제4장은 자기의식이 생기는 과정을 '주인과 노예의 변증법'이라는 제목으로 처리하고 있으며, 코제브는 이 대목이 헤겔 철학의 백미라고 지적했다. 주체는 스스로를 고립 속에서 절대로 파악할 수 없다. 주체는 타자를 전제하면서 타자에 기대고 의존한다. 타자를 내 안으로 끌어들이고, 타자의 언어에 노출되고 타자의 생각에 내가 반응하면서 비로소 나는 주체가 된다. "인간은 그 관조 대상에 의해 흡수된다. 즉 인식 주체가 인식된 객체 속에서 스스로를 상실해버린다. 관조할 때 드러나는 것은 주체가 아니라 객체다."* 헤겔이 말하는 주체란 칸트와는 달리 타자를 포기하지 않고 타자를 전제로 하는 주체다. 칸트가 선험적 주체를 주장하면서 타자와 무관한 주체를 말했다면, 헤겔에게 주체는 타자와 유리된 채 내적 사유 속에 갇혀 있는 주체가 아니다. 내 안으로 침투하는 타자들을 하나씩 만나고 경험하면서 변화하는 주체다.

이러한 헤겔의 주체는 마치 성장소설 속 주인공과 같다. 『테스』나 『데미안』 같은 성장소설 속 주인공을 생각해보라. 한 소녀와 소년이 성장하면서 인간을 알아가고 세상과 관계를 맺으면서 주인공은 갈

---

* 알렉상드르 코제브, 설헌영 옮김, 『역사와 현실 변증법』(한벗, 1981), 27쪽.

그대가 곁에 있어도 나는 그대가 그립다

등하고 변화하고 성장한다. 소년 싱클레어는 데미안이라는 타자를 만나 성장하고, 기구한 미혼모 테스의 삶을 그린 토머스 하디의 소설은 영국 빅토리아 시대의 엄격한 성도덕과 대결한다. 사회라는 타자를 대면한 한 개인이 어떻게 변화되고 굴절된 삶을 살아가는지 이 소설들은 그리고 있다.

전쟁을 겪고, 친구나 선생님을 만나 영향을 받고, 연인과 사랑에 빠지고, 결혼을 하고 이혼을 하고, 어느 날 갑자기 병을 얻는다. 그렇게 살다가 인간은 최종적으로 죽음이라는 타자와 일대일로 마주한다. 헤겔의 '자기의식'은 온갖 타자와 타자적인 사건들을 만나면서 세상을 알아가고 인간에 대한 통찰이 생기는 가운데 발생한다. 그러므로 헤겔에게 주체란 신의 피조물도 아니고, 생각하는 주체도 아니며, 칸트의 선험적 주체와도 거리가 있다. 헤겔의 주체는 타자와 끊임없이 접속하고 교류하고 관계를 맺으면서 변화하고 성장하는 주체다. 헤겔에 와서 주체는 비로소 타자를 전제하는 주체로 자리매김된다.

포스트모던 시대의 타자론

헤겔의 타자론 다음으로 우리가 다루어야 할 주제는 포스트모더니즘의 타자론이다. 타자론은 기본적으로 근대정신의 소산이다. 그것이 포스트모던 시대에 와서는 어떻게 해석되는지를 살펴보는 것이 이 장의 목적이다. 이는 다음 장에서 다룰 타자 윤리의 대명사 레비나스의 사상으로 들어가기에 앞서 치러야 할 통과의례적 성격을 지닌다.

포스트모더니즘은 정말 있는가

"포스트모더니즘에서 포스트post를 어떻게 해석해야 할까?"라는 질문을 던지면서 포스트모더니즘에 대한 논의를 시작하겠다. 'post-'를 둘러싼 입장의 차이가 이후 전개되는 포스트모더니즘의 성격을 결정하기 때문이다. 'post-'라는 접두어는 두 가지 해석이 가능하다. 하나는 'after'의 의미이고, 다른 하나는 'ex-'의 의미다.

'after'는 '후에, 나중에, 후반'의 뜻을 지닌다. 예를 들어 축구경기 후반전을 생각해보라. 후반전은 전반전의 점수와 선수들의 경고 누적을 고스란히 간직한 채 시작된다. 전반전의 상황과 결과로부터 자유롭지 못하다. 심지어 그것을 전제하거나 그것에 기대는 것이 후반전이다. 이런 식으로 'post-'를 해석할 경우 포스트모던postmodern은 근대의 연장선상에 있다. 근대의 후반전인 셈이다. 그래서 포스트모더니즘은 근대가 미친 영향으로부터 자유롭지 못할 수밖에 없고, 근대의 유산으로서의 포스트모던이 되는 것이다.

'post-'를 'after'로 해석하는 사람들에게 포스트모더니즘은 없다. 대표적인 경우가 하버마스로 대변되는 비판이론가들이다. 이들은 근대성으로부터 파생한 문제들은 근대적 이성의 반성과 각성을 통해 해결할 수 있다고 믿는다. 근대적 이성은 미완의 이성이고, 지속적인 반성과 각성과 진화를 통해 이성은 자신이 저질렀던 문제들을 능히 처리할 수 있다. 하버마스는 이를 두고 '근대는 미완의 기획'이라고 표현했다.* 이 말에는 '근대는 아직 끝나지 않았다'라는 현실 인식과

---

* 위르겐 하버마스, 이진우 옮김, 『현대성의 철학적 담론』(문예출판사, 1994), 64~67쪽.

그대가 곁에 있어도 나는 그대가 그립다

'근대적 이성은 계속 진화할 것'이라는 믿음과, 그리하여 마침내 '이성은 진리에 도달할 것'이라는 강한 확신이 깔려 있다.

반면 'ex-', 즉 '탈'脫이라는 접두어는 '결렬, 단절'을 강조한다. 한마디로 모더니즘에 대한 미련을 버리자는 것이다. 이들은 근대적 이성, 주체, 대의, 진보 등등 수없이 우리를 현혹시켰던 거대담론에 대한 폐기를 과감히 선언한다. 포스트모던 논쟁의 시발점이 되었던『포스트모던의 조건』을 쓴 리오타르는 포스트모던의 시대정신을 "거대서사meta-narrative의 붕괴와 작은 이야기들의 발견"*이라는 말로 요약한다. '작은 이야기들을 발굴한다' 함은 타자를 자기 안으로 끌어와 자기 동일성을 확보해왔던 근대적 주체에 대한 근본적인 회의라 할 수 있다.

지금까지 'post-'라는 접두어를 어떻게 받아들이는가에 따라 달리 해석되는 포스트모더니즘의 두 얼굴에 대해 살펴보았다. 독자들은 어떤 얼굴에 끌리는가? 연속인가, 아니면 단절인가? 어느 쪽이든 간에 'post-'라는 접두어는 두 가지 의미를 동시에 지니고 있다. 즉 포스트모더니즘은 모더니즘의 비판적 계승, 혹은 모더니즘과의 혁명적 결렬, 이 두 가지 의미를 동시에 지닌다.

타자, 포스트모더니즘의 공리

포스트모더니즘 논의를 어디서부터 시작할 것인지에 대해서는 의견이 분분하다. 정치, 철학, 건축, 미술, 문학, 문화 등 각 영역에서 다루

---

* Jean-François Lyotard, *The Postmodern Condition: A Report on Knowledge*, translated by Geoff Bennington and Brian Massumi(Minneapolis: The University of Minnesota Press, 1984), 60쪽.

1부. 파국의 윤리

어지는 포스트모던 담론들을 단일한 대오로 엮는 것은 불가능하다. 그럼에도 불구하고 포스트모더니즘의 윤곽을 그리면 대강 다음과 같은 그림이 그려지지 않을까 싶다. 근대의 핵심 원리를 주체성, 이성, 국민국가, 자본주의라 요약할 때, 포스트모더니즘은 주체성에 대한 회의, 이성의 진보에 대한 냉소, 국민국가와 자본주의 체제에 대한 불신을 기본으로 한다.

이런 관점에서 보자면, 19세기에 등장한 3대 천재 마르크스, 프로이트, 니체를 포스트모더니즘의 조상으로 삼는 것은 타당하다. 니체는 이성중심주의에 제동을 걸면서 반反이성주의를 주창했고, 프로이트는 의식에 반하는 무의식을 문제 삼았고, 마르크스는 정신이 아닌 물질을 역사 발전의 동력으로 정의했다. 이들은 오랜 세월 서구 사회를 지배해왔던 이성과 의식과 정신의 원칙을 깨뜨린 기념비적인 업적을 세웠다.

서양 철학은 플라톤 이래로 진·선·미의 해석학 아래서 수미일관한 해석의 전통을 유지해왔다. 세상은 이성적이고 논리적인 진리의 영역, 윤리적이고 도덕적인 선의 영역, 그리고 감성적이고 예술적인 미가 하나로 통합되어 원환적 통일성을 유지하고 있다. 그리하여 "이성적인 것은 선하고, 선한 것이 아름다우며, 아름다운 것은 진리일 수 있다!"라는 공리가 완성된다. 플라톤의 이상국가론은 진·선·미의 합체를 정치철학적으로 해석한 결과물이다. 플라톤에 따르면 이상국가란 이성계급(진)이 의지계급(선)을 작동하여 욕망계급(미)을 다스리는 것이다. 이를 근거로 '진-선-미'로 이루어진 의미의 계열과 서열이 서양의 정신에 자리 잡게 되었다.

근대성이란 하나로 뭉쳐 있던 진·선·미가 각자의 자의식을 획득하면서 자기분열을 일으켜 독립해가는 과정이다. 하나로 연결되어 있던 과학적 진리와 윤리적(종교적) 선함과 미적인 아름다움이 각각 분리되면서 독립된 위상을 갖추어나가던 시기가 바로 근대다. 하지만 근대는 신적인 로고스가 지배하던 세상에서 '생각하는 주체'를 내세운 코기토로 그 주인만 바뀌었을 뿐 달라진 것은 아무것도 없었다. 로고스중심주의에서 코기토중심주의로 집주인만 바뀌었을 뿐 집주인에 의한 억압 구조는 여전했다.

니체와 마르크스와 프로이트는 근대성이 낳은 이러한 모순을 간파했다. 그들은 이성과 상부구조와 의식에 가치를 부여하는 근대성에 대한 비판을 제기한 최초의 탈근대주의자들이다. 그들에 의해 획득되어 지금까지 이어지는 포스트모더니즘의 공리는 아마도 "이성과 의식에 의해 억압당하고 제거되었던 감성과 욕망에 대한 재발견!"이 아닐까. 이성과 도덕이라는 원칙과 질서 아래서 인간의 감성과 욕망은 절대 수면 위로 올라와서는 안 되는 불온하고 위험한 것이었다. 포스트모더니즘은 그동안 정당한 대접과 평가를 받지 못했던 이성에 반하는 감성, 도덕과 윤리에 반하는 욕망을 새롭게 바라보자는 움직임이다. 그럼으로써 근대성이 야기하는 현대 사회의 문제점들을 다양한 각도와 시선에서 접근하도록 우리를 인도한다.

이렇듯 포스트모던 시대에서는 진·선·미가 아니라, 그 반대인 위僞·악惡·추醜가 오히려 사유의 대상으로 부각된다. 여기서 말하는 위·악·추는 역사의 진행 과정에서 패하고 제거되고 망각된 가치들, 곧 타자다. 타자란 동일성의 바깥에 있으면서 동일자로부터 초대받지 못하는 자, 혹은 동일성 안에 있지만 그 목소리가 들리지 않는 자 모두를 포함한다. 이러한 타자에 대한 문제는 포스트모던 논쟁의 중심축이라 할 수 있고, 포스트모던 사상가들이 매달렸던 중요한 타깃이었다.

라캉은 "나는 생각한다. 그러므로 존재한다"라는 데카르트의 주체철학을 "내가 존재하지 않는 곳에서 나는 생각한다. 그러므로 내가 생각하지 않는 곳에 나는 존재한다"*로 전환함으로써 근대적 주체에 대한 타자의 반란을 시도했다. 푸코는 기존의 '주체'subject 대신 '자기'soi(프)/self(영)를 제안했다. '주체'가 정의, 자유, 민주, 민족 같은 거대담론을 추구하는 주인공이라면, '자기'는 작은 이야기, 즉 일상의 주인공이다. 푸코는 전체성 안으로 함몰되는 주체가 아니라 전체성의 논리로부터 빠져나오는 자기, 대타자의 목소리에 순종하는 주체가 아니라 대타자의 목소리에 조소를 날리는 자기의 화려한 부활을 선언했던 것이다.

이처럼 포스트모더니즘은 일사불란한 통제가 아니라, 타자들이 지니는 차이와 다양성을 그대로 인정하는 새로운 통합 방식을 추구한다. 지금부터 소개할 에마뉘엘 레비나스Emmanuel Levinas(1906~1995)는 포스트모던 타자론의 중심에 있는 철학자다. 그는 타자의 윤리학을 제1철학의 반열으로 끌어올린 학자라는 점에서 새로운 윤리적 사유를 모색하는 사람들에게 많은 관심과 애정의 대상이 되고 있다.

---

*   Jacques Lacan, *Ecrits: A Selection*, translated by A. Sheridan(New York: W. W. Norton & Company, 1977), 166쪽.

너희가 레비나스를 아느냐

경계의 인간, 레비나스

레비나스를 표현하는 가장 적절한 말은 '경계의 인간'이 아닐까 싶다.* 그의 삶이 그랬다. 레비나스는 1906년 제정 러시아 시절 리투아니아에서 태어났다. 유럽 전역에서 반유대주의 운동이 일어날 때마다 유대인들은 조금씩 발트해 쪽으로 이주했다. 유대인 게토화의 최종 지점이 리투아니아였던 셈이다. 그 발트해 끝자락에서 레비나스는 유년시절을 보냈다. 그곳에서 1차 세계대전을 맞이했고, 전쟁을 피해 그의 가족은 1916년에 러시아 유대인들이 유형되어 있던 우크라이나로 이동했다. 그곳에서 레비나스는 1917년 러시아혁명을 경험했다. 열한 살의 어린 나이에는 감당하기 힘든 엄청난 사건들이 연속적으로 일어 났다.

레비나스는 청소년기를 우크라이나에서 보내고 독일에 있는 대학에 지원했으나 석연치 않은 이유로 입학을 거절당했다. 아마도 유대인이라는 이유가 작동했으리라 본다. 1923년에 그는 프랑스 스트라스부르대학교에 들어갔다. 스트라스부르는 프랑스와 독일의 국경 분쟁으로 유명한 알자스-로렌 지방에 위치해 있다. 프랑스 소설가 알퐁스 도데의 『마지막 수업』의 배경이 되었던 곳이기도 하다. 프랑스가 프로이센에 패하면서 알자스 지방의 학교는 프랑스어 수업이 금지되고 독일어로만 수업을 해야 하는 상황이 나온다. 레비나스는 대학시절을 그 지방에서 보냈다.

* 마리 안느 레스쿠레, 『레비나스 평전』, 64쪽.

학창시절 국어시간에 알퐁스 도데의 작품을 배운 기억이 있다. 학교의 괘종시계가 12시를 알리고, 프로이센 병사의 나팔소리가 울려 퍼지자, 아멜 선생님이 더 이상 말을 잇지 못하고 칠판에 "프랑스 만세!"라고 쓰고 수업을 마무리하던 장면이 지금도 눈에 선하다. 스트라스부르는 경계인의 삶을 살았던 레비나스의 이력에 어울리는 장소였다. 프랑스에도 속하지 못하고 독일에도 속하지 못하는 그곳은 러시아 유대인 레비나스에게 또 하나 더해진 불안한 실존의 장소였다. 다행히 레비나스가 스트라스부르대학에 입학하기 5년 전에 이곳은 다시 프랑스령이 되었다.

레비나스는 대학에서 철학을 공부하고 1928년과 1929년 당시 유럽 철학계의 대가인 후설Edmund Husserl(1859~1938)이 있는 독일 프라이부르크대학교에서 현상학을 공부했다. 드디어 꿈에도 그리던 독일로 입성한 것이다. 그곳에서 레비나스는 나중에 그의 인생에 결정적인 영향을 미친 후설과 하이데거Martin Heidegger(1889~1976)를 만났고, 현상학에 눈을 뜨면서 학문의 지평을 크게 고양시키는 계기를 마련했다. 1930년 「후설 현상학의 직관이론」이라는 논문으로 박사학위를 받은 후에 레비나스는 후설의 현상학을 프랑스에 소개하는 일에 주력했다. 그러다가 1939년에 프랑스군 통역장교로 2차 세계대전에 참전했으며, 1940년에 포로 신세가 되고 말았다. 레비나스는 살아남았지만 불행하게도 그의 가족들은 대부분 포로수용소에서 죽음을 맞이했다. 1945년 레비나스가 39세가 되던 해 2차 세계대전이 끝났다. 지금까지 레비나스가 40세가 될 때까지의 삶을 빠르게 스쳐 지나가듯 살펴보았다. 독자들은 레비나스의 삶이 그려지는가?

레비나스는 1995년 12월 25일에 세상을 떠났다. 프랑스 일간지

그대가 곁에 있어도 나는 그대가 그립다

『리베라시옹』은 레비나스를 '네 문화의 철학자'라 칭하며 그를 애도했다. 러시아 유대인으로 유년시절을 보내면서 탈무드와 러시아 소설을 탐독했던 소년 레비나스, 독일 현상학에 매료되어 후설과 하이데거를 만나러 독일로 넘어간 열혈청년 레비나스, 죽음의 공포가 몰아치는 전쟁의 한복판에서 포로가 된 레비나스, 1930년 프랑스로 귀화한 이후 줄곧 프랑스에 살면서 프랑스 철학의 전성기를 이끌었던 프렌치먼 레비나스. 이처럼 다양한 레비나스가 존재하나 그 어느 것도 레비나스와 딱 맞아떨어지지 않는다. 레비나스는 그 어디에도 속하지 못한 채 늘 경계에 거주하면서 타자로 머물다 간 인물이기 때문이다. 그의 저술들에는 이러한 타자로서의 실존이 곳곳에 묻어 있다. 그러니 타자 말고 다른 무엇을 이야기할 수 있었을까.

하이데거를 넘어
북미에서 레비나스 연구는 크게 두 가지 방향에서 이루어지고 있다. 하나는 후설-하이데거로 이어지는 현상학 계보를 따라가면서 레비나스에 접근하는 것이고, 다른 하나는 유대교 전통에서 레비나스를 바라보는 것이다. 레비나스의 타자의 윤리학은 중보자 仲保者 없이 유일신과의 관계에 집중하는 유대교적 색깔이 짙다. 그에 앞서 레비나스와 현상학, 특별히 레비나스와 하이데거의 관계에 대해 검토하고자 한다.

레비나스는 자신이 사상적인 측면에서 하이데거로부터 많은 영향을 받았다고 고백했다.* "인간이란 무엇인가?"라는 물음에 대해 인

---

* 에마뉘엘 레비나스, 양명수 옮김, 『윤리와 무한』(다산글방, 2000), 43~52쪽.

1부. 파국의 윤리

간은 "생각하는 존재이고, 사회적 존재다" 등등의 많은 수식으로 정의할 수 있겠지만, 하이데거는 인간을 "세계에 던져진 존재"라고 말했다. 세계에 던져진 인간이 자기가 처한 공간에서 시간을 보내고 여러 가지 경험을 하면서 세계를 자신의 품안으로 받아들인다. 그러는 과정에서 인간은 자신만의 세계 이해를 획득하게 된다.*

서구 형이상학에서 '존재자'란 책상, 의자, 집, 더 나아가 인간까지를 포함한 개별적 대상을 일컫는 말이고, '존재'란 이들 존재자들을 있게끔 만드는 것이다. 기존의 존재론에서는 존재자의 존재를 물었다. 하이데거가 지적하는 "서구 형이상학의 역사는 존재 망각의 역사였다"라는 말은 형이상학이 존재와 존재자와의 관계에만 천착한 나머지 더 근원적 요소인 '세계 내 존재'를 무시하고 추상적인 해답만을 추구해왔다는 비판이라 할 수 있다. 하이데거의 기념비적 저서인 『존재와 시간』(1927)은 존재와 존재자라는 서구 형이상학이 걸어왔던 오래된 길항관계에 '현존재'라는 새로운 인식의 창을 마련함으로써 서구 철학의 존재 망각에 철퇴를 가했다.

하이데거에 따르면 인간이 현존재일 수 있는 이유는 스스로가 죽는다는 사실을 이미 알고 있다는 데 있다. 인간은 자기가 죽음을 향해 가는 존재라는 사실을 자각하면서 죽음에 대한 불안과 공포를 자기 실존의 본질로 깨닫는다.** 죽음에 대한 통찰을 통해 인간은 무無와 직면하고, 실존적 결단을 하게 되면서 본래적 존재가 된다. 그 과정을 통해 은폐되어왔던 존재는 현존재 속에서 탈은폐되어 존재 본연의 모

Martin Heidegger, *Being and Time*, translated by John Macquarrie & Edward Robinson(London: SCM Press Ltd., 1962), 80~81쪽.

** 위의 책, 294~295쪽.

　　　　　　　　　　그대가 곁에 있어도 나는 그대가 그립다

습을 회복하게 된다는 것이 『존재와 시간』의 대략적인 내용이다.

하지만 레비나스는 『신, 죽음 그리고 시간』과 『시간과 타자』에서 하이데거의 죽음관과는 다른 접근을 시도한다. 무엇보다 레비나스에게 하이데거의 죽음은 마치 빛의 인식구조 안에 놓여 있는 무엇이다.* 태양(밝음, 이데아, 근원적 진리 등)을 중심으로 하는 서구 형이상학의 동심원적 구조는 변방과 주변으로 갈수록 어두워지고 빛의 영향력을 점점 상실한다. 중심으로부터 멀어지면 멀어질수록 서구 역사에서 그 대상들은 타자로 설정되었고, 빛의 영역이 미치지 않는다는 이유로 정복과 타도와 착취와 왜곡의 대상이 되어왔다. 하이데거가 서구 형이상학에 대한 근원적 문제 제기를 했지만, 레비나스가 볼 때 하이데거 역시 서구의 인식론적 방법의 한계를 벗어나지 못하는 '빛의 폭력자'였던 셈이다.

하이데거에게 죽음은 내가 주인이 되는, 내가 주도권을 갖고 끝까지 밀어붙이는 그것이었지만, 레비나스에게 죽음은 절대적으로 알려질 수 없는 상황, 다시 말해 빛의 명증성으로부터 멀리 떨어진 어둠이고, 우리를 엄습하고 우리를 사로잡는 그 무엇, 즉 타자다.** 따라서 죽음은 실존의 사건이 아니라 신비다.*** 레비나스가 보기에 하이데

---

* 에마뉘엘 레비나스, 강영안 옮김, 『시간과 타자』(문예출판사,1996), 77~78쪽.

** "죽음은 세계에 속하지 않는다. 죽음은 항상 스캔들이며, 항상 세계를 초월한다." 에마뉘엘 레비나스, 김도형 외 옮김, 『신, 죽음 그리고 시간』(그린비, 2013), 168쪽.

*** "레비나스는 미래의 타자성을 신비로서의 죽음을 통해 발견한다." Richard A. Cohen, "Translator's Introduction," Emmanuel Levinas, *Time and the Other*, translated by Richard A. Cohen(Pittsburgh: Duquesne University Press, 1987), 9쪽.

1부. 파국의 윤리

거의 사유에는 그 어디에도 타자가 위치할 공간이 없다.

타자의 얼굴, 타자의 윤리

타자의 얼굴

하이데거를 향한 비판에서 드러났듯이, 레비나스에게 서구의 존재론은 타자를 동일자로 환원시키는 대표적인 논리다.[*] 레비나스의 주체는 하이데거와 달리 선명한 자기의식을 확보하고 있지도 않고, 자기 너머에 있는 초월적인 존재와도 결코 겹치지 않는다. 그에게 주체란 자기를 초과하는 존재, 즉 타자에 종속되어 있는 주체다. 레비나스에게 주체를 주체답게 만드는 요인은 서구 형이상학에서 주장해왔던 정합성과 자기동일성에 입각한 선명한 자기완결성이 아니라, 타인의 고통에 놀라 떨면서 불가항력적으로 반응하는 수동적인 윤리적 감수성이다. 바로 이 지점이 레비나스의 '얼굴의 현상학'이 작동하는 지점이다.

레비나스는 대표 저서인 『전체성과 무한』에서 이른바 '얼굴의 현상학'을 전개하면서 윤리란 타자에 의해 발생하고, 타자는 얼굴로 우리에게 다가온다고 말한다. 이때 얼굴은 현시顯示가 아니다. 물리적 시·공간을 차지하는 감각적인 상이 아니라는 말이다. 얼굴은 우리에게 깊이와 근거를 알 수 없는 흔적으로 남아 있지만, 그럼에도 불구하고

---

[*]   Emmanuel Levinas, *Totality and Infinity: An Essay on Exteriority*, translated by Alphonso Lingis(Pittsburgh: Duquesne University Press, 1969), 43쪽.

그대가 곁에 있어도 나는 그대가 그립다

얼굴은 우리를 향해 침투하고 관여하며 손짓하고 아우성대며 우리에게 응답을 촉구한다.

이는 마치 사도 바울이 말했던 불투명한 거울 속을 들여다보는 것을 연상하게 한다. "지금은 우리가 거울로 영상을 보듯이 희미하게 보지만은, 그때에는 얼굴과 얼굴을 마주하여 볼 것입니다. 지금은 내가 부분밖에 알지 못하지만은, 그때에는 하느님께서 나를 아신 것과 같이, 내가 온전히 알게 될 것입니다."(「고린도전서」 13:12) 어쩌면 저 불투명함이 새로운 윤리를 상상하게 하는 실마리가 될 수 있지 않을까. 얼굴과 얼굴을 투명하게 마주하고, 서로가 서로의 존재를 낱낱이 해부하던 시절이 근대였다. 레비나스가 말하는 '타자의 얼굴'face of the other은 이런 근대성의 문제를 말하고 있다. 그에게 타자의 얼굴은 불러도 불러도 대답 없는 이름이고, 부르다가 내가 죽을 이름이다. 그에게 타자는 동일성(주체) 안으로 포획되지 않는 그 무엇이고, 찌꺼기이고, 잉여다.

하지만 서구 근대의 주체론은 희미하게 보이는 타자를 허용하지 않았다. 주체는 타자를 전제로 한 주체였고, 타자의 항복과 복종과 호명에 의해 인정되는 주체였다. 그런 의미에서 타자란 주체의 다른 이름이라 해도 과언이 아니다. 내가 나에 대해 정확히 알고 있듯이 타자에 대해서도 주체는 스스로를 알듯이 속속들이 알고 있어야 한다는 강박의 도그마가 근대라는 이름으로 자행된 모든 야만의 근거였다.[*] 레비나스는 기존의 서구 윤리학은 파르메니데스 이래로 서구 철학을 지배했던 유령, 즉 개인을 전체로 환원시키려 했던 돌림병이었다고

* Emmanuel Levinas, *Totality and Infinity: An Essay on Exteriority*, 87~88쪽.

주장하면서, 이를 '힘의 철학',* '전쟁의 존재론'**이라 비난했다. 홀로 코스트는 이런 동일자에 의한 타자의 배제가 극에 달한 사건이었다. 레비나스의 타자의 윤리는 이러한 전체성에 대한 반발에서 시작되었고, 그 첫 단계에서 동일성으로 포획되지 않는 타자를 소환했어야 했다. 그런 의미에서 '타자의 얼굴'은 동일성의 폭력에 반대하는 레비나스 사유의 첫 단추라 할 수 있다.

제1철학으로서의 윤리학

레비나스가 그의 윤리학에서 강조한 것은 타자의 얼굴에서부터 전달되는 무엇으로 인해 우리 마음에 생채기가 생겨 "나를 보내소서"라는 답변을 지닌 채 '타자의 얼굴과 대면'하는 주체를 상정하는 것이다.*** 이때 만나는 타자의 얼굴은 내 앞에 즉자적으로 등장하는 명약관화한 얼굴이 아니다. 그것은 바울이 말하는 것처럼 불투명한 거울 속에서 희미하게 등장하는 무엇이다. 흐릿하게 보이는 그(녀)의 몸짓과 희미하게 들리는 그(녀)의 음성에 반응할 때, 바로 그 지점에서 윤리는 새롭게 태어난다. 레비나스는 이를 이렇게 적었다. "동일자에 대한 의심, 즉 동일자의 자기중심적 자발성으로는 가능하지 않은 이 일이 타자(타자의 얼굴과 대면하는 것)를 통해 일어난다. 타자의 현존으로 인해 나의 자발성에 문제 제기가 일어나는 것을 우리는 윤리라 부른다."**** 이처럼 타자의 현존이 나의 행위의 자발성을 문제 삼을 때 윤

---

* 위의 책, 44쪽.
** 위의 책, 22쪽.
*** 에마뉘엘 레비나스, 『윤리와 무한』, 99쪽.
**** Emmanuel Levinas, *Totality and Infinity: An Essay on Exteriority*, 43쪽.

그대가 곁에 있어도 나는 그대가 그립다

리가 작동하고, 이때의 타자는 우리에게 응답과 행위를 야기하는 윤리적 요구가 된다.

레비나스가 윤리학을 '제1철학'[*]으로 삼는 이유가 여기에 있다. 기존의 주체, 즉 동일자의 자기의식 안에 갇혀 있는 기존의 주체로는 타자를 인지할 수 없다. 이는 주체 이전에 타자가 먼저 상정되어야 한다는 말이다. 타자를 먼저 인식하고 그런 타자의 얼굴에 반응(응답)하는 윤리적 주체로 자기를 정립하게 되면, 시간과 공간을 초월하는 신과 만날 수 있는 가능성의 세계가 펼쳐진다. 이런 과정을 거쳐 레비나스는 윤리로부터 신을 사유할 수 있게 되었고,[**] 최종적으로 "신은 타자다"God is the other[***]라는 말을 할 수 있었다.

레비나스는 그의 책 제목처럼 '존재와 다르게'otherwise than being 혹은 '본질 저편'beyond essence에서 타자로 존재하는 신을 감지한 듯하다.[****] 하지만 타자인 신은 추상적인 형태로 등장하지 않는다. 나에게 의무를 부여하는 이방인, 과부, 고아 등 구체적인 타자의 형태로 등장한다.[*****] 여기서 말하는 타자란 신자유주의 체제에서 새롭게 등장하는 타자들과 호환 가능하다. 예를 들면 이주노동자, 다문화 가정, 노숙자, 난민 등과 같이 나그네 된 사람들, 혹은 사회적 편견과 괄시 속에서 권리를 박탈당한 사람들(신체장애자, 성 소수자, 미혼모 등)이

[*]   Emmanuel Levinas, *The Levinas Reader*, edited by Seán Hand(MA: Blackwell, 1989), 75~87쪽.
[**]   에마뉘엘 레비나스, 『신, 죽음 그리고 시간』, 203쪽.
[***] Emmanuel Levinas, *Totality and Infinity: An Essay on Exteriority*, 211쪽.
[****] 에마뉘엘 레비나스, 김연숙·박한표 옮김, 『존재와 다르게: 본질의 저편』(인간사랑, 2010).
[*****] 에마뉘엘 레비나스, 『시간과 타자』, 77쪽.

1부. 파국의 윤리

그들이다. 이들은 전체성의 논리에서 보자면, 자본이라는 동일성 안으로 포함되지 못하고 변방에서 유랑하는 레비나스가 말하는 타자의 21세기형 버전이라 할 수 있겠다.

그래서 레비나스는 위험하다

지금까지 신, 타자, 얼굴 등의 용어들이 어떻게 레비나스 안에서 조합되면서 '타자의 윤리학'으로 발전하는지 살펴보았다. 레비나스가 보기에 기존의 윤리학은 본질주의와 토대주의에 입각해 그 법규에 따라 사는 삶을 안내하는 학문이었다.

도덕적 규범을 강조하고 개인을 그 규범에 종속시키려 했던 기존의 윤리학에 맞서 레비나스는 개별자를 향한 동일자의 무차별 폭력에 반대하면서 기존의 주체 중심의 윤리학과는 다른 '타자의 윤리학'을 제안했다.

레비나스는 타자를 전체성으로 환원될 수 없는 무한 개념으로 바라보았고, 그것을 다시 윤리와 연결시킨다. 기존의 윤리가 상징적 질서를 유지하며 체제를 지탱하는 이데올로기로서의 그것이었다면, 레비나스의 윤리는 상징계 밖에서 유래하는 실재의 윤리다. 여기서 말하는 실재란 부동의 동자unmoved mover, 제1원인으로서의 궁극적·초월적 실재가 아니다. 실재는 내 안에 흔적trace으로 남아 있지만, 현현epiphany하는 그리고 결코 잡히지 않는 무한infinity의 어떤 것이다. 레비나스는 이를 '타자의 얼굴'이라는 시적 언어로 표현했다.

결론적으로 레비나스에게 윤리란 지배적 담론과 질서를 위해 봉사하는 수동적 윤리일 수 없다. 윤리는 상징적 법칙이 지배하는 현실을 거슬러 올라가면서 '타자의 얼굴', 즉 법 너머의 행위까지를 겨냥한다. 그것은 구체적으로 21세기 정언명법인 자본의 법칙에서 배제된 자들을 향하는 윤리이고, 뿌리 깊은 인종주의, 가부장제, 동성애 혐오, 기독교중심주의로부터 차별받고 억압받는 타자들을 향해 달려가는 윤리다. 이것이 타자의 윤리가 지향하는 바이고, 그래서 레비나스는 위험하다.

3장

법 바깥의 정의를 향하여

환대의 윤리

해석과 해체

차이의 반복

홍상수 감독의 영화 〈우리 선희〉(2013)는 주인공 선희(정유미)와 3명의 남자 사이에서 일어난 이야기다. 그 세 남자는 선희의 대학 시절 교수(김상중), 선배(정재영), 옛 남친(이선균)이다. 미국 유학을 떠나기 위해 추천서를 부탁하러 학교에 찾아간 선희는 추천서를 써주기로 한 교수 동현을 만나고, 옛 남친이자 갓 영화감독으로 입봉한 문수와 역시 대학 선배이자 영화감독인 재학을 만난다. 선희는 이 세 남자에게서 차례로 자신에 관한 각각의 이야기를 듣게 된다. 그 세 사람의 입에서 나오는 선희에 대한 이야기를 모은 것이 〈우리 선희〉일 텐데, 영화는 세 남자의 선희에 대한 각자의 내러티브를 종합하고 정리한 총량으로서의 '우리 선희'가 진정 '선희'라는 사건과 대상의 본질인지를 관객들로 하여금 의심하게 만든다.

이렇듯 동현과 문수, 재학 사이에서 선희는 뫼비우스의 띠처럼

세 남자가 말하는 '우리 선희'는 선희에 대한 진실이 아니라 선희에 대한 오만과 편견이었을지 모른다. 영화 〈우리 선희〉의 포스터.

얽혀 있다. 서로의 감정과 애정사가 교차하고 빗나가는 지점에 선희는 존재한다. 이 3명이 함께 모이면 선희에 대해 뭐라 말할까. 그들의 이야기를 다 긁어모은 선희는 이렇다. "내성적이고, 머리가 좋고, 안목이 있고, 또라이 같은 면도 있지만 똑똑하고 솔직한 여자." 그가 바로 '우리 선희'다. 하지만 영화를 보면서 세 남자의 선희에 관한 증언, 그리고 회고담이 과연 진짜 선희의 모습인가라는 의심과 회의가 점점 밀려든다. 셋 모두 선희에 대해 말하고 있지만 그 어느 것도 선희에 꼭 들어맞지 않는다. 그들이 말하는 '우리 선희'는 선희에 대한 진실이 아니라 선희에 대한 오만과 편견이었을지 모른다.

영화는 텅 빈 기표로서의 '우리 선희'를 잘 드러내며 끝난다. 어느 가을날 창경궁에서 선희와 교수가 만나고, 옛 남친은 선배를, 선배는 교수를 찾아 창경궁으로 온다. 그 순간 우리 선희가 사라졌다. 그러자 세 남자는 창경궁에서 길을 잃었다. 우리 선희는 어디로 사라져 버린 것일까. 우리가 봐왔던 선희가 진짜 선희였을까.

영화 〈우리 선희〉를 보면서 구로사와 아키라 감독의 〈라쇼몽〉 (1950)이 계속 생각났다. 일본 헤이안 시대 산속에서 칼에 찔려 죽은 사무라이의 시체가 발견되면서 영화는 시작된다. 살인사건과 연루된 사람은 4명이다. 최초 신고자 나무꾼, 절에 도망쳐 있다가 잡혀온 사무라이 아내 마사코, 체포된 도적 타조마루, 그리고 무당. 타조마루는 사무라이의 아내 마사코를 겁탈했고 그 후에 살인사건이 벌어졌다. 그리고 죽은 사무라이 타케히로가 무당의 입을 통해 그날의 일을 진술한다.

하나의 사건을 바라보는 네 사람의 서사는 모두 다를 뿐 아니라, 서로 모순되기까지 한다. 차이의 반복이 일어나고 있는 셈이다. 과연 누가 범인이고, 이 사건의 실체는 무엇일까. 슬라보예 지젝은 『시차적 관점』에서 영화 〈라쇼몽〉에 대해 이렇게 평했다. "객관적인 진실은 존재하지 않으며 단지 주관적으로 왜곡되고 편향된 서사들의 환원 불가능한 다층성만이 존재한다."* 지젝이 언급한 '환원 불가능한 다층성'을 추구하는 것이 '해체'라면, '객관적인 진실에 대한 믿음'에 의해 유지되는 것이 '해석'이다.

하지만 〈라쇼몽〉은 진실에 대한 해체적 접근을 시도한다고는 하나, 객관적 진실에 대한 믿음을 완전히 포기한 것 같지는 않아 보인다. 마지막 장면에 등장하는 스님을 보면 말이다. 그는 살인사건에 대한

---

* 슬라보예 지젝, 김서영 옮김, 『시차적 관점』(마티, 2009), 349쪽.

법 바깥의 정의를 향하여

지젝은 〈라쇼몽〉에 대하여 "객관적인 진실은 존재하지 않으며 단지 주관적으로 왜곡되고 편향된 서사들의 환원 불가능한 다층성만이 존재한다"라고 평했다. 영화 〈라쇼몽〉의 한 장면.

증인들의 다른 진술을 참을 수가 없었다. "진실이 없다면 지옥"이라고 말할 정도다. 나중에 나무꾼이 버려진 아기를 자기가 키우겠다고 하자, 그 스님은 감사의 뜻을 표하며, "당신 덕에 인간에 대한 신뢰를 유지할 수 있을 것 같다"라는 훈훈한 말을 남긴다. 곧이어 아기를 안고 가는 나무꾼 위로 쏟아지는 밝은 햇살은 너무나 익숙하고 관습적인 장면이다. 진실에 대한 변함없는 믿음을 강하게 드러내고 있다는 점에서 다분히 해석학적인 냄새가 나는 대목이다.

　　단순 비교하자면, 〈라쇼몽〉의 결말은 〈우리 선희〉보다 확실히 진리에 대한 미련이 더 강하다. 그런 면에서 홍상수가 구로사와 아키라

감독보다는 훨씬 세련되게 해석과 해체 사이의 간극을 잘 연출한 것 같다. 차이의 반복을 봉합하지 않고 남겨둔 채로 영화를 끝맺고 있다는 점에서 그렇다.

해석과 해체

영화 〈라쇼몽〉에서 아기를 안고 가는 나무꾼에게 쏟아지는 빛에 대한 이야기를 앞에서 했는데, 빛은 해석학에서 매우 중요한 상징이다. 서양 철학에서는 신플라톤주의를 창시한 플로티누스Plotinus(204/5~270) 이래로 완전히 초월적인 절대 밝음에 대한 추구를 최고의 원리로 삼아왔다. 논리학에서 명증성lucidity(lucid는 '빛나는, 밝은'이라는 뜻)이 강조되는 이유도 이와 같다. 반면 최저의 수준은 절대 어둠의 영역으로 그곳에는 적나라한 물질이 있다. 플로티누스는 플라톤의 이데아론을 유출설을 통해 설명하면서, 초자연적인 존재와 물질 사이의 관계를 계층화, 등급화하여 하나로 연결시키고자 했다. 그리하여 그는 서구 철학의 오래된 전통인 빛의 존재론, 빛의 윤리학, 빛의 미학을 정초하는 데 결정적인 역할을 했다. 「요한복음」에 등장하는 "어둠은 빛을 이기지 못한다"라는 공리는 그런 의미에서 신플라톤주의의 영향을 받았다고 해도 과언이 아니다.

중세를 마감하고 근대를 열었다고 평가되는 계몽주의Enlightenment의 영어 표현에 'light'(빛)가 들어가는 것도 중세를 암흑(타자)이라 상정하고 그것을 비추고 밝힌다는 의미에서다. 기본적으로 근대적 이성이란 계몽적 이성이고, 계몽이란 '빛'의 사유다. 해석학은 이런 빛에 대한 믿음, 즉 빛이 밝혀주는 길을 따라가다 보면 목적지에 이른다는 믿음에 의해 그 권위가 유지된다.

루카치Georg Lukács는 『소설의 이론』Die Theorie des Romans 서두에서 빛의 사유와 그것에 대한 믿음이 낭만적으로 유지되었던 시절을 다음과 같이 아름답게 적고 있다. "별이 빛나는 하늘을 보면서 갈 수 있고 또 가야 할 길의 지도를 읽을 수 있었던 시대는 얼마나 행복했던가." 하늘에 떠 있는 저 별은 공상과학 영화 속 우주전쟁의 배경이 되는 별이 아니다. 저 별은 고대인이나 중세인에게는 삶의 지도, 인생의 나침반, 선택의 기준이 되었던 좌표다. 인간은 그저 하늘에 떠 있는 별로 대변되는 천상의 이치(로고스)를 따라가기만 하면 된다. 그렇게 별을 보고 걷다 보면 어느새 목적지에 이르게 될 것이고, 우리가 꿈꾸는 구원에도 도달하게 될 것이다. 이처럼 천상의 질서와 인간의 질서는 빛을 매개로 하나로 이어져 삶의 완결성과 총체성을 완성했다.

해석학적 전통에서는 경험의 잡다한 다발들과 그로 인한 상대적 관점들이 각자도생하지 않는다. 그것들은 하나의 목표점을 향한 초월의 행렬을 이루고, 최종적으로 그 행진은 객관적 진리와 만날 것이다. 해석은 이러한 믿음 위에 서 있다. 그렇다면 해체란? 해체는 해석이 지니는 믿음에 딴지를 걸고 조롱하고 야유하면서, 해석이 만들어놓은 절대적 믿음의 시스템을 교란하는 행위다. 해체는 절대 초월적 진리를 허락하지 않는다. 해체주의 철학자 데리다는 이를 다음과 같이 표현했다. "텍스트 바깥에는 아무것도 없다."There is nothing outside the text* 그럼 지금부터 본격적으로 해체주의 사상의 상징적 인물인 자크 데리다의 삶과 사상에 대해 살펴보기로 하자.

---

* Jacques Derrida, *Of Grammatology*(Corrected edition), translated by Gayatri Chakravorty Spivak(Baltimore and London: The Johns Hopkins University Press, 1997), 158쪽.

데리다의 해체주의

자크 데리다에게 해체란?

자크 데리다 Jacques Derrida(1930~2004)는 프랑스 식민지였던 알제리의 한 유대인 가정에서 태어났다. 그는 알제리에서 광폭하게 시행된 프랑스의 반유대주의와 페탕 정책(학교에서 유대인 학생의 비율을 7퍼센트로 제한하는 유대인 차별 정책)의 피해를 입으며 고등학교를 마쳤다. 데리다가 그의 글이나 발언에서 강조하는 차이와 타자에 대한 환대 개념은 유소년 시절 알제리에서 받았던 차별과 배제의 경험이 사후적으로 재구성되어 귀환한 것이라고 볼 수 있다. 알제리에서 고등학교를 졸업한 데리다는 프랑스로 건너가서 몇 차례의 낙방 끝에 1952년 파리고등사범학교에 입학했다. 27세(1957)의 나이에 교수 자격시험을 통과한 데리다는 1965년부터 1984년까지 자신이 졸업한 파리고등사범학교에서 철학을 가르쳤다.

데리다 연구자들은 1990년대 현실사회주의가 몰락한 이후의 데리다와 그 이전의 데리다를 구분한다. 데리다는 사회주의가 몰락한 이후에 절필을 선언했다. 그리고 나서 1992년에 프랜시스 후쿠야마가 자본주의의 전 지구적 승리를 선언한 『역사의 종말』이라는 책을 썼고, 그로부터 1년 후에 데리다의 가장 문제적인 저작이라 할 수 있는 『마르크스의 유령들』이 출판되었다. 이 책을 기점으로 전기 데리다와 후기 데리다로 나뉜다. 전기 데리다는 주로 서구 형이상학의 해체에 주력하면서 그에 대한 전략으로 언어, 기호, 텍스트에 천착했다면,[*] 후기 데리다는 정치, 윤리, 법, 신학, 정의론 등 정치철학과 신학론으로까지 관심사를 확대하여 해체주의를 적용하기에 이른다.[**]

데리다가 활동할 무렵 프랑스에는 가히 천재들의 시대라고 해도 과언이 아닐 정도로 많은 사상가들이 동시다발적으로 등장하고 활동했다. 장-폴 사르트르, 폴 리쾨르, 미셸 푸코, 질 들뢰즈, 루이 알튀세르, 알랭 바디우, 자크 라캉, 클로드 레비-스트로스, 에마뉘엘 레비나스 등 서로 다른 무늬와 색깔을 지닌 일군의 학자들이 등장하면서 그야말로 백가쟁명의 시대를 열었다. 그중에서도 데리다는 당대 철학의 상징으로 우뚝 자리한다. 이런 데리다를 이해하는 가장 중요한 키워드가 바로 해체와 차연différance이다.

해체주의는 파괴, 전복, 폭력 등의 용어를 연상시킨다는 이유로 사람들에게 어렵고 무거운 느낌을 준다. 이런 까닭에 데리다를 옹호하는 학자들이 제일 먼저 시도하는 것은 해체주의에 대한 선입견을 불식시키는 작업이다. 데리다에게 해체란 즉물적인 의미에서 무엇인가를 파괴하는 것이 아니다. 그에게 해체란 기존 텍스트 안에 묻혀 있던, 저자조차도 의도하지 못했던 진실을 발굴함으로써 궁극적으로 텍스트 해석의 지평을 확장하는 과정 혹은 절차 일반을 의미한다.

이것은 데리다가 지니고 있던 문헌학자로서의 특이한 이력의 소산이라 할 수 있다. 그는 플라톤이나 아리스토텔레스, 후설, 하이데거,

---

* 데리다는 1967년에 세 권의 주요 저서 『목소리와 현상』, 『그라마톨로지에 대하여』, 『글쓰기와 차이』를 발표하면서 일약 스타 철학자로 떠올랐다. 1972년에 두 번째 세 권의 주요 저서인 『해체』, 『철학의 가장자리』Margins of Philosophy, 『입장들』을 발표하면서 그의 전기 사상을 완성했다.

** 『법의 힘』(1994), 『환대에 대하여』(1997), 『불량배들: 이성에 관한 두 편의 에세이』(2003), 『우정의 정치학』The Politics of Friendship(1994) 등이 있다. 특별히 『죽음의 선물』The Gift of Death(1996)과 『종교의 행위』Acts of Religion(2001)는 해체주의와 신학의 관계를 다루고 있다.

1부. 파국의 윤리

소쉬르 등의 책을 면밀히 분석하면서 기존의 관점이 아닌 새로운 시각으로 그들의 텍스트를 읽어냈다. 데리다가 플라톤의 『티마이오스』 Timaios를 읽으며 플라톤조차 중요하게 생각하지 않았던 코라 Khora의 중요성을 언급한 것이 대표적인 사례.*

'코라'는 조물주인 데미우르고스가 우주를 창조할 때 물질의 역할을 담당했던 것이다. 플라톤에 따르면 세상은 이데아의 모방이고, 세상 속에서 이데아가 구현되는 터, 질료, 대지가 바로 '코라'다. 이데아가 질서라면 코라는 혼돈을 상징한다. 서양 철학의 오래된 질문이라 할 수 있는 형상과 질료, 주관과 객관의 조화란 범박하게 말하면 이데아를 코라에 이식함으로써 코라의 혼돈을 극복하고 현실 가운데 안정과 질서, 그리고 통일을 가지고 오는 것이다.

그러나 데리다는 플라톤 스스로도 의도하지 못했던 코라의 의미를 집요하게 파고들었다. 그리하여 발견한 것이 '코라 없이는 이데아도 없다'라는 것이다. 코라는 지금까지 논외의 영역이었고, 단지 이데아가 발현되는 과정에서 소모되는 것으로 치부되곤 했는데, 데리다의

---

* "내가 플라톤, 아리스토텔레스 그리고 다른 사람들을 독해하고자 했던 방식은 이러한 유산을 자유자재로 구사하고 반복하고 보존하는 그런 방식이 아니었다. 그것은 어떻게 그들의 사유가 작동하고 있는지 또는 작동하지 않는지를 발견하고자 하는, 그리고 그들이 남긴 언어 자료 안의 긴장, 모순, 이질성을 발견하고자 하는 그런 하나의 분석이다. 나는 플라톤을 연구하는 매 순간마다 그의 작품 안에 있는 이질성을 발견하려고 노력한다. 예를 들어 『티마이오스』에 등장하는 코라가 어떻게 플라톤이 전제하고 있는 체제 속에서 양립할 수 없는지 찾으려고 한다. 나는 플라톤에 대한 존경과 사랑, 그리고 플라톤을 충실히 이해하기 위해 그의 작품에 대한 작용과 반작용을 공히 분석한다." Jacques Derrida, *Deconstruction in a Nutshell*, edited by John D. Caputo(New York: Fordham University Press, 1997), 9쪽.

법 바깥의 정의를 향하여

꼼꼼한 텍스트 분석에 의해 코라는 이데아 못지않은 위상을 부여받게 된다. 코라에 이데아가 심겨야 비로소 그것이 발현되는 것으로 말이다. 이렇듯 그동안 묻혀 있었던 텍스트의 의미를 재발견하는 것, 혹은 그 과정 일반을 데리다는 '해체'deconstruction라고 불렀다.

차연에 관하여

해체주의의 대명사격인 데리다의 '차연' 개념은 데리다를 이해하는 데 필수적인 요소임과 동시에, 이후 다루어지는 데리다의 사회철학으로 접근하는 데 있어 통과의례적 성격을 지닌다. '차연'으로 번역된 'différance'는 'differ'(다르다)와 'defer'(연기하다)의 합성어다.* 영어로 번역된 데리다의 저작에서는 프랑스어인 'différance'를 그대로 사용하고 있다. 사실 영어에는 'différance'를 표현하는 단어가 없다. 새로 만들어내야 하는데, 'differ'와 'defer'의 의미가 모두 들어간 단어를 만들어내기가 쉽지 않은 까닭에 프랑스어인 'différance'를 그대로 쓰는 것으로 보인다.

　　미국 노스웨스턴대학교 철학과에서 현상학을 가르치는 교수이자 데리다 해석의 권위자인 페넬로페 도이처는 데리다의 차연을 다음과 같이 요약하고 있다. "차연은 현존present도 부재absent도 아니다. 그것은 현존의 효과를 발생시키는 일종의 부재다. 그것은 동일성identity도 아니고, 차이difference도 아니다. 대신 그것은 일종의 미분화differentiation다. 그것은 그러한 동일성들 사이에서 동일성과 차이의 효과를 산출한다."**

---

* 자크 데리다, 김보현 편역, 「차연」, 『해체』(문예출판사, 1996), 118~128쪽.

'differentiation'은 미분을 뜻하는 수학 용어이기도 하다. 미분이 무엇인가? 한없이 잘게 쪼개는 것이다. 이렇듯 'differentiation'은 사전적으로는 '미분화하기'이지만, 의미론적으로는 '차이화하기'로 치환된다.*** 미분화했다는 말은 쪼개어져서 이전 형태와 다른 차이가 발생했다는 뜻이니 말이다. 그렇다고 볼 때 '차이화하기'라는 말은 차이를 계속 생성한다는 의미에서 '차이'와 '연기'의 의미가 고스란히 담겨 있는 말이고, '차이를 계속 생성한다'라는 말은 곧 틈과 여백이 계속 생겨난다는 뜻이며, 해석학적으로 의미를 부여하자면 해석에 대한 독점 없이 해석의 준거점이 계속 바뀌는 것을 의미한다.

방금 '차연'은 틈과 여백을 창출하는 것이라고 했는데, 여기서 말하는 틈과 여백이란 의미를 재현할 수 없는 공간을 뜻한다. 그것을 잘 보여주는 예가 카프카 Franz Kafka(1883~1924)의 소설 『굴』이다. 이 소설은 굴을 파는 짐승의 시선을 따라간다. 누구도 침입하지 못하도록 안전하게 굴을 파는 짐승이 있다. 어느 정도 안락한 거처를 마련했다고 생각하는 순간 어디에선가 소리가 들린다. 짐승은 그 소리가 분명 바깥에서 들리는 것이라 생각한다. 그래서 그 소리의 출처를 찾아 끊임없이 탐색한다. 소설은 그것으로 끝이다.

하지만 카프카의 『굴』을 읽다 보면 그 소리가 바깥이 아니라, 이 짐승의 내부에서 나오는 것임을 느낄 수 있다. 짐승은 그 소리가 밖에

** Penelope Deutscher, *How to Read Derrida*(New York: W. W. Norton & Company, 2005), 29쪽.

*** "그것은 미분화된 상황을 지시하는데, 이는 곧 거리 두기(간격 두기)를 말하는 것이고, 어떤 기호도 자기폐쇄적인 동일성을 갖지 못하게 하는 것을 의미한다." 위의 책, 31쪽.

법 바깥의 정의를 향하여

서 나는 것이라고 믿고 있는데, 그 확신이 바로 자기동일성이고, 환상이고, 판타지다. 어쩌면 서양 철학에서 말하는 '자기동일성'이란 타자에게 노출되는 것을 꺼리는, 그래서 그 틈을 메워야 한다는 강박에 시달리는 히스테리이고, 변증법이란 그 틈과 여백을 메우기 위해 고안된 정신의 방어기제인지도 모르겠다. 헤겔은 "역사는 절대정신의 자기실현 과정이다"라고 말했다지만, 데리다적 관점에서 보자면 절대정신의 자기실현 과정은 서구인들의 허풍이고 위선이다.

현대 철학은 헤겔류의 자기동일성에 대한 반동이라 해도 과언이 아니다. 레비나스는 자기동일성을 전체성totality의 폭력이라고 비난했고, 푸코는 서구의 근대가 그려나갔던 자기동일성의 역사를 '광기의 역사'였다고 회고했다. 데리다가 말하는 '차연' 역시 이러한 서구가 지녔던 자기동일성에 대한 비판의 연장선이라 할 것이다.

해체적 인간의 출현

그렇다면 데리다의 차연을 현실의 삶에 적용한다는 것은 무엇일까? 차이가 차별의 이유가 되어서는 안 된다. 그럼에도 불구하고 우리 사회에는 여성 혐오, 동성애 혐오, 장애인 혐오, 유색인종에 대한 혐오, 특정 종교(이슬람)에 대한 혐오가 난무하고 있다. 어떤 이유로 차이가 적대의 메커니즘으로 작동하는 것일까? 혹 절대적 진리에 대한 초월적 사유, 초월에 대한 믿음, 그리고 초월적 진리에 대한 해석의 전통이 우리를 지배하고 있는 것은 아닐까? 그 때문에 그것 이외의 것들을 적으로 분류하여 증오하고 혐오하면서 순혈주의를 강화하다 보니 우리와 다른 것은 우리 사회에서 악의 다른 이름이 되었다.

이러한 세상에서 해체적으로 산다는 것은 남성중심주의, 이성애

중심주의, 백인중심주의, 기독교중심주의로 상징되는 절대적 믿음의 시스템 속에서 차이를 계속 발생시키는 행위이고, 뿌리 깊은 해석의 권위에 틈을 내고 균열을 일으키는 것이다. 여성 혐오에 저항하고, 동성애자들의 권리를 옹호하며, 한국 교회가 지닌 아집과 독선에 대해 회개운동을 펼쳐나가는 것을 생각해볼 수 있겠다.

자본에 의한 전 지구적 재편이 완료되고 자본의 법칙만이 유일한 정언명법이 되어버린 세계에서 해체적으로 산다는 것은 자본이라는 초월적 보편성에 딴지를 걸고, 자본의 원칙과는 다른 삶의 방식을 상상하는 것이다. 무엇이 있을까? 4대 강, 강정, 밀양, 원자력발전소, 사드 배치 등 거대 자본의 논리와 특정 집단의 이익에 따라 국토를 유린하는 국가의 행정집행에 반대하는 운동에 참여할 수 있을 것이다. 작게는 편리와 유행이라는 시대의 유혹 때문에 잃어버렸던 내 삶의 습관과 방식을 점검해보는 것, 그러고 나서 조금 느리고 불편하더라도 유행과 욕망에 둔감해지는 법을 각자의 삶의 자리에서 고민한 후에 실행해보면 어떨까.

결국 해체적으로 산다는 것은 거창하지도 무시무시한 것도 아니다. 내가 내 삶에서 차이의 주체가 되는 것이다. 스스로 우리 삶을 지배하는 법칙들을 의심해보고 재해석하면서 나만의 삶의 방식을 상상하고 실험하는 것, 이것이 자본으로부터의 일탈을 시도하면서 새로운 삶을 추구하는 해체적 인간이 출현하는 지점이다.

해체주의와 윤리의 조우

해체와 환대

지금까지 데리다의 해체주의가 갖는 함의에 대해 살펴보았다. 데리다의 전기 사상이 해체에 대한 이론적 구성이었다면, 후기 사상은 해체에 대한 실천철학화, 즉 윤리적 삶에 대한 천착이었고 그것을 '환대의 윤리학'이라 불렀다. 현재 지구촌의 가장 시급한 이슈인 난민 문제, 이민자 문제, 외국인 노동자 같은 사회 문제에 대한 해체주의에 입각한 윤리적 모색이 환대의 윤리다.

신자유주의가 진행되면서 세계를 정치적·경제적으로 혹은 문화적으로 블록화했던 장벽은 서서히 허물어졌다. 외국 자본과 재화로부터 자국의 경제와 금융을 보호하기 위해 마련한 각종 규제와 장벽은 세계 자본의 입장에서 볼 때는 눈엣가시였다. 그 철책은 1990년 현실 사회주의의 몰락과 더불어 철거되기 시작했고, 이제 자본은 아무런 제재를 받지 않고 전 세계를 자유로이 이동할 수 있게 되었다. 자본의 흐름은 곧 사람의 흐름이다. 돈을 따라 사람들이 국경을 넘고, 돈을 타고 사람들은 바다를 건넌다. 돈을 따라서 우리 안으로 들어온 타자를 우리는 만나야 하고, 우리 역시 돈을 타고 여기가 아닌 어딘가로 나가 누군가의 타자가 된다. 바야흐로 전 세계가 타자에 대한 환대, 혹은 적대를 고민해야 하는 시기가 된 것이다.

북아프리카와 동유럽에서 흘러온 난민과 외국인 노동자 문제가 사회적 이슈가 되고 있는 프랑스에서 데리다는 타자에 대한 환대의 문제를 놓고 해체주의적 시선에서 새로운 해법을 제시하고자 했다. 특별히 환대의 문제는 기독교윤리에서도 신을 향한 경외와 더불어 가장 중요하게 취급되는 이웃 사랑과 맞물려 있는 부분이다. 자칫 이론과 교리로 그칠 수 있었던 해체주의와 기독교 신학이 타자에 대한 환대를 매개로 실천적으로 만날 수 있는 접점이 마련된 셈이다. 과연 데리다의 환대와 기독교의 이웃 사랑은 잘 만날 수 있을까.

지금, 기독교윤리는 무엇을 말할 수 있는가

본격적으로 해체주의와 기독교윤리 간의 대화로 넘어가기에 앞서 일반윤리와 비슷하나 또 다른 기독교윤리에 대한 학습이 필요할 듯싶다. 우선 기독교윤리학이란 무엇인가라는 질문에 앞서 '기독교'와 '윤리학'이라는 말을 구분할 필요가 있다. 앞서 윤리학 일반을 다루면서 잠시 살펴보았듯이 윤리학은 어원상으로는 관습을 뜻하는 에토스에서 파생했지만, 관습만이 아니라 더 폭넓게 각기 다른 공간과 시간에서 벌어지는 인간의 도덕적 선택과 행위에 대한 숙고라고 할 수 있다. 인간이 저지를 수 있는 행위에 대한 비판적 검토가 윤리학 속에 담겨 있다는 말이다. 그렇다면 윤리학에 기독교가 추가되어 '기독교윤리학'이 되었다 함은 무슨 의미일까?

기독교윤리학에는 일반윤리학에서는 언급되지 않은 관계가 하나 더 추가되었다고 볼 수 있다. 일반윤리학이 크게 인간과 인간, 인간과 대상(자연) 사이의 관계에서 오는 행위의 원칙에 대한 숙고라고 한다면, 기독교윤리학은 거기에 하나가 더 추가된 형태다. 그것이 바로 인간과 신과의 관계다. 즉 신과 인간과의 관계를 토대로 윤리적 삶을 검토하는 것이 기독교윤리학의 특징이다. 신의 뜻을 중심으로 인간의 도덕적 선택에 대한 결정을 가늠하는 것이 기독교윤리학이다.

그런데 여기서 우리는 한 가지 질문을 제기할 수 있다. 윤리적 판단과 결정을 위한 기독교적 기준이 과연 존재할 수 있는지? 존재한다면 그것은 무엇이고, 어떤 기준과 원칙에 의해 결정되는가? 이런 문제가 등장하는 이유는 분명하다. 기독교Christianity가 함의하는 의미의 다양성 때문이다. 기독교적이라는 말이 성서적이라는 말인지, 아니면 서구 역사에서 기독교가 남긴 유산, 전통, 교리 등을 의미하는 것인지에 대한 정의가 모호한 것도 문제이지만, 더 심각한 문제는 기독교 역사에서 전개되었던 기독교의 과거가, 그리고 오늘날 기독교가 보이는 행태가 과연 기독교적인지에 대한 비판과 회의가 제기되고 있다는 데 있다.

기독교의 근간을 이룬다고 하는 성서와 기독교 전통들이 21세기를 살아가는 현대인들의 삶의 자리와 너무나 동떨어져 있어 과연 그것들이 시대를 읽어내는 지혜와 공감의 도구가 될 수 있느냐는 냉소의 목소리가 드높다. 우리 시대에 등장하는 윤리적 문제를 성경의 구절과 교회의 전통에서 찾는다는 것은 무리한 요구다. 인공지능, 여성혐오, 동성애, 인간 복제, 인터넷 가상공간, 신자유주의로 인한 경제적 불평등과 난민 문제 등 21세기에 새롭게 부상하는 사회적 이슈들에 대해 성경과 기독교 교리에서 답을 구하려는 근본주의적 접근이 얼마나 위험한 것인지 우리는 경험하고 있다.

이러한 상황에서 과연 기독교윤리적 판단과 그에 입각한 행위의 근거는 무엇으로 보장받을 수 있을까? 무언가 새로운 발상의 전환이 필요하지 않을까? 나는 이를 위해 과감히 해체주의 윤리학을 기독교 윤리학으로 초대할 것을 제안한다.

윤리와 정치를 가르는 지점

신에 대한 경외와 이웃에 대한 사랑은 기독교 사상의 양대 축이다. 그러므로 기독교를 삶의 원리와 표징으로 삼고 살아왔던 서구인들에게 두 가지 사항은 그들의 의식/무의식 속에서 명령으로 작동하고 있다. 명령의 무조건적 수행은 합리적 판단과는 거리가 멀다. 그것은 이성과 논리의 영역이 아니다. 100세 넘어서 귀하게 얻은 아들을 바치라는 신의 명령에 아브라함이 어떻게 논리적·이성적으로 설득당할 수 있었겠는가. 모순적이고 불합리함에도 불구하고 아브라함은 이삭을 묶고 모리아 산을 향해 걸어갔다. 예수 역시 이성적으로는 자신의 죽음을 거부하고자 "이 잔을 거두어주옵소서"라고 갈보리 산에서 신을 향해 절규하면서도 끝내 십자가에 못 박혀 신의 어처구니없는 명령을 완수한다. 예수와 아브라함은 자신들의 계산과 판단과 이해 너머에서 침투해 들어오는 명령을 거부할 수 없었다. 이 지점이 바로 기독교윤리가 시작되는 곳이다.

기독교윤리가 지니는 신율적인 무조건적 명령의 수행은 칸트 윤리학의 특징이기도 하다. 철로에 갑자기 아기가 떨어졌고, 10초 후에 열차가 승강장으로 도착하는 절체절명의 상황을 상상해보자. 대부분의 사람들은 논리적으로 판단하여 내가 지금 아이를 구하기 위해 철로로 뛰어든다면 내가 다치거나 죽는 상황이 발생하므로 아무런 조치를 취하지 못하고 발만 동동 구른다. 그때 한 사람이 철로로 뛰어들어 아이를 구하고 자신은 그만 열차에 치여 죽는 상황이 발생했다고 치자. 무엇이 그(녀)를 그렇게 하도록 내몰았을까. 이 같은 미담이 신문 사회 면을 심심치 않게 장식한다. 뭔가 내가 알아차리지 못하는 거역할 수 없는 명령이 작동하고 있는 것은 아닐까. 바로 이 지점에서 칸

법 바깥의 정의를 향하여

트의 윤리학인 의무론적 윤리가 시작되었다.

결국 윤리란 이성과 논리 이전에 있는 어떤 것이다. 그것을 명령이라고 한다면 이웃을 사랑하라는 명령은 가장 강력한 정언명법이고, 이웃 사랑의 대표적인 예로 쓰이는 나그네에 대한 환대는 우리가 거역할 수 없는 윤리적 선택인 셈이다. 이것이 정치와 윤리의 차이점이 아닐까 싶다. 정치는 친구와 적을 구별하지만, 윤리는 친구와 적을 구별하기 이전의 문제로 거슬러 올라가서 이웃 사랑의 문제를 따진다. 돌이켜보면 이웃에 대한 문제, 즉 타자에 대한 윤리적 혹은 정치적 대응의 문제는 각 시대마다 거의 대부분의 공동체에서 심각한 사회적 이슈였다. 그것이 이방인이든 이교도이든, 외국인 노동자든 난민이든, 좀 더 존재론적으로는 여성이든 흑인이든 동성애자든지 간에 타자에 대한 환대와 적대의 문제는 늘 뜨거운 감자였다.

환대, 법 바깥의 정의를 향하여

왜 이웃은 우리에게 문제적인가

기본적으로 타자는 우리의 유사성과 동질성을 깨뜨리는 존재다. 신과 이웃은 서구 역사에서 대표적인 타자였다. 신은 인간의 인식과 경험을 초월한 넘볼 수 없는 존재이기에 타자이고, 나보다 못하고 찌질한 이웃은 우리 안으로 진입할 경우 우리의 동일성을 훼손할 수 있으므로 타자로 분류하여 배제해야 한다. 여기에다 하나를 더 보태자면 괴물이 있다. 이웃에도 못 들고, 신도 아닌 존재가 괴물 아닌가. 그러므로 괴물, 신, 이웃은 서구의 타자론 연구에서 반복적으로 등장하는 중요한 대상들이다.*

조직의 강화와 공동체의 결집을 이끌어내기 위해 서구는 타자성을 극으로 몰아붙이곤 했다. 신을 이 땅과 관계없는 하늘 높은 곳으로 고양시켜 절대 타자화하고, 교회는 신의 대리인이 되어 교회의 권위와 명령에 저항하는 사람들을 타자로 낙인찍어 공동체에서 제거했다. 광인, 흑인, 노숙자, 이교도, 유대인, 튀는 여자, 동성애자, 식민지 원주민이라는 이유로 얼마나 많은 사람들이 희생양이 되어서 살육당했던가. 이것은 역으로 생각하면 그 사회의 결핍을 드러내는 증상이라 할 수 있다. 공동체가 건강하지 않고 어떤 음모와 부조리가 횡행하고 있음을 입증하는 틈과 균열 말이다. 그 구멍을 메우기 위해 체제는 희생양의 원칙을 작동시켜 무고한 사람들의 죽음을 동원해 자신들의 치부를 가렸다.

그렇다면 같은 타자인 신은 어떤 이유로 경외의 대상이 되고, 이웃은 왜 희생의 대상이 되었을까. 그것은 거리distance의 문제에서 나온다. 신과 인간 사이의 거리는 극복할 수 없다. 그 거리가 인간에게 안도감을 준다. 신을 경외하라고 하지만, 엄밀하게 보자면 신과 인간의 관계에서 경외보다 앞서 있었던 것이 욕망이다. 신과 같이 되고 싶다는 욕망 말이다. 「창세기」에 등장하는 에덴동산과 바벨탑의 신화를 보라. 신과 같이 되고 싶은 욕망 때문에 인간은 선악과를 땄고, 신과 같은 지위에 오르고자 하는 욕망 때문에 인간은 하늘을 향해 바벨탑을 쌓았다. 이처럼 인간은 신처럼 되기를 원했다.

하지만 나중에 인간은 깨닫는다. 욕망은 욕망이 실현되는 것을

---

* 리처드 커니, 이지영 옮김, 『이방인, 신, 괴물』(개마고원, 2004)을 참조하라.

신과 같이 되고 싶은 욕망 때문에 인간은 선악과를 땄고, 신과 같은 지위에 오르고자 하는 욕망 때문에 인간은 하늘을 향해 바벨탑을 쌓았다. 피테르 브뤼헐, 〈바벨탑〉, 1563, 목판에 유채, 빈 미술사박물관. 마사초, 〈낙원에서의 추방〉, 1425~1428, 프레스 코화, 산타 마리아 델 카르미네 교회(113쪽).

두려워한다는 사실을 말이다. 프로이트에 따르면 인간의 욕망은 삶의 욕동과 죽음 욕동으로 구분할 수 있으며, 최종적으로 욕망의 완성은 죽음이다. 인간이 신이 된다는 것은 죽음 이후의 일이다. 이 사실을 에덴과 바벨 이후의 인간들은 깨달았다. 그때부터 신과 인간 사이의 거리가 발생했고, 그 거리가 인간의 신을 향한 경외를 낳았다.

여러분은 신에 대한 경외가 어려운가, 아니면 이웃에 대한 사랑이 어려운가. 신에 대한 경외는 이웃에 대한 사랑보다는 어렵지 않다. 신에 대한 경외는 거리를 유지하는 것이고, 타자에 대한 관심과 배려는 그 거리를 없애는 것이기 때문이다. 멀리 있는 아프리카 난민들에게 구호물자를 전해주고, '당신은 사랑받기 위해 태어난 사람'을 함께 부를 수 있지만, 그 난민들을 우리나라로 들이고 우리 집에서 나와 함께 살게 한다면 그때부터는 이야기가 달라진다. 멀리 아프리카에 있으면 위험하지 않기 때문에 얼마든지 원조할 수 있지만, 우리 안으로 들어오는 순간 그들은 환대의 대상이 아니라 적대의 대상이 된다. 이것이 신을 향한 경외보다 내 안으로 들어온 타자에 대한 사랑이 더 힘든 이유다.

내 안에 도사리고 있는 타자의 성격을 잘 설명하는 예가 찰리 채플린의 영화 〈시티라이트〉(1931)에 나온다. 내 몸 안으로 호루라기가

　　　　　　　　법 바깥의 정의를 향하여

들어갔다. 성악가가 노래하는 근엄한 자리에서 배 속에 있는 호루라기가 나의 의지와 관계없이 울려댄다. 주인공은 소리가 안 나게 애쓰지만 계속 울려서 음악회를 망친다. 내 안에 있는 타자는 호루라기와 같다. 내 안에 있어 익숙하고 친밀한 것 같지만, 그것이 나를 망친다. 그것들은 내 의지나 의도와 상관없이 활동한다. 이것이 내 안에 있는 타자를 대하는 어려움이다.[*]

이렇듯 내 안에 있는 타자는 내 속에 있지만 내가 지배할 수 없기에 힘들고 어려운 존재다. 하지만 그 타자 없이는 내가 없다. 영화 〈에일리언〉을 떠올려보라.[**] 외계에 존재하리라 믿었던 에일리언이 내 몸 안에서 자라고 있다. 에일리언은 그렇게 내 안에 있어야 한다. 그것이 밖으로 나오면 나는 죽는다. 안에 있는 에일리언으로 인해 내가 산다. 예측할 수 없고 판단 불가능한 내 안에 있는 타자로 인해 내가 살아간다면, 그 타자는 적인가, 아니면 아군인가. 우리가 혐오하는 외국인 노동자가 한국 사회에 없다면 한국은 어떻게 될까. 미국 사회에서 흑인이 없다면 미국은 어떻게 될까. 결론적으로 내 안에 있는 타자는 나를 나이게끔 하는 구성요소가 되고, 이런 이유로 타자의 문제는 나의 문제가 되는 것이다.

내 안으로 들어온 타자의 문제는 세계화와 맞물리면서 골치 아픈 사회 문제로 떠올랐고, 철학적으로도 중요한 논쟁거리가 되었다. 레비나스의 타자론을 필두로 푸코의 계보학을 바탕으로 한 타자론, 라캉의 정신분석학적 타자론 등 당대의 철학자들이 타자에 관한 글을

[*] 슬라보예 지젝, 박정수 옮김, 『How to Read 라캉』(웅진지식하우스, 2007), 111쪽.
[**] 위의 책, 94~120쪽.

쏟아내기 시작했다. 데리다의 환대 개념은 이런 논의의 연장선상에 위치한다.

무조건적인 환대 그리고 불가능의 가능성

데리다가 그의 후기 사상에서 말하는 '환대'hospitality는 레비나스의 '타자의 윤리학'에 영향받은 바 크다. 1995년에 타계한 레비나스의 장례식장에서 데리다는 「아듀」Adieu라는 제목의 조문을 읽어 내려가면서 레비나스 윤리학이 지니는 코페르니쿠스적 발상의 전환을 다음과 같이 회고했다. "그것은 존재론에 앞선, 그리고 존재론 너머의 윤리다. 그것은 또한 국가나 정치를 넘어설 뿐 아니라 윤리를 넘어서는 윤리다."* 데리다는 이러한 레비나스의 사고가 철학적 흐름을 바꿔놓았다고 평하면서, 특별히 레비나스가 윤리에 대한 사유의 폭을 확대했다고 회고한다.

데리다가 레비나스의 영향에 직접적으로 반응하던 그 무렵은 사회주의가 몰락하고 진보 담론이 지지부진하던 시절이었고, 후쿠야마의 『역사의 종말』이 출간되면서 자본주의의 전 지구적 승리가 선언되던 시절이었다. 데리다의 사상이 이론적 영역에서 실천철학적 영역으로 이동한 것이 이 시점이다. 데리다는 "오늘날 우리가 사는 세상에서 진행되고 있는 일을 이해하고 변형시키기 위해"** 무조건적인 환대를 이야기한다.

---

* Jacques Derrida, *Adieu to Emmanuel Levinas*, translated by Pascale-Anne Brault and Michael Naas(California: Stanford University Press, 1999), 4쪽.
** Jacques Derrida, "Hospitality, Justice and Responsibility: A Dialogue with Jacques Derrida," in *Questioning Ethics: Contemporary Debates in Philosophy*,

법 바깥의 정의를 향하여

데리다는 비판자들로부터 항상 이런 질문 공세에 시달렸다. "결국, 해체를 이루고 난 다음에 뭘 하자는 것인가?" 혹은 "해체주의는 무엇을 하겠다는 것인가?" 환대는 해체주의를 둘러싸고 벌어지는 실천철학적 난제와 오해에 대한 데리다의 답변이라 할 수 있다. 또한 환대는 근대성 일반에 대한 대항담론적 성격도 지닌다. 이는 데리다가 '환대'와 대립적인 것으로 끌고 들어온 '초대'invitation를 설명하는 부분에서 분명해진다.

> 나는 '초대'라는 개념으로부터 이 순수한 환대라는 개념을 분리시키고자 노력한다. 만약 당신이 손님이고, 내가 당신을 초대한 것이라면, 만일 내가 당신이 오리라 기대하고 있고, 당신을 맞이할 준비가 되어 있다면, 그렇다면 그것은 어떤 놀라움도 없으며, 모든 것이 정상적임을 의미한다. 그러나 순수 환대 또는 순수 선물이 있기 위해서는, 절대적인 놀라움이 있어야만 한다. 타자는 마치 메시아처럼 자신이 원할 때 도착해야만 한다. 그러므로 나는 '초대'의 개념에 전통적이고 종교적인 '방문'이라는 개념을 대립시킬 것이다. 방문은 예기치 않은, 그리고 언제든 나타날 수 있는 그 누군가의 도래를 함축한다. 만일 내가 무조건적으로 환대하고 있는 것이라면, 나는 방문을, 즉 초대된 손님이 아니라 그 방문자를 환영해야 한다.[*]

edited by Richard Kearney and Mark Dooley(New York: Routledge, 1998), 70쪽.
* 위의 책, 70쪽.

1부. 파국의 윤리

'초대'는 대표적인 근대정신인 '관용'tolerance과 짝을 이룬다. 초대와 관용은 강자의 논리. 권력을 가진 자들의 양보와 자비와 은혜에 기대는 초대와 관용은 근대 부르주아의 시선에서 타자와 이방인과 소수자를 어떻게 대할지를 논한다. 초대와 관용은 돈과 권력을 가진 자들의 입장에서 약자를 바라보는 시선의 우위를 전제한다. 타자의 입장과 처지는 절대 고려 대상이 아니다. 내가 그들을 봐주고 이해하고 이야기를 들어주는 것이 중요하다. 그들이 내는 목소리의 떨림, 얼굴의 변화, 몸의 움직임, 숨소리 따위는 중요하지 않다.

데리다는 이런 관용 대신 환대를 이야기한 것이다. 관용이 주체 중심적이라면, 환대는 타자 중심적 개념이다. 관용의 주체는 근대성의 발전 과정에서 다름을 수용하고 자기 것으로 받아들이는 놀라운 종합적 능력을 보였다. 하지만 관용의 주체는 자기 안으로 들어오지 못한 (혹은 않는) 타자에 대해서는 철저한 응징과 보복을 가했던 주체이기도 하다. 유대인 혐오를 비롯하여 동성애 혐오, 외국인 혐오, 이슬람에 대한 적대, '빨갱이'에 대한 적대, 여성 혐오 등 무수한 적대와 혐오의 역사 현장에 그들은 존재했다. 데리다는 관용의 주체가 지니는 위험을 간파하고 이를 극복하고자 환대를 이야기한다. 여기서 말하는 환대는 '무조건적인 환대'*다.

데리다는 후기 저작으로 갈수록 '무조건적인 것'들에 관심을 가졌다. 그는 무조건적인 환대뿐 아니라 무조건적인 선물, 무조건적인 애도, 무조건적인 용서 등을 말하는데, 사실 이러한 개념들은 현실에서는 이루어질 수 없는 '불가능한 것'이다. 이런 불가능성이 후기 저

---

* 자크 데리다, 남수인 옮김, 『환대에 대하여』(동문선, 2004), 135쪽.

법 바깥의 정의를 향하여

작으로 갈수록 빈번하게 등장하면서 우리로 하여금 어떤 '불가능의 가능성'을 상상하게 만든다. 여기서 주목할 것이 있다. 데리다가 말하는 '불가능성'은 단순한 몽상이나 낭만 혹은 이상화가 아니라는 점이다. 오히려 불가능성이 변혁의 가능성을 부단히 요청하고 노래하게 한다. 그러면서 우리로 하여금 자본으로 재편되어 혁명이 불가능해 보이는 꽉 짜인 세상을 다시 바라보고 회의하게 한다. 그렇게 세상에 나 있는 틈과 상처와 균열을 탐색하고 그 틈으로 내가 개입해 들어가다 보면 세상은 조금씩 달라질 것이다. 이것이 데리다의 해체주의에 깃들어 있는 정치적 전략이고 윤리적 강령이라 한다면, 데리다는 분명 체제의 입장에서 본다면 블랙리스트다.

법 바깥의 정의를 향하는 예수의 환대

데리다의 해체주의를 근거로 기독교윤리에 대한 새 길을 모색하는 이 순간 유대 사회에서 아버지의 법이었던 '안식일법'을 어기면서까지 파국을 향해 달려갔던 예수를 떠올리지 않을 수 없다. 예수는 타자를 향한 '무조건적인 환대'라는 '불가능의 가능성'을 끝까지 주장하면서 살았던 인물이다. 안식일에 배가 고파 밀 이삭을 조금 뜯어 먹었다고 해서 안식일법 위반을 운운하고, 안식일에 병자를 치료한 것도 율법을 어긴 것이라 몰아붙이는 바리새인들을 향해 예수는 분노했다. 그들에게 예수는 "너희는 어찌하여 너희의 전통 때문에 하느님의 계명을 어기느냐?"(「마태복음」 15:3)라는 독설을 퍼붓는다.

  '착한 사마리아인'의 비유나 '최후의 심판' 비유에서도 예수는 같은 이야기를 한다. 예수는 "누가 나의 이웃입니까?"라는 율법 교사의 질문에 대해 사마리아인의 비유를 이야기한다. 사마리아인과 유대인

1부. 파국의 윤리

은 서로 만날 수 없는 타자다. 역사적으로 양자 사이에는 회복할 수 없는 깊은 골이 파여 있다. 사마리아인은 길에서 강도를 만나 가진 모든 것을 빼앗기고 얻어맞아 초주검이 된 타자인 유대 사람을 섬김을 받아 마땅한 이웃으로 대접한다. 타자의 신음에 무조건적인 환대로 반응한 것이다.

예수의 윤리에서 드러난 무조건적인 환대는 내가 알 수 없는 존재, 내가 모르는 존재에 대한 응답에서 시작한다. 타자란 나의 앎과 계산에 의해 선택되고 받아들여지는 존재가 아니라, 내게 들려오는 목소리의 주인공으로 내가 즉각적으로 무조건 응답해야 하는 대상이다. '착한 사마리아인'의 비유에서 드러난 예수의 윤리는 타자의 목소리를 들어 자기 자신을 개방할 줄 아는 '무조건적인 환대'의 원칙에 대해 이야기하고 있다. 이는 「마태복음」 25장에 나오는 '최후의 심판' 비유로 이어진다.

최후의 심판 날 인자는 목자가 양을 자기 오른쪽에, 염소를 왼쪽에 세우듯이 사람들을 구분한다. 양은 선한 사람을, 염소는 악한 사람을 상징한다. 이 심판은 지켜보는 청중이나 오른쪽에 있는 사람, 왼쪽에 있는 사람 모두에게 납득할 수 없는 판결이었다. 판정의 기준이 다르기 때문이다. 여기서 우리는 인자의 자기인식을 분명히 엿볼 수 있다. "너희는 내가 주렸을 때에 내게 먹을 것을 주었고, 목말랐을 때에 마실 것을 주었고, 나그네 되었을 때에 영접하였고, 헐벗었을 때에 입을 것을 주었고, 병들었을 때에 돌보아주었고, 감옥에 갇혔을 때에 찾아주었다."(「마태복음」 25:35~36). 인자가 타자라는 사실, 즉 내가 모르고 있었고 나와 다른 처지에 있는 사람이 내가 대접할 그분이라는 사실은 우리에게 많은 것을 시사한다. 인자는 내가 알 수 있는 존재가

사마리아인은 길에서 강도를 만나 가진 모든 것을 빼앗기고 얻어맞아 초주검이 된 타자인 유대 사람을 섬김을 받아 마땅한 이웃으로 대접한다. 빈센트 반 고흐, 〈착한 사마리아인〉, 1890, 캔버스에 유채, 크뢸러 뮐러 미술관.

아니라, 무조건적인 환대를 베풀어야 할 존재라는 사실이다. 그러므로 예수에게 윤리란 무조건적인 환대를 전제로 한다.

예수의 '무조건적인 환대'는 유대 율법을 해체하는 것이 아니었을까. 예수의 윤리만큼 해체주의가 정확히 적용된 경우는 없다. 앞에서 해체와 파괴를 동일시하는 것은 해체주의에 대한 가장 큰 왜곡이라 지적한 바 있는데, 예수는 율법을 파괴한 것이 아니었다. 율법 안에 숨어 있는 진정한 의미, 즉 널리 인간을 복되게 하고 자유롭게 하고, 인간 사회에 공의가 강물처럼 흐르게 하자는 율법 본연의 정신을 끝까지 밀어붙인 것이었다. 율법이 단순히 그것의 준수 여하에 따른 ○, ×의 문제라면 그것은 율법에 대한 모독이고 제한이 아니겠는가. 성경의 진리가 누군가를 향한 혐오와 적대의 도구가 된다면 그것이야말로 신성모독 아닐까. 예수는 성경 안에 숨겨져 있는 명백한 진리를 다시 조명하면서, 그 길을 따라 정직하게 걸어간 인물이었다. 그에게 윤리는 상징적 법칙이 지배하는 현실의 질서와 상관없는 '법 바깥의 정의'outlaw justice*를 겨냥한다. 그런 의미에서 예수를 데리다 이전의 해체주의자라고 해도 무방하리라.

---

* Theodore W. Jennings, *Outlaw Justice: The Messianic Politics of Paul*(California: Stanford University Press, 2013). 시카고신학교의 시어도어 제닝스 교수는 예수의 메시아운동을 재해석한 바울 신학의 핵심을 '법 바깥의 정의'라고 지칭하면서, 요즘 급격하게 일고 있는 바울에 대한 새로운 해석학적 움직임에 힘을 더하고 있다.

법 바깥의 정의를 향하여

해체주의적 윤리를 실천하기

'해체주의적 윤리는 무엇인가?'라는 문제의식에서 이 글은 시작되었다. 결론적으로 해체주의 시대에도 윤리는 여전히 유의미하다는 것, 특히 기독교윤리가 해체주의 시대에 어울리는 시대 담론이 될 수 있음을 말하고 싶었다. 하지만 글을 마무리하는 시점에 이르렀는데도 그것의 모습은 흐린 거울로 영상을 보듯이 희미하고 뿌옇다. 문득 이 순간 데리다의 말이 떠오른다. "내가 무엇을 해야 할지 모를 때 책임이 시작된다."*

데리다의 발언은 해체주의와 윤리 사이에서 배회하는 나에게 커다란 위안으로 다가온다. 윤리에서 '윤'倫은 순서를 뜻한다고 했다. 정해진 틀과 규칙을 잘 지키는 것이 윤리라는 말이다. 그런데 윤리 앞에 기독교가 오는 순간 사정이 정반대가 될 수도 있지 않을까? 이런 상상을 나는 성서에 나타난 정의와 해방의 기록을 통해, 교회사 전개 과정에서 일어났던 자유를 향한 투쟁의 역사를 통해 하게 된다. 성서가 전하는 출애굽의 역사와 예언자들의 목소리와 시인들의 노래는 현실의 질서에 대한 찬양과 지배 담론에 대한 칭송이 아니었다. 그들은 왜곡된 현실을 증언하는 틈과 균열의 역할을 담당하면서 어두운 밤을 뚫고 도래하는 새벽을 알렸다.

신약성경에서 예수가 보여준 공생애 사역 또한 진실을 향한 윤리적 행위가 무엇인지에 대해 잘 그리고 있다. 예수에게 윤리란 일찍 자

---

* 자크 데리다 외, 강우성 옮김, 『이론 이후 삶: 데리다와 현대이론을 말하다』(민음사, 2007), 47쪽.

1부. 파국의 윤리

고 일찍 일어나는 새 나라의 어린이가 되는 것, 혹은 '우리는 민족 중흥의 역사적 사명을 띠고 이 땅에 태어난 존재'가 되는 것과는 아무 상관이 없다. 오히려 그 반대가 아닐는지. 거대하고 숭고한 목소리가 강제되어 우리에게 혹 들어올 때 그런 대타자의 목소리를 의심하고 삐딱하게 바라보며 딴지를 거는 것, 그것이 오히려 예수에게는 윤리적 행위가 아니었을까. 그렇다면 예수의 이러한 태도는 다분히 해체적이다.

기존의 윤리가 보편 안으로 개별이 포섭되는 과정과 절차의 문제에 집중한다면, 예수의 윤리는 보편과 대항하는 개별이 새롭게 만들어내는 새로운 보편에 주목한다. 알랭 바디우Alain Badiou는 이를 '보편적 개별성'universal singularity*이라 불렀다. 예수 사건이라는 팔레스타인에서 일어났던 개별성이 바울에 의해 더 정교한 보편적인 언어로 다듬어져 로마로 편입되어 들어가 정착하는 과정에서 특별한 사건이 발생했다. 바울이 전한 예수의 복음에 의해 제국의 공고했던 시스템에 균열이 발생하고 틈이 벌어진 것이다. 틈과 균열은 새로운 주체가 등장하는 계기가 되었고 새로운 사건을 일으키는 환상의 돌림병이 되었다. 그 역병이 로마제국이라는 현실 속에 은폐되어 있던 모순과 부조리를 들춰내면서 인민들로 하여금 미래에 대한 새로운 꿈과 비전을 향해 달음박질하게 만들었다.

지젝은 바디우보다도 사도 바울을 더 과격하게 해석한다. "그리스인이나 유대인이나 남자나 여자나 아무런 구별이 없다고 했을 때

---

* Alain Badiou, *Saint Paul: The Foundation of Universalism*, translated by Ray Brassier(California: Stanford University Press, 2003), 13쪽.

법 바깥의 정의를 향하여

그것은 우리 모두는 하나의 행복한 인류 가족이라는 말이 아니라, 이 모든 특수한 정체성들을 가로지르는 하나의 커다란 분할선이 있어 그 정체성들을 궁극적으로 의미 없게 만든다는 의미다. 그리스인이나 유대인이나 남자나 여자나 아무런 구별이 없다. 오직 기독교인들과 기독교의 적들이 있을 뿐이다. 아니면 오늘날에는 이렇게 말해야 할 것이다. 오직 해방을 위해 싸우는 자들과 그들의 반동적 적대자들, 민중과 민중의 적들이 있을 뿐이다."*

바울이 그어놓은 절단선, 즉 바울의 그리스도 해석을 기준으로 세상이 재편되었다. 로마가 그어놓은 절단선은 유대 사람과 그리스 사람을 갈랐고, 자유인과 노예, 남자와 여자를 명확하게 구분한다. 그것은 현대적으로 말하면 이성애자와 성 소수자일 수 있고, 정규직과 비정규직, 내국인과 난민일 수 있다. 하지만 바울에 따르면 이러한 구분과 차별은 그리스도인 예수 안에서 사라져 모두 하나가 된다. 새로운 분할선이 선포된 것이다. '로마의 법'에서 '예수 그리스도'라는 법으로, '제국의 법칙'에서 '예수 그리스도'라는 이름으로 말이다. 그 분할선을 중심으로 새로운 적대가 형성되었고, 그 절단선을 기준으로 세상의 가치는 역전된다. 바울은 다음과 같은 짧고 인상적인 말로 위의 사실을 정리한 바 있다. "누구든지 그리스도 안에 있으면, 그는 새로운 피조물입니다. 옛것은 지나갔습니다. 보십시오. 새것이 되었습니다."(「고린도후서」 5:17)

예수의 저항이 보여주듯 기독교윤리는 제국을 지배하는 욕망의

---

* 슬라보예 지젝, 김성호 옮김, 『처음에는 비극으로, 다음에는 희극으로』(창비, 2010), 93쪽.

법칙과 법의 힘에 굴종하고 따르는 노예의 도덕일 수 없다. 이는 마치 그림으로 비유하자면 모자이크 같다. 수많은 조각들이 어우러져 하나의 작품을 이루듯, 수많은 이들의 꿈과 기억, 사건의 파편들이 우리의 구원으로 참여할 것이다. 구원이란 언젠가 도래하리라 믿어지는 환상 속 메시아의 단 한 번의 붓질로 완성되는 것이 아니다. 유토피아는 현실에 뿌리박지 않은 미래로부터 도래하는 환상이 아니라, 이 땅에서 이름 모를 타인들을 무조건적으로 환대하던(는) 사람들의 기억 속에 보존되어 있던 사연들이 어느 시점에 재생되어 도래하는 그날 성취된다.

그날은 분명 구체적이고 실존적인 문제들을 안고 이 땅에서 투쟁하던 각각의 인민들이 지니는 서사가 특별한 계기로 우연히 맞아떨어져 합을 이루는 날일 것이다. 바로 그곳에서 윤리는, 데리다가 주장하듯, 아니 예수가 그랬듯이 무조건적인 환대라는 불가능의 가능성을 향해 나아간다. 바로 그곳에서 윤리는, 무조건적인 환대라는 '불가능의 가능성'을 도발하면서 현실을 강제하는 체제와 도그마를 향해 분할선을 긋는다.

4장

내 안의 결핍과 부재를 응시하는 힘

실재의 윤리

욕망이라는 이름의 전차

욕망으로의 초대

근대 주체철학의 신화가 완성되던 무렵 근대성 일반에 대한 반란을 시도한 천재들이 19세기에 등장했으니, 다름 아닌 지그문트 프로이트 Sigmund Freud(1856~1939)와 카를 마르크스 Karl Marx(1818~1883), 프리드 리히 니체Friedrich Nietzsche(1844~1900)다. 그들은 각기 서양 주류 철학이 걸어왔던 관념과 의식과 이성중심주의에 맞서 물질과 무의식과 반이성의 철학을 전개하여 큰 파장을 불러일으켰다.

욕망에 관한 담론들은 무의식과 반이성에 대한 관심이 일어났던 그때로부터 1세기가 흐른 21세기에 와서 화려한 꽃을 피우고 있다. 욕망에 대한 사유는 전통 사상에서는 다루어지지 않았던 분야다. 그것은 프로이트와 라캉, 그리고 근래 지젝으로 이어지는 정신분석학의 정치철학화 또는 윤리화 과정에서 부각되고 있는 새로운 사유다. 그렇다면 왜 욕망인가?

이 대목에서 유념해야 할 점이 있다. 지금부터 논의하게 될 욕망 담론은 자본의 무한질주에 따른 소비 욕구와 충동을 격려하고 뒷받침하는 이론과는 하등의 상관이 없다는 것이다. 신자유주의로 재편된 21세기 현실에서 세상을 지배하는 유일한 정언명법은 자본이다. 거대하고 막강한 자본이 선사하는 강제로 인해 지구촌 인민들의 삶은 점점 피폐해지고 있지만, 지옥과도 같은 자본의 압제를 벗어날 전망은 그 어디에도 보이지 않는다. 이러한 시기에 욕망 이론이 현실 저편을 지향하면서 현실을 넘어서는 에너지가 될 수 있지 않을까. 이 정체를 알 수 없는 에너지가 혹시 자본의 막강한 벽에 균열을 내거나, 그 벽을 타고 넘을 힘을 제공하지 않을까 하는 기대에서 사람들은 욕망 이론을 펼쳐든다.

아이는 어떻게 인간이 되는가

정신분석학의 기본 명제는 '억압된 것은 귀환한다'라는 것이고, 귀환하는 과정에서 다양한 증상이 나타난다는 것이다. 욕망은 억압의 산물이고 귀환을 일으키는 매개라 할 수 있다. 욕망이 담론사에서 정식으로 대우를 받기 시작한 것은 자크 라캉 Jacques Lacan(1901~1981)이라는 걸출한 정신분석가로부터가 아닐까 한다. 팔레스타인 지역에서 일어났던 예수운동이 바울을 통해 세계화되면서 기독교로 발전했듯이, 이념으로서의 마르크스주의를 실천철학화하여 사회주의 혁명을 견인했던 레닌처럼, 정신분석학의 발전 과정에서 프로이트와 라캉의 관계도 그러하다.

프로이트에게 오이디푸스 단계의 아버지가 생물학적 아버지를 가리킨다면, 라캉의 경우는 '아버지의 이름'으로 상징되는 법과 제도

내 안의 결핍과 부재를 응시하는 힘

와 규범을 의미한다. 프로이트의 남근penis은 라캉의 남근phallus(팔루스)과 다르다. 전자가 단순한 생물학적 성기라면, 후자는 상징계the symbolic, 즉 사회적 인정과 권위를 나타내는 기표다. 그러므로 거세공포castration complex는 생물학적 성기에 대한 제거의 공포라기보다는 사회적 자리와 지위가 인정되지 않고 박탈당하는 것에 대한 공포이고, 이것이 인간을 사회적 존재로 불리게 하는 중요한 근거가 되었다.

라캉이 프로이트의 정신분석학을 사회-문화적 해석의 틀로 확장하기까지는 그의 언어관이 중요한 역할을 했다. 1953년에 라캉은 '프로이트로의 복귀'를 외치면서 그의 이론의 토대라 할 수 있는 「상상계, 상징계, 실재계」라는 논문을 발표했다. 라캉은 자신의 이론에서 언어의 개입을 중요하게 생각했고, 특히 유아가 말을 배우는 시기인 6개월에서 18개월 정도의 기간을 '거울 단계'mirror stage라 불렀다. 이는 유아들이 거울에 비친 자기 모습을 보고 반응하는 것에서 착안한 것이다.

라캉이 '거울 단계'를 끌고 오는 이유는 분명하다. '상상계'the imaginary를 언급하기 위함이다. '거울 단계'의 아이는 남들이 보기에는 보호와 돌봄의 대상이고, 정신적·육체적 발달이 덜 된 불안한 상태이지만, 스스로를 바라보는 시선은 무척이나 낙관적이다. 양육자(프로이트는 엄마로 규정함)와의 관계에서 쾌락을 완전히 공유하고 있다고 믿기 때문이다. 이 시기의 아이는 자신과 양육자를 구별하지 않는다. 이처럼 자기와 타자를 구별하지 못하는 아이는 다른 아이를 때리고도 자기가 맞은 것으로 오인하고, 다른 아이가 울면 따라서 울기까지 한다. 하지만 아이는 성장하면서 거울과 나를 분리하기 시작하고 스스로를 객관화하면서 세상의 질서로 편입하게 된다.

'거울 단계'를 거치면서 유아와 양육자 사이에 형성되었던 2항 관계는 아버지의 개입으로 깨지고 만다. 아이는 엄마와 자기 사이에 있었던 은밀하고 내밀한 '근친상간적' 욕망이 아버지로 상징되는 거대한 타자의 등장으로 폭로되고 위축되는 것을 느끼며 불안해한다. 이때 아이는 자신의 성기가 욕망의 원인이므로 아버지가 자신의 성기를 제거할 것이라는 '거세공포'를 느끼게 된다. 그 결과 아이는 체념 속에서 '근친상간적' 욕망을 억누르고, 현실 원리에 적응하고자 아버지로 상징되는 사회 질서에 복종하면서 어머니로부터 떨어져나가게 된다. 이를 가리켜 상상계에서 상징계로의 진입이라 칭한다.

그런데 이 시기가 인간이 언어를 배우는 시기와 겹친다. 언어를 배우면서 타자를 만나고 내 안으로 침입하는 타자의 개입을 참아내면서 아이는 자라난다. 인간이 언어를 배운다는 것은 단순히 자음과 모음을 배우고, 단어를 익히고, 문장을 구사하는 것이 아니다. 언어를 구성하는 시스템 속으로, 즉 기호의 세계, 상징의 질서 안으로 들어가는 것을 의미한다. 이렇듯 언어의 습득은 아이로 하여금 상상계에서 상징계로 진입하는 것을 가능하게 한다. 그것은 쾌락 원리에서 현실 원리로, 본능에서 초자아로, 자연에서 문화로, 가족이라는 울타리에서 사회라는 제도로의 이행이다. 그 과정에서 아이는 이전 단계(상상계)에서 가졌던 양육자와의 100퍼센트 쾌락이 붕괴되는 경험을 하게 된다. 이때 '아버지의 이름으로'가 상징하는 것이 바로 상징계를 지배하는 대타자다. 이것은 사회를 작동하게 하는 원칙, 예를 들어 도덕, 관습, 법, 관례, 예절, 이념 같은 것들이다.

내 안의 결핍과 부재를 응시하는 힘

욕망의 주체

이제 본격적으로 욕망의 심층으로 내려가보자. 라캉은 상상계와 상징계를 설명하기 위해 '이상적 자아'ideal ego와 '자아 이상'ego-ideal이라는 개념을 끌어온다. 이상적 자아는 상상적 동일시와, 자아 이상은 상징적 동일시와 쌍을 이룬다. 지젝의 정의에 따르면 상상적 동일시는 "우리가 그렇게 되고 싶은 이미지와 동일시하는 것"이고, 상징적 동일시는 "우리가 관찰당하는 위치와 우리가 우리 자신을 바라보게 되는 위치와 동일시하는 것이다. 이 경우는 우리가 우리 자신에게 사랑하고 좋아할 만한 것으로 보이게 되는 위치와의 동일시이다."*

예를 들어 엄마의 젖가슴만으로도 충분히 엄마와 합일이 가능했던 아이에게 어느 날 엄마가 "너는 의사가 되어야 해! 그래야만 나와 합일을 계속 유지할 수 있어!"라고 말했다고 치자. 엄마는 더 이상 자신의 젖가슴을 만지는 나로 만족하지 않는다. 뭔가 다른 것을 보여달라고 성화다. '너는 교수다!' '너는 의사다!' '너는 박사다!' 이렇듯 엄마는 자신의 젖가슴을 탐닉하면서 상상계에만 머물러 있는 내가 아닌 교수, 의사, 박사, 판검사 등의 이름으로 기표화된 나를 요구한다. 그 결과 아이는 더 이상 엄마의 젖가슴을 만지는 것만이 능사가 아님을 깨닫게 되고, 엄마가 제시하는 이름표(기표)를 획득하는, 즉 타자의 욕망을 욕망하는 주체로 거듭나게 된다.

이 지점에서 라캉은 욕망desire과 주이상스jouissance를 구분한다. 욕망은 상징계 속 주체가 갖는 것이다. 이것은 타인의 시선을 따라가

---

* 슬라보예 지젝, 이수련 옮김, 『이데올로기라는 숭고한 대상』(인간사랑, 2002), 184~185쪽.

　　　　　　　　　　　　　　　　　1부. 파국의 윤리

는 욕망이다. 박사가 되고 교수가 되고, 의사가 되고 CEO가 되는 것과 같이 어떤 기표를 추구하는 것이다. 하지만 그것은 나의 욕망이 아니라 타인의 욕망이다. 남이 좋아라 하는 시선을 내가 따라가는 것이다. 한국의 결혼 풍속은 상징계의 욕망이 적나라하게 드러나는 예다. 결혼식에서 신랑과 신부의 사랑은 중요하지 않다. '남들이 이 결혼을 어떻게 볼까?'가 중요하다. 신부와 신랑은 뭐 하는 사람이고, 양가의 집안 배경은? 혼수는 얼마나 했는지? 예식장은 어디? 신혼여행은? 이 모든 사항들이 타인의 시선을 의식하면서 조정되고 꾸며진다.

반면 주이상스는 상상계에 남겨진, 혹은 상징계로 진입할 때 제거당한 내 마음속 잔여를 향한 욕망이다.* 상상계에서 상징계로의 통과의례를 경험한 주체는 슬픔과 외로움과 안타까움을 마음속 깊숙이 간직하고 있다. 왜냐하면 상징계 속 주체(사회적 주체)가 되는 과정에서 원래 아기(상상계 속 주체)가 지녔던 것 중 일부가 상징계 속 주체 안으로 편입되지 못하기 때문이다. 나는 지금 한국에 살고 있고, 시카고에서 신학으로 박사학위를 받았고, 한백교회 담임목사이고, 한신대에서 학생을 가르치고 있는 이상철이다. 하지만 지금 언급한 말로 나를 다 표현할 수 있나? 뭔가 헛헛하고 아쉽고 섭섭하고 안타까운 무엇이 있다. 상징계 속 이상철, 현실 속 이상철로 완전히 환원되지 않은 또 다른 이상철이 있기 때문이다. 그것이 바로 상상계에서 상징계로 넘어오는 과정에서 남겨진 부분, 즉 잔여다.

이런 이유로 주체가 상징계로 진입하는 과정은 고통스럽다. 상상계 속 자아의 일부를 상징계로 진입하는 도중에 거세해야 하기 때문

---

* 위의 책, 129쪽.

내 안의 결핍과 부재를 응시하는 힘

이다. 정신분석학에서는 이를 '파열'spaltung이라 말한다. 마치 아기가 엄마의 자궁을 뚫고 나올 때, 엄마의 배가 찢어지는 것에 비유할 만하다. 하지만 세상이라는 낯선 타자와 직면하는 고통을 견뎌야 아기가 살듯, 상징계의 주체 역시 마찬가지다. 상상계라는 제2의 자궁을 뚫고 나와 사회로 진입하면서, 사람은 드디어 인간人間이 된다.

쉽게 이해하는 욕망론

라면 먹을래요?

앞서 나는 상상계에서 상징계로의 진입이 쾌락 원리에서 현실 원리로, 본능에서 초자아로, 자연에서 문화로, 가족이라는 울타리에서 사회라는 제도로의 이행을 뜻한다고 말했다. 이 과정에서 아이는 상상계에서 가졌던 양육자와의 완벽했던 양자 관계가 깨어지는 상실과 아픔을 경험한다. 누가 그랬던가. 아픈 만큼 성숙해진다고. 라캉식으로 말하자면 성숙이란 요구와 욕구 사이의 괴리로부터 발생하는 슬픔과 상실을 견디는 법이겠지만, 그 작업은 언제나 실패하여 욕망이라는 찌꺼기를 남긴다.

욕망은 요구와 욕구 사이의 함수관계에서 결정된다. 욕구는 보통 생리적 욕구다. 배고프면 먹고, 배설하고 싶으면 싸는 그런 욕구 말이다. 요구는 생리적 욕구가 해결되었음에도 불구하고 남아 있는 잔여물 같은 것이다. 예를 들어 고시원에 혼자 사는 비정규직 열정페이 청년이 있다고 가정하자. 그(녀)는 배가 고파서 (텅 빈) 집으로 돌아와 라면을 2개 끓여 먹었다. 그런데 갑자기 마음이 안 좋아진다. 엄마가 차려준 집밥도 생각나고, 하루 종일 일하다 불 꺼진 집에 혼자 들어오는 자신의 처지도 처량하다. 라면을 2개나 먹어 배가 불러 욕구가 해결되었는데 뭐가 문제지? 아마도 그(녀)가 원했던 것은 라면이나 밥이 아닐지 모른다. 그 너머에 있는 그 무엇 아닐까. 엄마가 차려주는 밥상에 담긴 사랑이라든지, 가족과 식탁에 둘러앉아 저녁을 먹으며 나누었던 수다와 웃음이라든지…… 뭐 그런 것들 말이다. 그것이 바로 요구의 영역이다.

라면을 이용한 욕망계산법의 유명한 예화가 허진호 감독의 영화 〈봄날은 간다〉(2001)에 등장한다. 연상녀 은수(이영애)는 늦은 밤 헤어지기 전에 연하남 상우(유지태)에게 "라면 먹을래요?"라고 말한다. 상우는 정말 라면만 먹고 그 집에서 가만히(?) 있다 나온다. 정말 착한 교회오빠 스타일이다. 두 남녀에게 '라면'은 서로 다른 의미였다. 연하남 상우는 라면을 배가 고플 때 먹는 육체적 욕구의 대상으로 해석했지만, 연상녀 은수에게 라면은 생리적 욕구가 아니라 심리적 요구였다. 나의 허기진 마음을, 나의 외로움과 고독을, 나의 이 쓸쓸함을 알아주고 어루만져달라는 신호였는데, 아직 세상을 잘 몰랐던 상우는 그런 은수의 마음을 헤아리지 못했다. 나중에 둘은 헤어지고 마는데…… 잘 헤어졌다.

상우는 "사랑이 어떻게 변하니?"라며 따져 묻지만, 순수가 얼마나 문제의 본질을 똑바로 보지 못하게 하는지, 사랑이 때로는 얼마나 날것이며 구질구질하고 남루한 원초적 본능인지를 아직 몰랐다. 그런 상우가 은수에게는 버거웠던 것이고. 그 영화를 보고 아주 많은 시간이 흐른 지금, 나는 은수의 선택이 현명했음을 깨닫는다. 그렇게 나도 속물이, 아니 성인이 되었다.

연하남 상우는 라면을 배가 고플 때 먹는 육체적 욕구의 대상으로 해석했지만, 연상
녀 은수에게 라면은 생리적 욕구가 아니라 심리적 요구였다. 영화 〈봄날은 간다〉의
한 장면.

결론적으로 말하자면 이렇다. 생리적으로는 배가 부르지만 그럼
에도 불구하고 해소되지 않는 헛헛한 무엇이 항상 나의 무의식을 맴
돈다. 그것은 욕구와 요구 사이의 차이 혹은 결핍으로 설명될 수 있고,
상상계에서 누렸던 요구의 완전한 충족이 상상계에서 상징계로 진입
할 때 상징계 속 대타자의 개입으로 깨어짐을 전제한다. 바로 그 지점
이 욕망이 출현하는 진앙이다.

지젝 왈, "하지만 이것은 아니올시다"
하지만 인간의 욕망은 엄밀하게 말하면 나의 욕망이 아니라, 상징계
속 타자들의 욕망이다. 이를 좀 더 우리의 일상과 결부 지으면 이렇다.
1970~1980년대 대한민국의 역사를 회고해보라. 얼마나 많은 민주투
사와 열사가 등장하여 조국의 민주주의와 정의를 위해 목숨을 걸었

1부. 파국의 윤리

던가. 조국의 근대화와 자주국방을 위해, 수출강국을 위해, 경제발전을 위해, 선진국 진입을 위해 얼마나 많은 사람들이 기계처럼 일하면서 젊음을 바쳤던가. 우리 사회를 지배했던 진보와 보수, 민주화와 산업화라는 강력한 대타자의 목소리에 맞춰 우리는 자신의 욕망이 아닌, 체제와 이데올로기가 강제하는 욕망을 모방하며 허겁지겁 살아온 것은 아닐까.

돌이켜보면 대타자의 음성은 그것이 보수의 목소리든 진보의 목소리든 간에, 현실의 우리를 지배하면서 뒤에서 우리를 조종하던 실세였다. 그것은 우리의 과거를 현재화할 때 사용되는 해석의 준거였고, 우리의 미래까지를 담보한다고 여겨지는 일종의 계시였다. 욕망이란 대타자의 목소리를 믿고 의지하는 모든 사람들에게 작동되는 주술이라 보면 맞다. 후에 이데올로기의 대결이 사라진 신자유주의 시대에서 욕망의 목소리는 하나로 통일되었는데 그것이 바로 자본이다. 그래서 현재의 우리는 모두 진보도 보수도 아닌 자본의 욕망을 욕망하는 우리가 되어버렸다.

지젝은 이런 대타자가 지니고 있다는 권위와 숭고함에 대해 다음과 같이 조롱했다.

대타자는 주체가 마치 그것이 존재하는 것처럼 행위하는 한에서만 존재한다. 대타자의 위상은 공산주의나 민족 같은 이데올로기적 대의의 위상과 같다. 그것은 자신이 대타자 속에 있다는 것을 인정하는 개인들의 실체적 토대이며, 개인들의 존재적 기반이며, 삶의 의미 전체를 제공하는 참조점이다. 그것을 위해서는 자신의 생명을 바칠 준비가 되어 있지만, 존재하는 것은 개인들

과 그들의 행위뿐이다. 그래서 이 실체는 개인들이 그것을 믿고 따르는 한에서만 현실적으로 작동한다.[*]

지젝에게 대타자는 실재가 아니라 가상이다. 그럼에도 불구하고 우리는 대타자가 실재인 것처럼 행동한다. 이에 대한 적절한 예를 영화 〈국제시장〉(2014)에서 찾을 수 있다. 오후 늦은 시간에 국기 하강식을 하던 시절, 전 국민이 하던 일을 멈추고 가슴에 손을 얹고 애국가가 끝날 때까지 부동자세로 태극기를 바라보는 장면이 나온다. 그영화 개봉 이후 누군가에 의해 국기 하강식을 부활해야 한다는 목소리가 흘러나왔고, 이후 찬반 양론으로 나뉘어 다소 소란스러웠다.

'웬 국기 하강식?'이냐며 의문을 제기하는 사람들은 '종북좌파 빨갱이'로 몰린다. 그런 낙인이 찍히고 그래서 블랙리스트에 오르면 살기 피곤해진다. 이런 이유로 우리는 비록 '반공 이데올로기'가 중심이 텅 빈 기표임에도 불구하고, 상징계 대한민국에서 실질적인 힘으로 작동하는 괴물 같은 존재이기에 쉽게 무시할 수 없다. 어쩌면 모든 형태의 종교적·이데올로기적·문화적 근본주의는 각각의 대타자를 향한 확고한 집단적인 도착적 믿음 위에서 탄생하고, 그 믿음을 먹으면서 성장하고 나서는 그 믿음의 체계와 다른 타자들을 향해 적대와 광기를 표출하는 삶의 자세라 할 수 있다.

---

[*] 슬라보예 지젝, 『How to Read 라캉』, 21쪽.

욕망의 전복성

빨간 구두와 죽음 충동

기본적으로 욕망 이론은 자기에 대한 애착과 삶에 대한 충동을 설명하는 것이다. 그런데 문제는 인간의 삶과 행위가 이런 보편적 욕망 이론으로 다 설명할 수 없다는 것이다. 삶의 욕동뿐만이 아니라 죽음에 대한 욕망이 있다는 사실을 우리는 어떻게 이해해야 하는가. 욕망의 전복성은 죽음 충동에 대한 이야기이고, 그로부터 야기되는 실재the Real에 관한 논의다. 지금부터 소개하는 안데르센의 『빨간 구두』 이야기는 죽음 충동으로 우리를 인도하는 중요한 텍스트다.

'빨간 구두'는 우리가 어찌할 수 없는, 그것이 잘못되어 있음에도 불구하고 제거되지 않고 조절되지도 않으면서 자꾸만 미끄러져가는 욕망의 기표를 상징한다. 마치 나의 의지와 관계없이 움직이는 불수의근과 같다. 심장에 있는 근육·소화기관이나 생식기관에 있는 근육은 나의 의지와 상관없이 심장을 뛰게 하고 소화의 촉진을 도우며, 성기를 빳빳하게 하는 자동인형 같은 근육이다.

안데르센 동화에 등장하는 소녀는 춤을 추지만 사실 그것은 그녀가 추는 춤이 아니다. 빨간 구두가 추는 춤이다. 그녀의 춤을 멈추게 하는 유일한 방법은 발을 잘라내는 것이다. 결국 빨간 구두는 나와 상관없이 보이나 강력하게 나를 지배하는 불수의근이고, 소녀의 의지와 상관없이 끝없이 춤을 추게 하여 발을 잘라내어야만 그 춤을 멈출 수 있는 '죽음 충동'과 상관이 있다.*

*　위의 책, 98쪽.

'죽음 충동'이라는 말이 낯설게 다가올지 모르겠다. 삶에 대한 충동인 '에로스'를 이해하는 것은 어렵지 않으나, 삶의 에네르기와 단절하려는 '죽음 충동'은 그 표현부터가 어색하고 심지어 엽기스럽기까지 하다. 이러한 죽음 충동에 관한 논의는 프로이트에게로 거슬러 올라간다. 프로이트의 전기 사상이 『꿈의 해석』(1900)으로 대변되는 무의식의 존재와 그것의 의미에 대한 탐구에 초점이 맞추어져 있다면, 그의 후기 사상은 무의식의 역학에 관심을 가진다.

『자아와 이드』(1923)에서 프로이트는 이드id - 자아 ego - 초자아 superego 사이의 역학을 논한다. '이드'는 인성personality의 가장 원초적이고 일차적인 원리인 '쾌락 원리'를 충족시키는 기능을 한다. '초자아'는 이드의 충동을 제압하는 도덕적 양심이다. '에고'는 초자아와 이드의 투쟁 사이에서 갈등하고 조정하는 자아, 즉 현실 원리의 지배를 받는 자아다. 3자 사이에서 일어나는 역동이 인간 행위의 근간인 셈이다.

『쾌락 원칙을 넘어서』(1920)*는 『자아와 이드』와 함께 프로이트 후기 사상을 대변하는 저서다. 이 논문에서 프로이트는 '에로스'와 '타나토스', 즉 '삶의 욕동'과 '죽음의 욕동'을 이야기한다. '에로스'가 삶에 대한 충동이라면, '타나토스'는 삶에 대한 애착과 미련에 반하는 에네르기인 셈인데, 문제는 어째서 안정과 쾌락을 추구하는 이기적인 인간이 죽음과 불쾌를 향해 나아가는가이다.

'죽음 충동'이 특별한 이유는 그것이 주체와 실재에 관한 새로운

---

* 지그문트 프로이트, 박찬부 옮김, 『쾌락 원칙을 넘어서』(열린책들, 1997)에 『쾌락 원칙을 넘어서』와 『자아와 이드』가 수록되어 있다.

1부. 파국의 윤리

상상으로 우리를 인도한다는 점에 있다. 전통 철학에서 말하는 실재란 상징적인 세상 바깥에 있는 절대적 존재absolute being라 할 수 있다. 하지만 정신분석학에서 말하는 실재는 다르다. 내 안에 있지만 나도 모르는 그 무엇, 상징계 바깥에 있는 것으로 이해되는 실재가 아니라, 상징적인 것을 전제하고 이미 상징계 속에 들어와 있지만 상징 시스템에서 드러나지 않는 그 무엇이 바로 실재다. 빨간 구두가 그런 것 아닌가. 내 안에 있지만 내가 어찌할 수 없는 그 무엇, 나와 붙어 있지만 내 의지와 상관없이 나를 움직이게 하는 그 무엇이 바로 실재이고, 그것이 빨간 구두인 셈이다.

죽음 충동의 발견은 주체에 대해 다시 생각하게 한다. 주체는 상징계의 쾌락 원칙에 얽매여 자신의 이익만을 좇는 인과적 존재만은 아니다. 근대적 이성을 바탕으로 불굴의 의지를 갖고 역사의 진보를 향해 달려가는 주체는 어쩌면 근대성이 부여한 환상일지 모른다. 우리를 완성된 주체로 만드는 요인은 빨간 구두처럼 우리 안에 자리 잡은 우리 자신조차 알 수 없는 이질적인 영역이 아닐까. 그 이질적인 것들이 출몰할 때 주체는 비로소 온전한 주체의 모습을 바닥까지 다 드러내는 게 아닐지. 어쩌면 주체란 실재와의 조우를 경험한 개인이고, 삶의 고비고비마다 출몰하는 죽음 충동의 영향 아래서 신음하는 가엾은 실존인지 모르겠다.

욕망의 파국 혹은 파국의 욕망

상징계 속 주체는 결핍과 결여의 존재다. 상상계에서 누렸던 100퍼센트 쾌락을 거세당한 채 사회화 과정을 밟으며 성장한 주체이기 때문이다. 그 결핍은 드러나지 않지만, 삶의 결정적인 순간마다 스멀스멀

내 안의 결핍과 부재를 응시하는 힘

올라와 우리의 발목을 잡는다. 욕망은 그 결여와 구멍을 메우기 위한 인간의 방어기제라고도 말할 수 있다.

하지만 문제는 욕망이 자기가 갈 바를 모른다는 사실이다. 도대체 대타자가 우리에게 원하는 것이 무엇인지 욕망은 모른다. 돈을 많이 벌어도, 박사학위를 받아도, 멋진 배우자와 결혼을 해도, 성형수술을 해도 결핍은 채워지지 않는다. 이런 이유로 주체는 타자의 욕망을 알고 싶어서 '케 보이Che Vuoi?'*(당신이 원하는 것이 무엇인가?)라고 질문한다. 하지만 돌아오는 답은 공허한 메아리뿐이다.

죽음 충동은 이 순간에 발동한다. 온갖 내공을 다 부려도 문제가 해결되지 않자 삶의 에네르기는 방향을 틀어 묻는다. '죽어버릴까? 내가 죽어버리면 대타자는 만족하지 않을까? 죽으면 이 쓸쓸함과 공허와 이별하는 것 아닌가? 이제는 지친다. 죽자, 죽어버리자.' 어쩌면 인간의 근원적 결핍을 메우려는 욕망의 진정한 의도는 마치 수학의 극한limit 개념에서 0을 향해 무한히 수렴해가는 것처럼 죽음을 향해 수렴하는 무한질주 아닐까. 그렇다면 욕망과 존재의 근원인 제로zero, 즉 무無로 들어가는 것이야말로 세상으로부터 탈출하여 구원으로 이르는 계단 아닐까. 그 비상구는 에로스로 차고 넘치는 욕망의 거리에 있지 않고, 타나토스가 똬리를 틀고 앉은 욕망의 이면 어느 텅 빈 구멍 속 아닐까.

지젝은 죽음 충동을 성령으로 풀이한다. 그는 라캉이 죽음 충동을 성령으로 이해한 프로이트의 해석을 근거로 성령을 다음과 같이 기술한다. "우리가 성령 안에 우리의 위치를 정하면 우리의 존재는 성

* 슬라보예 지젝, 『이데올로기라는 숭고한 대상』, 155쪽.

1부. 파국의 윤리

스럽게 변하고 생물학적인 삶 너머에 있는 또 다른 삶으로 진입한다."* 성령을 죽음 충동과 연관시킨 대목은 신학적 해석이 필요한 부분이다. 성경에 등장하는 성령임재 사건들의 특징을 언급하라면 한마디로 자아가 사라지는 것이다. 그것은 나의 상징계 속 기표와 그 기표를 획득하려는 욕망을 기꺼이 포기하는 것이다. 이것은 성령을 받지 않은 사람들의 입장에서 볼 때는 도저히 이해할 수 없는 대목이다. 내가 그동안 쌓아왔던 모든 기득권을 어찌 다 버릴 수 있단 말인가. 그것은 살아 있으나 죽은 것과 마찬가지 아닌가. 그런 의미에서 성령은 죽음 충동이다.

성경에는 성령 체험을 한 사람들로 인해 역사의 물꼬가 전혀 다른 방향으로 흘렀고, 무너질 것 같지 않았던 전체성이 흔들리기 시작했으며, 완고했던 시스템에 균열이 가기 시작했다는 이야기가 많다. 성령을 체험한 모세에 의해 파라오는 무너졌고, 성령을 체험한 바울이 로마로 들어가면서 제국의 기독교화는 시작되었다. 성령을 체험한 마틴 루서 킹 목사는 백인과 흑인 간의 불평등과 차별의 벽을 넘었고, 성령을 체험한 문익환 목사는 냉전과 이데올로기의 상징인 휴전선을 넘어 북한으로 들어갈 수 있었다. 이들 모두에게 성령, 즉 죽음 충동이 임하자 자아는 사라지고 텅 빈 충만이 자리했고, 그 힘으로 그들은 새로운 역사를 썼다.

지금까지 다룬 내용을 요약하면 이렇다. 욕망은 삶에 대한 욕동인 '에로스'와 죽음을 향한 욕동인 '타나토스'로 구분될 수 있다. 안데

* 슬라보예 지젝, 김정아 옮김, 『죽은 신을 위하여: 기독교 비판 및 유물론과 신학의 문제』(길, 2007), 18쪽.

르센 동화에 나오는 '빨간 구두'는 삶에 대한 애착과 환희를 향한 욕망인 '에로스'를 상징하는 것 같지만, 자신의 발을 잘라내어야만 춤을 멈추고 원래 삶의 자리로 돌아갈 수 있다는 점에서는 '죽음 충동'을 닮았다. '빨간 구두'로부터 시작된 '죽음 충동'은 현실 속 그 무엇도 만족을 가져다줄 수 없음을 깨닫게 해준다. 어쩌면 우리의 욕망은 현실 저편의 (혹은 아래의) 무엇을 지향하는 것 아닐까. 이러한 상상은 근대적 주체에 대한 불신과 전통 형이상학에서 말해온 완벽한 대타자의 분열을 겨냥한다는 점에서 충격적이다.

절대로 무너질 것 같지 않았던 보편성의 중핵이 텅 비어 있다는 지젝의 발언은 의미심장하다. 특히 전 지구적으로 작동되고 있는 완고한 신자유주의의 보편성을 깨뜨릴 방법을 놓고 골몰하는 이들에게 정신분석학의 제안은 현실의 원칙에 집착하는 욕망이 아닌, 상징계 너머에 존재하는, 아니 상징계의 텅 빈 중핵을 겨냥하는 욕망을 상상하게 한다. 이것이 21세기 제국이라 할 수 있는 자본에 균열을 가할 것이고, 그 틈과 여백을 통해 혁명과 파국을 꿈꿀 수 있지 않을까, 라는 기대와 전망이 그들에게는 있다.

안티고네, 쾌락 원칙을 넘어서

죽음 충동이 지닌 현실 원칙을 거슬러 올라가는 파국성이 21세기 자본에 의해 포획당한 현실의 모순과 불합리를 돌파할 윤리적 상상력을 제공할 수도 있겠다, 라는 기대가 '정신분석학적 윤리'*에 내포되어 있다. 지젝을 필두로 형성된 슬로베니아학파에서는 정신분석학적 윤리가 현실의 질서를 돌파하여 실재를 향해 나간다고 하여 '실재의 윤리'[**]로 부르기도 한다. 여기서 말하는 실재란 우리가 알고 있는 현실 세계를 초월해 있는 궁극적 실재 혹은 이데아와는 다른 개념이다. 파국이란 이 실재와의 조우를 뜻하고 바로 그 지점에서부터 새로운 윤리적 상상력이 작동한다. 파국을 지향하는 정신분석학적 윤리의 단초를 우리는 고대 그리스의 비극인 소포클레스의『안티고네』에서 엿볼 수 있다.

애도의 원형

마르크스주의 철학자이자 미학자인 게오르크 루카치는『소설의 이론』에서 고대 그리스를 '서사시 시대-비극의 시대-철학의 시대'로 구분한다. '서사시 시대'는 호메로스의『일리아스』와『오디세이아』가 대표적인 작품이고, '비극의 시대' 하면 소포클레스의『안티고네』가 가장 먼저 떠오른다. 루카치는 '서사시 시대'는 인간의 이성과 감성이 하나로 섞여 있던 시대였고, '비극의 시대'는 이성과 감성의 분화가 일어났던 시절, 그리고 소크라테스로 상징되는 '철학의 시대'로 접어들면서 감성과 욕망의 영역이 배제되면서 이성 우월주의가 자리 잡게 되었다고 밝힌다.[***]

---

[*] '정신분석학적 윤리'는 라캉의 *Seminar VII, The Ethics of Psychoanalysis 1959-1960*, translated by Dennis Porter(New York: W. W. Norton & Company, 1992)에서부터 비롯되었다. 라캉의 후기 작업은 상상계-상징계로 고정된 정신의 구조주의적 지형학에서 탈피하여 실재를 중심으로 전개되는 다양한 철학적·윤리적 함의를 다루는 단계로 나아간다.
[**] 알렌카 주판치치, 이성민 옮김,『실재의 윤리』(도서출판b, 2004)를 참조하라.
[***] 게오르크 루카치, 반성완 옮김,『소설의 이론』(심설당, 1998), 34쪽.

내 안의 결핍과 부재를 응시하는 힘

애도에 대한 고전적인 판본은 고대 그리스 '서사시 시대'의 걸작인 『일리아스』의 마지막 부분에 등장하는 헥토르에 대한 애도의 장면과 소포클레스의 비극 『안티고네』에 등장하는 폴리네이케스에 대한 애도다. 『일리아스』는 기원전 8세기경에 쓰인 가장 오래된 서사시로, 브래드 피트가 나왔던 영화 〈트로이〉로 우리에게 잘 알려져 있다. 『일리아스』의 마지막 대목에서는 아킬레우스가 헥토르를 죽이고 헥토르의 시신을 유린하는 장면이 나온다. 헥토르의 아버지가 밤에 아킬레우스를 찾아가 아들의 장례를 치르게 해달라고 애원하자, 아킬레우스는 헥토르의 시신을 내어주면서 눈물을 흘린다. 다음 날 헥토르의 시신이 트로이로 옮겨져서 그동안 치르지 못했던 애도의 의식을 벌이는 것을 끝으로 『일리아스』는 대단원의 막을 내린다.

『일리아스』 속 헥토르에 대한 애도보다 더 복잡하고 진화된 애도 이야기는 소포클레스의 비극 『안티고네』에 등장한다. 사건의 대강은 이렇다. 안티고네의 오빠 폴리네이케스는 국가(테베)를 배신했다는 이유로 죽임을 당해 들판에 버려졌다. 안티고네는 들짐승의 먹잇감이 되어버린 오빠의 시신을 거두어 장례를 치르고자 한다. 하지만 테베왕 크레온은 안티고네와 반역자(폴리네이케스)에 대한 응징의 차원에서 애도를 허락지 않는다. 이렇게 시신을 놓고 벌어지는 두 사람 사이의 갈등이 이 비극의 줄거리다.

폴리네이케스는 크레온의 입장에서 볼 때 국가의 역적이다. 국가에 반기를 든 자들에 대한 역사의 형벌은 어느 민족이건 대체로 일치했다. 공동체 구성원들 앞에서 잔인한 공개 처형이 집행되고, 그 주검을 마을 어귀에 대롱대롱 매달아 공포의 타산지석으로 삼게 하거나, 혹은 시신을 들판에 내동댕이쳐 들짐승의 먹이가 되게 함으로써 반

비극 『안티고네』는 들짐승의 먹잇감이 되어버린 오빠의 시신을 거두어 장례를 치르고자 하는 안티고네와 그녀의 애도를 허락하지 않는 테베 왕 크레온 사이의 갈등을 중심으로 전개된다. 리트라스 니키포로스, 〈죽은 폴리네이케스를 마주한 안티고네〉, 1865, 캔버스에 유채, 아테네국립미술관.

역자와 공동체 간의 거친 수직적 결별을 선언하는 것이 그것이다. 이렇듯 공동체에 심각한 타격을 끼친 자에 대한 응징과 처벌은 공동체의 이익을 보호하고 공동체 구성원들의 결속과 단합을 유지하고 지켜내기 위해 필요한 처사다. 이 지점에서부터 안티고네의 문제의식은 시작된다.

　　　　　　　　　　내 안의 결핍과 부재를 응시하는 힘

쾌락 원칙을 넘어서

사건은 안티고네가 크레온으로 상징되는 현실의 원칙, 상징계의 질서를 거부하면서부터 시작되었다. 현행법을 어기면서까지 안티고네는 오빠 폴리네이케스의 시신을 되찾아 장례를 치르겠다는 의지를 꺾지 않는다. 안티고네는 공동체의 운영 원리인 쾌락주의적이고 공리주의적인 현실의 원칙이 아니라, 모든 인간은 죽으면 누구나 장례를 치르고, 고이 안장되어야 한다는 생명의 원칙, 진실의 원칙에 무게를 두었고, 그것을 현실의 삶에서 실현하고자 했다.

내 기억에는 안티고네만큼 '쾌락의 원칙'에 충실하지 않았던 인물이 있다. 황석영의 소설 『오래된 정원』(2000)에 나오는 남자 주인공 오현우다. 1970년대 말 군부독재에 저항하는 지하조직 활동을 한 오현우는 광주 민주화운동 이후 수배자가 되어 도피생활을 하는데, 그 과정에서 자신을 도와준 시골학교 미술교사 한윤희와 사랑에 빠진다. 그들은 한적한 시골 외딴 마을에서 3개월 남짓 둘만의 따뜻하고 오붓한 시간을 갖지만, 오현우는 다시 동지들을 규합하여 투쟁의 길로 나서기로 결심한다.

서울로 가기 위해 버스정류장으로 걸어가는 두 사람, 비 내리는 시골길에서 한윤희가 오현우에게 이렇게 따져 묻는다. "왜 가니? 집도 주고, 밥도 주고, 몸도 줬는데……. 왜 가는 거야? 그곳에 뭐가 있길래……. 이 바보야!" 오현우는 아무 말도 하지 못한다. 하지만 우리 모두는 다 안다. 그가 죽으러 간다는 사실을 말이다. 왜, 오현우는 집도 주고, 밥도 주고, 사랑까지 제공되는 쾌락의 공간과 시간을 거부하는가? 그는 왜 그 쾌락에 만족하지 못하고 기어이 죽음을 향해 나아가는 것일까? 왜, 안티고네는 공동체가 제공하는 쾌락의 원칙에 머무르지 못하고 죽은 오빠의 시신을 찾아 장례를 지내야겠다고, 아직 애도는 끝나지 않았다며 절규하는 것일까?

이를 정신분석학적으로 풀어내면 이렇다. 안티고네는 공동체의 타자인 폴리네이케스를 향한 금지된 욕망을, 오현우 역시 민주주의와 정의를 향한 금지된 욕망을 현행법의 위협과 협박에도 굴하지 않고 끝까지 관철시켰다. 이것은 프로이트가 말했던 '쾌락 원칙'을 넘어서는 행위다. 인간의 사회화 과정은 언어 학습과 병행한다. 어린아이는 언어를 습득하면서 이드가 지배하던 원초적 자아(상상계적 자아)에서 '아버지의 이름'이라는 원칙이 지배하는 사회 속으로 편입된다. 사회라는 상징계 안으로 진입한 아이는 사회가 만들어놓은 법과 질서와 전통 안에서 자라면서 사회가 설정한 기표를 따라가는 것이 생의 목표이고 기쁨이 되는 인간으로 길들여지게 된다.

'쾌락 원칙'이란 사회적 기표를 하나씩 획득하면서 생기는 삶의 기쁨과 보람과 가치를 말하는 것이다. 쾌락 원칙은 사회적 인정을 추구하는 동시에 사회적 불안과 소외를 피하려는 속성이다. 그것은 법이 허용한 범위 내에서는 쾌락을 추구하지만, 불쾌를 모면하기 위해서는 사회에서 금지된 대상을 피하려는 성질이다. 이런 까닭에 쾌락 원칙은 사회적 금기의 한계를 넘어서지 못하는 보수적 성격을 지니게 된다. 그런데 프로이트가 『쾌락 원칙을 넘어서』에서 인간에게는 쾌락 원칙을 넘어가는 측면이 있음을 밝힌 것이다. 살고자 하는 충동인 에로스를 이해하는 것은 어렵지 않다. 하지만 삶의 터전인 공동체의 원리를 거부하고, 자기를 끊어내는 죽음 충동을 받아들이기는 쉽지 않다. 우리는 이것을 어떻게 이해해야 할까.

내 안의 결핍과 부재를 응시하는 힘

실재의 귀환과 실재의 윤리

실재란 무엇인가

안티고네와 오현우의 행위를 이해하려면, 우리는 그들의 행위를 가능하게 했던 인간의 욕동에 대한 문제부터 해결해야 한다. 자크 라캉은 인간의 욕동을 '욕망'desire과 '주이상스'jouissance로 구분한다. 우리가 일상적으로 말하는 욕망이란 사회적 관습이나 전통, 이데올로기적 학습, 혹은 법률 안에서 형성되고 허용되는 것이다. 따라서 사회적 가치 또는 타자의 시선을 따라가는 욕망이라 할 수 있다.

예를 들어 신자유주의라는 상징계(현실세계)에 살고 있는 우리는 더 많은 연봉을 추구하고, 육체마저 상품화하는 소비자본주의 문화 속에서 날씬하고 아름다운 외모를 욕망한다. 사회가 요구하는 기표(상징)를 추구하는 것이다. 연봉 1억, S라인의 몸매, 고급 외제차, 명품 가방 등이 대표적 기표라 할 수 있다. 그 기표들의 연쇄를 따라 우리는 상징계에서 살아가고 있는 것이다. 하지만 그것은 내가 진정 바라는 것이 아니다. 왜냐하면 기표들은 사회라는 대타자가 만들어놓은 기준이기 때문이다. 남들이 다 하니까, 남들이 원하니까 내가 하는 것이다. 그래야 인정받으니까. 그러면 편하고 즐거우니까. 그래서 계속 그 기표를 획득하려고 좇아다닌다. 결국 상징계 속 욕망이란 타자의 욕망을 욕망하는 것이다.

안티고네나 오현우는 이런 식의 상징계 속 쾌락 원칙의 지배를 받는 욕망과는 다른 것을 주장하는데, 그것이 바로 '주이상스'다.* 욕

---

* Jacques Lacan, "The Paradox of Jouissance," in *Seminar VII, The Ethics of*

망이 상징계 속 기표를 추구하는 것이라면, 주이상스는 상징계로 진입하기 이전 상상계 시절에 작동하던 욕망이다. 이것이 상상계에서 상징계로 진입하지 못한 채 떠돌다가, 현실의 세계로 귀환하는 것이 '실재'the Real다. 전통 형이상학에서 '실재'란 현실을 초월해 있는 존재, 혹은 운동의 원칙이었다. 플라톤의 '이데아'가 대표적인 예다. 하지만 라캉은 이런 전통적인 실재와는 다른 실재를 언급하는데, 이를 'Das Ding'(=the Thing)이라 불렀다. 지젝은 이를 더욱 발전시켜 'the Real'이라 명하면서 '실재의 윤리'로 나아가기 위한 발판을 마련했다.*

　여기서 실재를 오해할 소지가 있으므로 조금 부연하면, 전기 라캉을 읽다 보면 '상상계-상징계-실재계'가 뚜렷하게 경계 지어져 있는 것처럼 느껴진다. 하지만 후기 라캉으로 갈수록 경계는 사라진다. 실재가 어느 특정한 공간과 층위에 존재하는 것이 아니라는 말이다. 그래서 실재계界라는 말은 적절치 못하다. 실재는 현실의 오작동이다. 2001년 신자유주의 심장부라 할 수 있는 맨해튼 세계무역센터 빌딩에 가해진 9·11테러, 이민자들로 이루어진 다원성이 강한 미국에서 극우적 폐쇄정책을 들고 나온 트럼프가 대통령으로 당선된 사건은 현실의 오작동을 설명하는 적절한 경우가 아닐까 싶다.

　신자유주의의 상징인 뉴욕 맨해튼의 세계무역센터 쌍둥이 빌딩이

Psychoanalysis 1959~1960, 167~240쪽.

* '실재'에 대한 좀 더 상세한 정보가 필요한 사람은 다음을 참조하라. Jacques Lacan, "Introduction to the thing," in Seminar VII, The Ethics of Psychoanalysis 1959-1960, 19~86쪽; 슬라보예 지젝, 『죽은 신을 위하여: 기독교 비판 및 유물론과 신학의 문제』 중 3장 「실재계의 만곡」; 슬라보예 지젝, 『이데올로기라는 숭고한 대상』 제3부 중 「실재의 주체는 어떤 주체인가?」; 슬라보예 지젝, 『How to Read 라캉』 중 4장 「실재의 수수께끼」.

　　　　　　　내 안의 결핍과 부재를 응시하는 힘

테러에 의해 무너지는 어처구니없는 일이 발생하다니! 세계 각국에서 몰려온 이민자들의 천국 미국에서 이민자들에 대한 배제와 적대의 메커니즘을 들고 등장한 트럼프가 어떻게 미국 대통령이 될 수가 있나. 지젝이 "실재란 상징적 네트워크 자체 내부의 틈"*이라고 말한 것은 너무나도 적절한 지적이 아닌가 싶다. 9·11테러와 트럼프는 신자유주의와 미국 정치의 틈과 균열을 상징하는 실재의 귀환이라 할 만하다. 영화 〈에일리언〉에서 괴물이 사람의 몸에서 기생하는 것처럼, 실재는 세상의 틈과 균열로 존재하면서 평온하던 상징계를 파국으로 몰아간다.

안티고네와 실재의 윤리

라캉은 실재를 겨냥하는 주이상스가 지닌 전복적인 힘에 주목했다. 주이상스는 상징적(세상적) 원칙과 질서로 제한하지 못하는 근원적인 욕망이다. 라캉은 안티고네 이야기를 그것의 적절한 예로 끌어들인다.** 왕권을 놓고 크레온과 경쟁하던 폴리네이케스는 패하여 죽임을 당하고, 크레온은 폴리네이케스의 시신을 참혹하게 유린한 후 성밖으로 내친다. 그것은 반역자에 대한 합법적인 법 집행이었다. 아울러 백성들에게는 폴리네이케스의 시신을 거두어 장례를 치를 경우 가차 없이 처벌할 것이라고 엄포를 놓는다. 하지만 안티고네는 그 명령을 어기고 오빠의 시신을 수습하여 장례를 치른다. 이 때문에 지하동굴에 갇히고 결국 자살하고 만다.

---

* 슬라보예 지젝, 『How to Read 라캉』, 112쪽.

** Jacques Lacan, "The Essence of Tragedy: A Commentary on Sophocles's Antigone," in *Seminar VII, The Ethics of Psychoanalysis 1959-1960*, 243~287쪽.

안티고네의 행위는 앞서 언급했듯이 쾌락의 원칙을 넘어서는 행위였다. 쾌락의 원칙대로라면 폴리네이케스에 대한 애도를 실행해서는 안 된다. 법을 어길 경우 치러야 할 형벌과 공포와 불쾌가 상상을 초월할 정도로 크기 때문이다. 그럼에도 불구하고 안티고네는 쾌락 너머의 원칙을 따라간다. 그것은 보편적인 하늘의 법도에 충실한 것이다. 사람이라면 누구나 장례를 치를 권리가 있고, 사람이라면 누구나 죽은 자를 애도하는 마음을 품어야 한다는 인륜 말이다. 안티고네는 단지 사랑하는 오빠의 죽음을 애도하고 싶었을 뿐이다. 그래서 장례를 치르고자 한 것이다.

그것은 어떤 특정한 정치적 이념이나 윤리적 덕목에 입각한 행동이 아니었다. 원초적이고 보편적인 인륜에 기반한 행위였다. 이런 보편적 욕망에 충실했기에 안티고네는 체제가 만들어놓은 법 바깥으로 걸어 나갈 수 있었다. 그런 행위는 아버지의 이름으로 불리는 현실의 법과 대립하는 것이었기에 안티고네는 감옥에 갇혔고, 그곳에서도 끝까지 신념을 포기하지 않았다. 결국 안티고네는 찬란하고 슬픈 비극의 주인공으로 남게 된다. 이것이 소포클레스의 『안티고네』가 그리스 비극을 대표하는 작품으로 꼽히는 연유다.

안티고네 이야기는 여기서 끝나지 않는다. 안티고네의 행위는 크레온으로 상징되는 기존의 체제와 질서를 무너뜨리는 결과를 초래했다. 안티고네의 자살은 그녀의 약혼자이자 크레온의 아들인 하이몬의 자살로 이어졌고, 이는 다시 사랑하는 아들을 잃은 크레온의 아내 에우리디케의 죽음을 불러온다. 그리하여 마지막에는 크레온도 모든 것을 상실하는 파국을 맞게 된다. 안티고네의 법 너머의 것을 지향하는 윤리가 크레온으로 상징되는 법의 윤리를 무너뜨린 것이다.

본래 윤리란 사회의 법규, 전통, 규범 등을 유지하고 존중하는 태도와 마음, 그리고 그것을 위한 행위 일반을 가리키는 말이다. 하지만 실재의 윤리는 사회 혹은 국가에서 말하는 윤리적인 것, 규범적인 것을 뚫고 나간다. 국가가 제공하고 체제가 허락하는 규범을 따르면 삶이 편하고 안락할 텐데, 안티고네는 쾌락 원칙을 거부하고 쾌락 너머에 있는 것을 소망했다. 그랬더니 옛 질서가 무너지는 결과가 발생했다.

지젝과 더불어 슬로베니아학파의 얼굴로 떠오른 알렌카 주판치치Alenka Zupančič는 기존 윤리와 다른 실재의 윤리에 대해 다음과 같이 서술한다.

실재와의 조우에 의해 우리에게 강제된 물음—나는 나를 탈구된 상채로 던져놓은 그 무엇에 조응해서 행위할 것인가? 나는 이제까지 내 실존의 토대였던 것을 재정식화할 각오를 할 것인가?—속에서 윤리가 작동하기 시작한다. 바디우는 이 물음—혹은 오히려, 이 태도—을 '사건에의 충실성' 혹은 '진리(진실)의 윤리'라 부른다.[*]

실재의 윤리가 우리에게 주는 교훈은 윤리가 대타자인 공동체가 정한 법규와 규범을 아무 생각 없이 따르고 복종하는 도덕으로 그치는 것이 아니라, 실재와의 조우를 통해 진실을 겨냥한다는 점이다. 그것은 시스템의 이면을 들춰내면서, 대타자의 목소리를 의심하고 자신

* 알렌카 주판치치, 『실재의 윤리』, 359쪽.

의 주이상스를 결코 포기하지 않는 진실의 윤리라 할 수 있다.

진리와 진실은 같지만 다르다. 둘 사이에는 미묘한 차이가 있다. 둘 다 어떤 사물과 사건에 깃든 함의를 드러낸다는 점에서는 같다. 드러나는 것은 사물의 이치이거나, 사람의 진심이거나, 사건의 진상이거나, 혹은 종교적 깨달음이다. 문제는 그것이 드러나는 방식이다. 진리의 경우는 우리가 그동안 볼 수 없었고 몰랐던 것이 드러나는 것이고, 진실의 경우는 우리에게 익숙했고 늘 봐왔던 사물(사건) 속에서 미처 깨닫지 못했던 것이 드러나는 것이다.

진실의 윤리는 실재가 귀환하는 사건이다. 실재는 예측 가능한 상징계의 질서 어딘가에 균열이 생겨 예상치 않게 그곳을 통해 무엇인가가 융기하는데, 그것이 현실의 모순을 들추게 하는 계기가 된다. 그것은 법의 모순일 수도 있고, 이데올로기의 광기일 수도 있고, 맹목적인 도착된 믿음일 수도 있다. 실재의 귀환은 이런 상징계의 껍데기를 깨면서 우리로 하여금 현실을 직시하게 한다. 그리하여 우리를 억압하는 대타자의 목소리와 진정한 욕망(주이상스) 사이의 괴리와 간극을 포기하지 않도록 한다.

진정한 애도와 실재의 귀환

안티고네를 거론하면서 세월호 사건이 떠오른 것은 당연하다. 둘 다 진정한 애도에 대한 근원적인 물음을 던질 뿐 아니라, 애도가 어떻게 권력과 윤리의 문제로 연결될 수 있는지를 다루기 때문이다. 안티고네와 세월호 사건의 예에서 보듯이, 권력은 그들이 보기에 애매하고 '재수 없이' 발생한 죽음을 둘러싼 진상 규명과 애도 과정에 대해 난색을 표시하며, 빨리 그 애도가 흐지부지되기를 소망한다. 세월호 유

내 안의 결핍과 부재를 응시하는 힘

가족들은 "당신들이 우리의 애도를 가로막는 처사는 옳지 않다. 그건 너무 잔인하지 않은가?"라며, 끝까지 국가가 강제하는 애도의 방식과 대결했다. 왜 이토록 애도에 대한 입장의 차이가 발생하는 것일까?

애도의 사전적 의미는 이렇다. "사람의 죽음을 슬퍼함." 그런데 통상 우리가 '애도를 성공적으로 마쳤다' 함은 죽음으로 인한 슬픔이 극복되었다는 말인데, 그럼 성공한 애도는 필연적으로 실패한 애도가 되는 것 아닌가, 라는 생각이 들었다. 본래 애도란 망자에 대한 기억을 유지하고, 망자의 상실로 인한 아픔을 계속 지속시키는 행위가 아닌가 말이다. 그런 의미에서 진정한 애도란 애도의 사전적 의미, 즉 사람의 죽음을 슬퍼하는 행위를 현재진행의 사건으로 계속 유지하는 행위다. 그러므로 '성공한 애도'라는 말은 형용모순이다. 세월호 참사로 인해 자식을 잃은 부모들이 인터뷰에서 "빨리 슬픔에서 벗어나는 것을 꿈꾸는 것만큼이나, 이 슬픔이 완전히 극복되고 잊히는 것이 두렵다"라고 말하는 것을 들으면서 나는 애도를 끝까지 밀어붙였던 안티고네를 다시 떠올렸다.

안티고네의 폴리네이케스에 대한 애도는 크레온으로 상징되는 현실세계의 법칙을 뚫고 나온 실재의 귀환이었다. 이는 상상계에서 상징계로 진입할 때 배제되었던 '그것'Das Ding(the Thing)이 현실의 질서 아래 숨어 있다가 융기한 사건이었고, 그럼으로써 현실의 법 집행에 차질을 빚은 사고였다. 세월호 사건 역시 대한민국이라는 상징계를 뚫고 융기한 실재라 할 수 있다. 한국형 민주주의라는 이름으로, 자주국방, 흡수통일이라는 이름으로, 경제성장 혹은 경제안정이라는 이름으로 배제되었던 한국 사회의 '그것'이 현실의 수면 아래에서 응축되어 있다가 터진 사건이 바로 세월호 참사다.

안티고네는 그 실재를 끝까지 밀어붙이면서 오빠 폴리네이케스에 대한 애도를 포기하지 않았다. 크레온이 장례를 막았던 것은 애도의식이 망자에 대한 기억을 공동체 내에 유포시킬 수 있다고 판단했기 때문이다. 그리고 기억의 공유는 필연적으로 어느 임계점에 이르러서는 빅뱅을 일으킬 것이다. 그래서 크레온은 안티고네의 애도행위를 거부할 수밖에 없었다. 박근혜 정권이 세월호에 대한 애도를 서둘러 마무리하려는 이유도 이와 같았다. 세월호 참사는 무능하고 탐욕으로 가득 찬 대한민국의 실재가 만천하에 드러난 사건이었고, 박근혜 정부는 그 모든 진실을 누구보다 잘 알고 있었다. 세월호에 대한 애도는 필연적으로 진실을 향한 행위를 경유할 수밖에 없었다. 진실이 드러나는 순간 일어날 사건의 파장을 너무나 잘 알기에 정부로서는 이 애도를 허락할 수 없었던 것이다.

나는 중단하지 않고 줄기차게 이어졌던 세월호를 향한 우리의 애도가 전화위복의 계기가 되어 박근혜의 탄핵과 문재인 정부의 탄생에 이르는 결과를 낳았다고 믿는다. 그리고 거기에는 이런 전제가 있었다. "우리의 애도가 미완으로 남겨진 채 이어지고 있지만, 그것으로 인해 우리들의 마음에 생채기가 생겨 '제가 여기 있습니다'라는 윤리적 답변을 가지고 세상으로 나가야 한다는 것이다. 그러므로 우리는 거리에서 망자들의 이름을 부르면서 그들을 기억하는 행위를 계속 이어가야 할 것이고, 거기서 죽은 자들과 살아남은 자들 간의 대화와 관계 맺음이 계속 유지되도록 살펴야 할 것이다. 그러는 가운데 도래하는 변혁의 가능성을 기대하고 전망하면서 말이다. 그렇게 될 때, 세월호 애도의 불가능성은 오히려 변혁을 향한 가능성의 지점이자 거점으로 우리 앞에서 살아 있게 된다."*

　　　　　　　　　　　내 안의 결핍과 부재를 응시하는 힘

세월호에 대한 진정한 애도는 "세월호 문제는 종결되었다!"라고 선언하는 세상의 음성에 파열음을 내는 것이다. 이것이 세월호 문제를 이대로 덮고 지나가려는 세력에게는 부담과 불편으로 작동했고, 세월호라는 엄청난 사건이 발생했음에도 불구하고 아무것도 달라지지 않은 우리의 현실을 비판적으로 바라보게 하는 계기가 되었다. 그렇게 거짓된 현실을 삐딱하게 바라보고, 진실을 감추는 자들을 향해 정당한 목소리를 내면서 우리의 애도를 유포하다 보면, 우리 앞에 불가능했던 현실의 파국이 가능성의 형태로 우뚝 솟아 있을 것이다. 이것이 정신분석학적인 관점에서 바라본 실재의 귀환이다.

지금까지 나는 파국의 윤리에 대한 논의에 앞서 그 전 단계로서 정신분석학에 입각한 실재와 그것의 귀환에 주목했다. 실재에 대한 설명을 길게 했던 이유는 분명하다. 실재의 귀환이 파국적 상황을 불러오기 때문이다. 실재의 출몰로 인한 파국적 국면을 정치적·윤리적 의제로 소환한 인물이 지젝이다. 지젝은 자유주의적 다문화주의가 21세기에 등장한 새로운 이데올로기라고 지적하고 그것의 파국을 선언하면서 새로운 위험한 윤리를 상상한다.

*　이상철, 「애도의 문법」, 김민웅 외, 『헤아려본 세월』(포이에마, 2015), 102~103쪽.

윤리는 파국이다

파국의 자리

자본에 의한 전 지구적 지배가 완성된 세계에서 21세기 당대를 아우르는 교양과 상식은 '자유주의적 다문화주의'다.* 그들은 수와 힘을 바탕으로 일방적으로 상대를 밀어붙이는 패권주의에 반대한다. 세상의 조화와 평화란 다양한 가치와 차이를 지닌 존재들이 저마다의 방房을 부여받고 최소한의 존엄을 유지한 채 나지막하지만 각자의 목소리를 낼 수 있도록 관심과 배려를 받을 때 가능해진다. 이렇듯 자유주의적 다문화주의라는 말에는 포용적이고 관용적이어야 한다는 함의가 깔려 있다. 그리하여 나와 다른 상대방이 지닌 특징을 존중하는 윤리적·정치적 태도는 21세기 신자유주의 시대를 살아가는 세계 시민이 지녀야 할 기본적인 교양이자 삶의 태도가 되었다.

자본의 논리로 재편된 지구촌에서 함께 살기 위해서는 돈 많은 사람도 필요하고, 자본의 흐름을 따라 국경을 넘는 이주자도 필요하다. 똑똑한 창조적인 소수의 사람도 있어야겠지만 그렇지 않은 대다수의 임시직 노동자도 필요하다. 자본을 숭배하는 사람도 있어야 하고, 자본의 논리에 반대하는 마르크스주의자도 어느 정도 사회에 섞여 있어야 한다. 케케묵은 가부장제를 반대하는 출중한 젠더 감수성을 지닌 인물들도 사회에 적당히 분포되어 있으면 좋다. 어쨌든 '이놈 저놈' 모든 종류의 인간들이 다 필요하다. 우리에게는 그 다양성을 모두 다 포함할 수 있는 넉넉함이 있기 때문이다. 이렇게 호방하게 열려

* 슬라보예 지젝, 이현우 외 옮김, 『폭력이란 무엇인가』(난장이, 2011), 199쪽.

있는 태도가 '자유주의적 다문화주의'라 한다면 너무나 범박한 정의일까. 비록 우리는 각자가 다르지만 그런 차이에도 불구하고 조화를 이루면서 힘을 합칠 수 있다는 서사가 그 안에 있다. 어떻게 그것이 가능하다고 그들은 믿는 것일까? 인간의 본성 안에 깃든 인류애, 혹은 평화와 공존을 바라는 마음이 혹 그들에게 있는 것일까?

지젝은 자유주의적 다문화주의를 의심의 눈초리로 바라본다. 그것이 21세기 자본이 운영되는 원칙이라는 이유에서다. 자본 자체가 다문화주의라는 탈영토화된 방식으로 움직이면서 자본의 전체성을 은폐하고 있다. 즉 자본이라는 전체주의가 움직이는 방식이 차이를 존중하고, 다양성과 조화를 찬양하는 다문화주의라는 외피를 두르고 있다는 것이다. 문제는 다문화주의가 21세기의 새로운 이데올로기로 등극하여 사회적 적대관계를 배제하거나 은폐한다는 데 있다. 다문화주의가 내세우는 '수평적 다양성'이 '수직적 적대'를 숨기고 있다는 말이다. 수직적 적대란 권력이 있는 사람과 없는 사람, 돈이 있는 사람과 없는 사람, 목소리가 큰 사람과 목소리를 낼 수 없는 사람들 간의 격차가 현실 속에 똬리를 틀고 있을 때 발생한다.*

자유주의적 다문화주의는 수직적 적대가 갖는 파괴력을 잘 알고 있다. 그래서 그들은 수직적 적대를 수평적으로 공존할 수 있도록 '차이의 정치학'이라는 이름으로 환원하여 순화했다. 예를 들면 이런 것이다. 우리 안에 마르크스주의자가 있고, 페미니스트가 있고, 동성애자가 있다고 가정해보자. 그들은 각각 우리 사회에서 자본주의의 결핍을 드러내고, 가부장제의 균열과 뿌리 깊은 이성애중심주의를 파고

---

* 슬라보예 지젝, 주성우 옮김, 『멈춰라, 생각하라』(와이즈베리, 2012), 70~75쪽.

드는 틈으로서의 파괴력을 담보했던 존재들이다. 그런데 다문화주의가 그들에게 각각 방을 내어주어 안착하게 하고, 발언할 기회도 허락하면서 오랫동안 쌓였던 욕구와 불만을 분출할 수 있는 통로를 마련해주었다.

마르크스주의와 페미니즘과 동성애자들의 목소리가 광화문 광장에서 울려퍼지는 것이 얼마나 대단한 일인가! 드디어 우리 사회도 과거의 권위주의적 폐쇄성에서 벗어나 차이를 포용하고 이야기할 수 있는 열린 사회가 되었다! 아마도 다문화주의자들은 이렇게 자신들을 선전할 것이다. 그런데 정말 세상은 변했나? 아이러니하게도 다문화주의가 마련해준 방에 안착하고 그들이 제공한 발언의 기회를 십분 활용하고 있는 마르크스주의와 페미니즘과 동성애 담론은 그들이 본래 지니고 있던 사회적 틈과 균열로서의 불온함과 잠재력과 파괴력을 점점 상실해가고 있다. 그들이 지녔던 날선 적대가 수평적으로 공존할 수 있는 차이와 다름의 수사학으로 순화되었기 때문이다.

하지만 과연 1 대 99로 재편되는 사회에서 막대한 부를 획득하는 자본가와 임시직으로 떠돌다가 자살할 수밖에 없는 상황으로 내몰리는 많은 사람들 간의 차이가 함께 협력하면서 서로의 삶을 존중하자는 구호로 환원할 수 있는 차원일까. 위대하고 아량이 넓은 자본이 그들과 적대적이었던 마르크스주의와 페미니즘과 동성애 담론을 품었던 것처럼, 너희도 그만 과거에서 벗어나 밝은 미래를 위해 함께 화합하자, 과연 이렇게 말해도 되는 것일까.

지젝은 이런 이유로 자유주의적 다문화주의를 의심한다. 그들 역시 전체주의와 패권주의를 반대한다지만, 그들은 사회적 불평등과 적대와 모순을 차이와 관용이란 이름으로 순화하면서 현실의 억압과 폭

내 안의 결핍과 부재를 응시하는 힘

력의 현장을 왜곡한다. 차이에 대한 존중이 '케세라세라'que sera sera(될 대로 되라, 어떻게든 되겠지, 좋은 게 좋은 거지)가 되어서는 안 된다. 다양성에 대한 존중이 현실의 모순을 간과하게 하고, 과거 기억을 망각하거나 왜곡하게 만드는 기제가 되어서는 안 된다는 말이다.

결론적으로 파국의 자리는 21세기 자본이 선사하는 수평적 다양성에 맞서는 수직적 적대관계의 자리여야 맞다. 하지만 우리의 구체적인 삶 속에 도래할 파국을 어떻게 예감하면서 준비해야 하는지, 그리고 그런 파국을 위한 실천철학은 어디에서 찾을 수 있는지는 또 다른 과제다. 나는 그 단서를 역사적 예수의 삶에서 드러났던 그의 언행을 통해 발견한다.

예수와 파국의 윤리

파국은 기존의 틀과 시스템이 깨지는 것이다. 안티고네가 크레온의 법을 어기고 폴리네이케스를 애도한 것은 그런 점에서 파국적이었다. 4년 넘게 지속되는 세월호에 대한 애도 역시 그렇다. 하지만 파국이 현실세계의 파멸과 현재 질서의 전복에만 방점을 두는 것은 아니다. 오히려 파국 이후의 지점을 겨냥한다. 파멸 이후의 회복, 디스토피아가 지나간 다음에 도래하는 유토피아, 죽음 이후의 부활을 밝히는 것이 진정한 파국의 윤리학이다. 나는 그것을 복음서에 기록된 예수의 발언에서 힌트를 얻는다.

복음서에 기록된 예수의 첫 번째 대중연설은 이렇게 시작한다. "때가 찼다. 하느님의 나라가 가까이 왔다. 회개하여라."(「마가복음」 1:14) '때가 찼다'라는 말은 파국의 시간을 알리는 팡파르 역할을 하고, '하느님의 나라가 가까이 왔다'라는 선언은 구체적 파국의 내용이라 할 수 있다. 하늘의 질서와 하느님의 통치가 곧 임박한다는 소식만큼 지배자와 기득권 세력에게 파국적인 사건이 어디 있겠는가. 반대로 이 소식만큼 억압받는 민중에게 해방의 메시지가 되는 파국적 사건이 어디 있겠는가. 이렇듯 '때가 찼다. 하느님 나라가 가까이 왔다'라는 예수의 일성은 양자에게 모두 파국적인 메시지가 되었다고 할 수 있다.

우리가 구체적 파국의 윤리와 관련하여 주목해야 하는 것은 예수가 한 그다음 말이다. "회개하여라!" '회개하다'의 헬라어 원어는 메타노이아 μετάνοια다. '지금까지 걸어왔던 길을 180도로 돌려 반대로 걸어간다'라는 뜻이다. 우리를 지배하고 있는 현실의 원칙대로 살지 말고 다른 삶을 살아가라는 말이다. 우리를 지배하고 있는 현실의 법칙은 시대마다 달랐다. 종교적 주술과 광기가 지배하던 시절도 있었고, 전통과 관습, 이데올로기의 폭압이 우리를 지배하던 시절도 있었다.

자본은 21세기 지구를 지배하는 극강의 현실 법칙이고 가장 강력한 쾌락 원칙이다. 자본의 원칙에 순응하고 복종하며 살아가는 우리에게 '메타노이아'는 지금까지 살아온 삶의 방식을 거슬러 살아가라는 말이다. 자본의 운동이 삶의 에로스이고, 자본의 획득이 삶을 구동시키는 에네르기인 현대인들에게 자본의 작동 원리와 반대되는 삶을 살라는 말은 너무나도 파국적이다. 예수가 정치범으로 몰려 십자가에 매달렸던 것은 로마제국의 법질서에 반하는 파국적 메시지를 던지면서 그 파국을 향해 걸어갔기 때문이 아니었을까.

내 안의 결핍과 부재를 응시하는 힘

우리 시대의 파국의 윤리학

결론적으로 나는 자본의 강제를 거슬러 올라가는 삶의 원칙과 행위를 '파국의 윤리'라고 말하고 싶었다. 엄밀히 말하면 그동안의 윤리는 상징계 속 타자가 강요하는 욕망이고 도덕이었다. 하지만 파국의 윤리는 그동안 우리를 지배했던 관성의 법칙을 거슬러 180도 다른 방향으로 가는 것이다. 우리 사회를 지배하고 있는 관성의 법칙은 무수하다. 자본이 선사하는 탐욕과 쾌락의 법칙, 뿌리 깊은 가부장제, 여성 혐오, 동성애 혐오, 외국인 혐오, 레드콤플렉스, 서열주의, 지역주의 등. 어쩌면 이것들은 우주를 지배하는 만유인력의 법칙처럼 대한민국의 현실을 지배하는 강력한 정언명법일지 모르겠다.

우리에게 필요한 윤리는 초등학생에게 국기에 대한 맹세를 하게 하고, 중학생에게는 국민교육헌장을 달달 외우게 하는, 국가의 통치 전략에 동원되는 도덕이 아니다. 파국의 윤리는 법과 국가와 이데올로기, 자본 같은 선험적으로 존재한다고 여기는 대타자의 음성을 의심하면서, 그것들의 호명에 뒤돌아보지 않고 그와 반대되는 삶의 원칙을 가지고 지금과는 다른 삶을 살아가겠다고 다짐하며 실천하는 것이다. 그럴 때 윤리는 시대에 대한 진단을 넘어 세계로 개입하는 사건이 된다.

그 사건은 시스템의 붕괴와 관련된다. 임계점을 향해가고 있는 지구 생태계의 위기, 자본의 전 지구적 지배와 그로부터 야기되는 불평등과 불균형, 과학기술의 발전에 따른 유전공학의 영리화와 인공지능으로부터 촉발된 포스트휴먼 논쟁, 이데올로기 대결에서 종교전쟁, 자원전쟁, 경제전쟁으로 발전하는 지구촌의 갈등은 파국의 윤리가 임재해야 할 삶의 현장들이다. 바로 그곳에서 우리는 그것들 너머의 세계를 응시하면서 세상을 가로질러 가야 한다. 우리의 윤리적 실험과 투쟁이 계속 이어져야 하는 이유다.

내 안의 결핍과 부재를 응시하는 힘

2부

신
없는
신
학

신이 사라진 시대에 신을 말한다는 것

1부에서 내가 말하고자 했던 것은 기존의 상징적 질서와 이데올로기에 봉사하고 순응하는 윤리가 아닌, 오히려 체제가 강제하는 법과 질서를 돌파하는 윤리로의 전회였다. 그 방법론으로 자기의 윤리, 타자의 윤리, 환대의 윤리, 실재의 윤리에 대한 이야기를 전개했다.

파국破局은 말 그대로 그동안 진행되어왔던 사태와 관계의 국면이 끝장난다는 말이다. 어떤 영화 혹은 연극의 결말이 파국적으로 끝났다, 라는 일간신문 문화란의 기사를 읽을 때 간혹 등장하는 '파국'이라는 말을 실제 일상생활에서 맞닥뜨리는 경우는 흔하지 않다. 적어도 사랑하는 사람의 죽음으로 이전과는 같은 삶을 살 수 없게 되었을 때, 혹은 지진이 발생하거나 혁명이 일어나 자연환경이 변하고 삶의 조건이 바뀌어 이전의 질서가 효력을 상실했을 경우, 우리는 비로소 파국적이라 부를 수 있다.

무엇보다 파국은 종교적 언어다. 물론 파국은 끝을 전제한다는 점에서 위기의 언어이고 누군가에게는 공포의 서사일 수 있겠으나, 파국은 파국 너머의 차원을 희망하고 기대한다는 점에서 종말론적인 신학의 수사다. 기존의 질서와 이데올로기가 전복되고 새롭게 열리는 새 하늘 새 땅에 대한 염원, 이리와 어린양이 함께 뛰놀고, 독사의 굴에 어린아이가 손을 넣어도 위험하지 않은 유토피아는 성경에 따르면 파국을 통과한 다음의 몫이다. 그래서 파국이라는 말은 끝과 시작, 절망과 희망, 죽음과 삶, 디스토피아와 유토피아 같은 부정과 긍정의 메시지를 동시에 지닌다.

어쩌면 파국적 상황은 뫼비우스의 띠처럼 안이 밖이 되고, 밖이 안이 되는 것 아닐까. 끝이 시작이 되고, 절망이 희망이 되고, 디스토피아 속에 유토피아를 바라보는 열망이 최고조에 다다른 임계점에서 파국은 발생한다. 나는 그곳이 바로 윤리가 작동하는 지점이라 말하고 싶었고, 이런 이유로 윤리는 필연적으로 종말을 지향하고 종말 너머의 세상을 바라본다고 생각한다. 결국 파국의 윤리학은 신학과 중첩되는 지점에서 형성되고, 그때 만들어지는 윤리의 언어는 신학의 언어가 된다.

2부의 제목을 '신 없는 신학'으로, 인트로의 제목을 '신이 사라진 시대에 신을 말한다는 것'으로 붙였다. 이는 21세기 윤리적 언어가 선포되는 파국의 지형학을 전제한다. 파국의 지형이란 21세기 자본에 사로잡힌 무신론적 경향이고, 포스트휴먼으로 대표되는 과학주의적 사고다. 이러한 무신론적 상황에서 신학은 다시 어떻게 사유될 수 있을까. 얼핏 어렵고 복잡해 보이는 21세기 믿음에 대한 물음은 이미 지난 세기에 한 차례 홍역을 치른 바 있다. 니체가 "신은 죽었다!"라고 선언했던 충격적인 대목에서 우리는 이미 종교적 파국을 경험했다. 21세기 믿음에 대한 문제에 본격적으로 접근하기 전에 잠시 '신의 죽음'이 선언되었던 그 시절로 돌아가보자.

흔히 정신분석학이나 문화인류학에서 대타자 아버지는 기존의 질서와 법과 가치의 상징으로 묘사되곤 한다. 엄마로부터 전적인 사랑을 받아왔던 아이는 생의 어느 한 지점을 지나면서 불쾌와 공포에 눈뜨게 되고, 그것의 원인을 알아가다가 마침내 엄마의 정부인 아버지와 대면하게 되는데, 그때가 바로 아버지의 법으로 대변되는 상징계the symbolic와 맞닥뜨리는 순간이다. 아이에게 엄마가 당근이라면 아버지는 채찍이다. 아이는 엄마의 사랑과 아버지의 훈육을 받으며 성인으로 성장하는데, 이것이 정신분석학으로 풀어쓴 범박한 인류학이다.

신은 '아버지의 이름으로' 상징되는 서구인들의 집단무의식에서 법과 질서와 도덕의 원형과도 같은 존재다. 이런 이유로 니체가 선언한 신의 죽음은 충격적이었다. 하지만 니체가 진정 의도했던 것은 물리적인 '신의 죽음'에 대한 깜짝 선언이 아니었다. 그는 모두가 성인成人이 되어버린 세상에서, 더 이상 신율神律이 작동하지 않는 허무한 상황에서 인간 삶의 지속 가능성에 대해 묻고 싶었던 것이다. 신이 사라진 이곳에서 어떻게 우리는 다시 사회를 조직하고 공동체를 재건할 수 있을까. 그럴 경우 법은 무엇이고, 그 법의 권위는 무엇으로 보장받을 수 있는가. 대타자가 사라지는 것을 목도하고 대타자의 균열을 감지한 자식이, 아버지의 죽음을 확인한 자녀들이 어떻게 다시 삶을 이어갈 수 있을까. 그것이 가능한 일이기는 한가. 이것이 바로 근대성의 비극이 확인되던 무렵 니체에 의해 제기된 신 없는 세상에서의 믿음을 둘러싼 물음이었다.

지금은 니체로부터도 100년이 훨씬 지났다. 21세기 이곳을 지배하고 있는 것은 신의 자비가 아닌 거대 자본과 첨단 테크놀로지가 제공하는 향락과 그것들로부터 소외된 민중의 탄식이다. 그렇다면 파국의 전조가 감지되는 오늘날의 세계에서 우리는 신을 어떻게 다시 요청해야 하는 것일까?

5장과 6장은 전통적인 신론을 향한 반동적 글쓰기다. 구약성경 출애굽 과정에 등장하는 엑소더스를 일으킨 전지전능한 신을 바라보는 삐딱한 시선과 「십계명」의 제2계명에 내포된 신의 이름을 둘러싼 전복적 해석을 통해 그동안 전통적 교리와 신조에 묻혀 화석화되어버린 신을 새롭게 바라보는 기회가 되었으면 한다.

7장에서는 메시아주의에 대한 해체주의적 독법을 전개한다. 메시아를 둘러싼 환상과 기대는 기독교 신앙의 클라이맥스라 할 수 있다. 기독교도들이 현실의 고난을 견디고 이겨낼 수 있는 것은 도래하는 메시아가 다스리는 새 하늘 새 땅에 대한 믿음 때문이다. 하지만 해체주의 철학자 데리다는 전통적 메시아주의messianism에 대한 환상을 뒤집는 '메시아적인 것'the messianic에 대해 말한다.

8장은 현대 마르크스주의자들이 취하는 신학적 언어의 수용에 대해 살펴본다. 21세기 유물론자들은 마르크스주의 이론이 아닌, 성서와 신학적 상상력에서 대안적 가치를 발견하고자 한다. 왜 21세기 마르크스주의자들은 기독교에 기대어 혁명을 도모하는 것일까? 8장 '무신론자의 믿음'은 이러한 문제의식에서 출발한다.

2017년은 종교개혁 500주년이 되던 해였다. 그래서 종교개혁을 회상하고 종교개혁의 현재적 의의를 되살리려는 이런저런 모임이 많았다. 9장은 종교개혁 후에 이루어진 성서 번역이 중세라는 텍스트를 해체한 근본적인 사건이 아니었을까, 라는 상상에서 시작한다. 마틴 루터의 성서 번역을 데리다의 텍스트론과 연관 지어 해석하면서 종교개혁의 해체적 성격에 대해 논할 것이다.

10장에는 '민중신학 전 상서'라는 제목을 붙였다. 한국의 민중신학은 서구 중심의 신학에 반기를 들었던 파국의 신학이었다. 하지만 이 글은 민중신학에 대한 찬양과 주례사적인 비평이 목적은 아니다. 이 장의 진정한 의도는 답보 상태에 있는 민중신학의 현주소를 냉정히 바라보고 현대 사상의 조언에 귀 기울이면서 민중신학의 미래를 전망하는 것이다. 그 과정에서 우리는 변화한 세계에 대한 이해와 그 변화에 답하는 현대 철학의 메시지들을 만날 것이다. 이러한 대화를 바탕으로 21세기 민중신학의 밑그림을 상상할 수 있다면 이 글의 목적은 어느 정도 달성된 셈이다.

5장

할리우드의 엑소더스 변천사

신을 바라보는 관점과 상상

왜, 모세인가?

성경 이야기를 영화로 만들 때 가장 빈번하게 다루어지는 내용은 무엇일까? 예수를 소재로 하는 작품을 제외하고 그다음 순위를 차지하는 것을 고르라면 모세의 출애굽이 아닐까 싶다. 실제로 출애굽을 소재로 한 영화들이 심심치 않게 제작되었다. 찰턴 헤스턴이 모세로 나왔던 〈십계〉(1956), 팝스타 머라이어 캐리와 휘트니 휴스턴이 함께 부른 OST 〈When you believe〉로 유명한 애니메이션 영화 〈이집트 왕자〉(1998) 역시 출애굽을 소재로 하고 있다. 비교적 최근에 개봉한 〈엑소더스: 신들과 왕들〉(2014)은 구약성경 속 '출애굽기'를 뜻하는 영어 '엑소더스'Exodus를 그대로 영화 제목으로 사용했다.

구약성경은 세 종교, 즉 기독교와 유대교, 이슬람교가 공히 받드는 경전으로 제일 먼저 「창세기」가 나오고 그다음으로 등장하는 것이 바로 「출애굽기」出埃及記(Exodus)다. '애굽'이 한자어로 이집트를 뜻하는 말이니, '출애굽기'는 '이집트를 탈출한 이야기'라는 의미다. 그렇다면 왜 할리우드는 주기적으로 반복하면서 모세를 소환하여 다시 무대로 올리는 것일까?

'엑소더스'라는 말에는 일종의 주술적 의미가 깃들어 있다. 서구인들의 무의식 속에 잠재해 있는 어떤 것을 의식의 차원으로 호명하면서 끄집어내고 있다는 점에서 그렇다. 그것은 바로 자유freedom다. 우리는 자유, 평등, 박애로 대표되는 프랑스 혁명의 구호를 알고 있다. 그것들은 근대정신의 요약이라고 말할 수 있을 텐데, 그중에서도 자유는 더 이상 초월적 실재에 의해 억압당하지 않겠노라고 다짐하는 근대적 주체가 지녀야 하는 덕목이었다. 자유를 쟁취하고 난 다음에서야 주체는 비로소 세계와 현실을 자신의 시선으로 해석할 수 있게 되었다. 오죽하면 "자유 아니면 죽음을 달라!"라는 말이 생겼겠는가. '엑소더스'는 '자유'에 대한 서구인들의 집단무의식을 기억하게 하고 재생시키는 역할을 한다는 점에서 자유와 해방의 원형과도 같은 사건이었다.

그렇다고 인류의 모든 숭고한 소재들이 '엑소더스'처럼 주기적으로 영화로 제작되는 것은 아니다. 이 말은 「출애굽기」에는 영화의 흥행요소가 많다는 말인데, 예를 들면 출생의 비밀, 스펙터클, 증오와 복수 같은 극영화의 기본 문법들이 그것이다. 그렇다 치더라도 이 모든 요소들을 하나로 엮는 강력한 내러티브가 없다면 모세 이야기는 사장되어버렸을 것이다. 그것을 한마디로 표현하면, '거대서사의 논리에 입각한 영웅담'이라 할 수 있을 것 같다. '엑소더스'에는 평범한 삶을 살아가던 한 인간이 신과의 만남을 통해 슈퍼맨으로 변신하여 결국에는 기적과 같은 역사를 이루었다, 라는 강력한 판타지가 있다. 할리우드는 모세의 이야기를 현실에 맞게 손질하면서 대중에게 감동을 줄 수 있는 요소가 무엇인지를 찾아내려 했고, 그 과정에서 모세를 미국의 영웅으로 설정해왔다. 성경의 「출애굽기」에 관해서는 '그 사건이 실제로 일어났는지?' 하는 의심에서부터 출애굽 시기와 관련한 질문들, 그리고 '홍해가 어디였는지?'에 대한 호기심까지 실로 다양한 문제가 제기되어왔다. 출애굽의 주체인 히브리인들에 대한 해석도 단일하지 않다. 혈통적 의미의 유대인이 아니라, 당시 이집트와 고대 근동에서 체제로부터 배제되어 떠돌아다니던 민중을 일컫는 '하피루'hapiru라는 말이 '히브리'의 어원이 되었다는 주장도 있다. 출애굽의 방식도 성경에 적혀 있는 대로 60만 명이 한꺼번에 이집트에서 나왔다는 주장이 있는가 하면 점진적으로 출애굽이 이루어졌다는 설도 있다.

이렇듯 출애굽에 대한 의견이 분분한 이유는 출애굽 사건을 뒷받침할 정확한 역사적 기록이나 근거가 빈약하다는 데 있다. 그렇다면 성경을 통해 인문학적 성찰을 도모하고자 하는 나는 할리우드에서 지속적으로 생산되는 〈엑소더스〉를, 그리고 그 안에 배치되어 있는 시대에 따라 다르게 묘사되는 모세를 어떤 시각으로 관전해야 하는 것일까. 혹 그 궤적을 따라가다 보면 영화가 만들어진 시대에 대한 징후적 독해도 가능할 것이고, 모세에 대한 해석을 빌미로 다양한 성경 읽기의 방법과 만날 수 있지 않을까, 라는 기대가 내게는 있다.

두 얼굴을 가진 모세

뭐니 뭐니 해도 출애굽 사건을 소재로 한 영화 중에서 가장 먼저 떠오르는 작품은 찰턴 헤스턴이 모세로 나왔던 〈십계〉다. 학창시절에 단체관람으로 영화를 봤던 기억이 있다. 홍해가 갈라지던 장면에서 모세가 보여주는 카리스마가 압권이었다. 영화 〈십계〉는 1956년 소련의 지배에 항거하는 헝가리 혁명이 소련군에 의해 진압되던 해에 만들어졌다. 2차 세계대전 이후 미·소 냉전체제가 확립되고, (미국 입장에서) 소련의 패권주의가 확인되던 그 무렵이었다.

반면 애니메이션 영화 〈이집트 왕자〉는 그로부터 40년이 지난 1998년에 개봉되었다. 1998년은 소련으로 대표되는 현실사회주의가 역사의 저편으로 사라진 지 거의 10년이 되어가던 해였고, 신자유주의 체제에서 자본에 의한 전 지구적 재편이 비록 많은 갈등과 저항에 직면했음에도 불구하고 큰 그림을 하나씩 완성해가던 무렵이었다. 이렇듯 두 영화 사이에는 시대적으로나 역사적으로 많은 차이가 난다. 그 차이에 대해 사람들은 이데올로기 시대에서 탈이데올로기 시대로, 거대서사의 시대에서 작은 이야기들을 발굴하는 시대로, 모던에서 포스트모던의 시대로 세상이 바뀌었다고 저마다 논평을 한다.

할리우드에서 만들어진 출애굽 관련 영화 속 주인공 모세는 이러한 시대상의 투영이라 할 만하다. 〈십계〉에서 모세 역을 맡았던 찰턴 헤스턴은 람보, 코만도, 록키 등 냉전시대 할리우드 근육질 영웅들의 조상쯤 되지 않을까 싶다. 강철 같은 의지와 불 같은 추진력으로 악의 무리를 때려부수는 불패의 영웅 말이다. 한편 〈이집트 왕자〉에 등장하는 모세는 외형적 조건에서부터 찰턴 헤스턴과 대조적이다. 야리한 체격과 촉촉한 눈망울 하며 어느 것 하나 혁명을 완수할 전사의 모습이 아니다. 1956년판 모세는 출생의 비밀을 알고 나서 자신의 운명을 자각하고 변신하기 시작하지만, 1998년판 모세는 출생의 비밀을 알

할리우드의 엑소더스 변천사

출애굽 사건을 소재로 한 대표적인 영화는 찰턴 헤스턴이 모세로 나온 〈십계〉다. 영화 〈십계〉의 포스터.

자 도망을 갔고 신탁을 받고도 주저하는 나약한 모습을 보인다. 실제 「출애굽기」에 묘사된 신탁 관련 기사를 보면 이스라엘 백성을 해방시키라는 신탁을 받은 모세가 갈등하고 고민하는 모습이 고스란히 담겨 있다.

모세와 람세스와의 역학관계를 그리는 대목에서도 〈십계〉의 모세와 〈이집트 왕자〉의 모세는 큰 차이를 보인다. 〈십계〉에서 람세스 역할을 맡은 배우는 대머리 배우로 유명한 율 브린너였다. 찰턴 헤스턴과 율 브린너의 관계는 처음부터 팽팽했고 대화의 상대가 아닌 타도의 대상으로 설정되어 있다. 마치 1956년 당시 미국과 소련의 적대관계처럼 말이다. 그러나 〈이집트 왕자〉 속 모세와 람세스는 궁궐에서 함께 자랐고, 유년기 추억을 공유하면서 일종의 형제애 또는 우정을 느끼는 관계다. 피아彼我의 경계가 흐릿해지고, 갈등이 등장하지만 단선적인 해석의 잣대로 해명되지 않는 탈이데올로기 시대의 관계 법칙이 깔려 있는 셈이다.

홍해와 요단강 사이, 그들에게 무슨 일이 있었나

비교적 최근에 개봉한 영화 〈엑소더스〉(2014) 속 모세는 약간 과거로 회귀한 듯한 인상이다. 개인적으로 이 영화에서 가장 인상적인 장면은 이스라엘 백성들이 홍해를 건너는 장면이다. 백성들을 이끌고 바다에 이르렀을 때 모세가 신을 향해 "여기가 어딘지 모르겠습니다"라고 낙담한다. 〈십계〉에서는 찰턴 헤스턴이 성경에 묘사된 것처럼 바다 위로 팔을 내밀자 마른 바닥이 드러나고, 이스라엘 백성들은 바다 가운데로 난 마른 땅을 밟고 지나갔다. 하지만 〈엑소더스〉에서는 모세가 팔을 바다 위로 내밀지도 않았고, 마른 땅이 드러나지도 않았다. 그럼에도 불구하고 모세는 자기 앞에 펼쳐진 흐르는 물을 향해 발을 내딛는다.

성경에는 출애굽 과정에서 두 번 물을 건너는 장면이 나온다. 하나는 홍해를 건너는 장면이고, 다른 하나는 요단강을 건너 가나안 땅으로 들어가는 장면이다. 홍해를 건너는 장면은 「출애굽기」 14장에 나오고, 요단강을 건너는 장면은 「여호수아」 3장에 나온다. 홍해를 건널 때의 주역은 모세이고, 요단강을 건널 때는 모세의 후계자라 할 수 있는 여호수아가 가나안 입성의 주역이다.

성경 속 홍해를 건너는 장면을 다시 한번 회상하자면, 이스라엘 백성들은 물이 갈라진 것을 보고 바다를 건넌다. 반면 40년 동안 광야 생활을 한 후 요단강을 건널 때는 물이 갈라지지 않았는데도 먼저 흐르는 물을 향해 뛰어든다. 전자는 어떤 표징이 먼저 있고 난 다음에 행위가 있는 것이다. 후자는 어떤 기적이나 표징을 보고 행위를 하는 것이 아니라, 행위가 먼저 있고 나서 기적과 표징이 뒤따르는 것이다.

홍해를 건너는 사건과 요단강을 건너는 사건 사이에서 이스라엘 백성들에게 중요한 인식론적 전환이 일어난 셈이다. 이것은 굉장히 의미 있는 종교적 진화다. 조금 과격하게 말하자면, 우리에게 이제는 신의 표상 따위는, 신의 감언이설 따위는, 신의 유혹과 협박 따위는, 신의 권위 따위는 필요 없다는 것이다. 그런 표피적인 것이 없어도 우리의 신앙은, 그런 즉물적인 것이 없어도 우리의 신을 향한 확신은 변함이 없고 흔들리지 않는다는 집단적 확신이 그들 사이에 일어난 것이다.

영화 〈엑소더스〉에서는 홍해를 건널 때 성경에 묘사된 출애굽 장면을 재현하지 않고, 「여호수아」의 요단강 건너는 장면을 「출애굽기」의 홍해 건너는 장면과 교차시켰다. 성서적으로는 맞지 않다. 바다가 갈라지고 난 이후에 물을 건너는 것이 아니라, 이스라엘 백성들이 흐르는 강물 속으로 발을 딛고 난 후에 홍해를 갈라지게 한 것이다. 아직 마른 땅이 드러나지 않았음에도 불구하고, 아직 시퍼런 바다가 우리 앞에 놓여 있음에도 불구하고, 아직 현실의 문제가 아무것도 해결되지 않았음에도 불구하고, 신이 아무런 신호를 우리에게 보내지 않았음에도 불구하고, 이스라엘 백성들은 흐르는 시퍼런 물을 향해 몸

2부. 신 없는 신학

을 맡긴다. 그렇게 그들은 새 역사를 스스로 창조해갔고, 그리하여 자신들의 신을 마침내 쟁취해냈다, 라는 메시지를 관객들에게 던지고 싶었던 것일까.

신을 만나는 자리 혹은 신이 오는 자리

영화 〈엑소더스〉에서 람세스는 바다를 향해 도망치는 이스라엘 백성들을 추적하던 중 갈림길을 만난다. 그는 어느 방향으로 가야 할지를 묻는 부하에게 이렇게 말한다. "나는 확신한다! 이쪽이다." 이 대사를 듣는 순간, 같은 시각 모세가 앞을 가로막고 있는 바다를 바라보며 불안한 눈빛으로 "나는 여기가 어딘지 모르겠습니다"라고 절규하던 모습이 떠올랐다. "나는 모르겠습니다"와 "나는 확신한다" 둘 중 어느 것이 더 종교적인 언어일까? 우리는 흔히 선善의 반대말은 악惡이라 생각하지만, 현실에서 악을 구분해내기란 쉽지 않다. 어쩌면 악은 우리의 현실에서 '절대'라는 이름으로 존재하는지 모른다. 그것이 종교적 확실성이든, 이념적 맹목성이든 간에 인류가 저질렀던 모든 만행과 학살과 광기는 영화 속 람세스가 말했던 "나는 확신한다!"라는 절대의 이름으로 자행되었다.

문득, 이 대목에서 극 초반에 모세가 산에서 신을 만나는 장면이 떠오른다. 성경에는 모세가 호렙산에서 타지 않는 떨기나무 불꽃 가운데 있는 야훼를 만났다고 나온다. 영화 〈십계〉에서 찰턴 헤스턴은 불굴의 의지를 갖고 신을 만나겠노라고 하면서 산을 오르지만, 2014년의 모세는 잃어버린 양을 찾아 산을 헤매다가 얼떨결에 신을 만난

성경에는 모세가 호렙산에서 타지 않는 떨기나무 불꽃 가운데 있는 야훼를 만났다고
나온다. 이 모습을 묘사한 비잔틴 모자이크, 이집트 시나이산에 자리한 성 카타리나
수도원 소장.

다. 일상의 고된 노동의 현장에서 가쁜 숨을 몰아쉬다가 신을 만났다
는 이야기다. 누군가는 그것조차 신의 섭리라고 말하겠지만, 내가 보
기에는 현실에 뿌리박은 남루한 삶을 거역하지 않고 배반하지 않았던
모세가 그 삶 속에서 신적 원리를 발견한 것이라 생각한다.

즉 하늘의 음성이 들리는 자리는, 신을 만날 수 있는 자리는 내가 그 음성을 듣겠다고, 내가 그 신을 보겠다고 해서 찾아지거나 획득되는 자리가 아니라는 말이다. 그런 의미에서 람세스가 한 "나는 확신한다"라는 발언은 신이 오는 길을 가로막는 바리케이드와 같다. 신을 만나는 자리는 혹은 신이 오는 자리는 "여기가 어딘지 모르겠습니다"라는 실존적인 고민을 안고 몸부림치는 여린 영혼이 자리한 그곳이고, 고통스러운 현실이지만 그럼에도 고단한 현실의 원칙을 포기하지 않은 채 묵묵히 살아가는 민초들이 서 있는 자리여야 하지 않을까? 바로 그곳이 신과 인간이 만나는 장소이고, 신은 바로 그곳에 도래한다.

할리우드의 엑소더스 변천사

6장

당신의 이름은 무엇입니까?

「십계명」 중 제2계명을 향한 발칙한 생각

「십계명」에 대한 새로운 깨달음

유년 주일학교 시절 교회 행사가 있을 때면 「주기도문」과 「사도신경」, 「십계명」을 아이들에게 암송하게 했다. 제1성경(구약성경)의 「출애굽기」에 나와 있는 「십계명」을, 아니 더 정확히 말하면 찬송가 맨 뒷장에 나와 있는 「십계명」을 무슨 생각과 신앙으로 암송했는지는 모르겠으나, 그 덕에 나는 지금까지 「십계명」을 외우고 있다.

개신교도인 나는 어려서부터 「십계명」 가운데 제1계명부터 제4계명까지는 신과 인간 사이의 관계를, 제5계명부터 제10계명까지는 인간과 인간 사이의 관계를 규정한다고 배웠다. 그런데 이번에 글을 쓰면서 새롭게 안 사실이 있다. 가톨릭 「십계명」은 제3계명까지만 신과 인간이 관계된 조항이라는 것이다. 개신교의 제2계명은 "신의 형상을 만들지 말라"인데, 가톨릭에서는 "하느님의 이름을 망령되이 부르지 마라"이다. 가톨릭의 「십계명」은 인간과 인간 사이의 관계 규정에서 개신교와 다르게 "탐내지 말라"라는 조항을 구체적으로 '이웃의

182   2부. 신 없는 신학

재물'과 '이웃의 아내'로 구분하여 배치하고 있다. 이 글에서 말하는 제2계명은 가톨릭 「십계명」의 것이다.

왜 가톨릭과 개신교의 「십계명」이 다른 것일까? 갑자기 이런 물음이 생겨 「십계명」이 언급되는 제1성경의 구절들을 다시 살펴보았다. 「십계명」은 「출애굽기」 20장과 「신명기」 5장에서 언급되고 있는데, 찬송가 맨 뒤에 나와 있는 「십계명」과는 다르게 성경에는 "제1은 무엇이고……", "제2는 무엇이고……" 이런 식으로 정렬되어 있지 않다는 것을 깨달았다. 별다른 형식 없이 계명들이 나열되고 있었고, 경우에 따라 11개일 수도 있고, 보기에 따라 12개일 수도 있겠다는 생각이 들었다. 결론적으로 제1성경에 기록된 「십계명」 관련 기사를 읽으며 「십계명」이 신과 인간 사이의 관계, 인간과 인간 사이의 관계로 크게 범주화되어 있는 것은 맞지만, 더 깊숙이 들어가면 의외로 그 안에서의 경계나 얼개는 느슨하다는 것을 알 수 있었다.

신의 이름을 둘러싼 미스테리

제1성경에 등장하는 하느님의 이름은 다양하다. 주로 야훼YHWH와 엘로힘Elohim이 많이 사용되는데, 야훼가 6700번 정도, 엘로힘이 2500번 정도 등장한다고 한다. 신의 이름을 직접 부르는 것을 두려워하여 엘El 앞에 수식어를 붙여, 엘 엘리온(창조주 하느님), 엘 올람(영원하신 하느님), 엘 로이(나를 돌보시는 하느님), 엘 샤다이(전능하신 하느님) 등으로 부르기도 했다. 많은 학자들은 가나안과 이집트와 시나이 지역의 유랑자들이 가나안 중부 고지대에 섞여 살면서 가나안의 토착

신인 엘과 비非가나안적 신인 야훼, 이 두 신이 뒤섞여 성경 속에 담긴 신앙이 형성되었다고 본다.

그중에서도 「출애굽기」 3장은 하느님 스스로가 당신을 지칭한다는 점에서 오래전부터 신명神名에 대한 궁금증을 갖고 있던 사람들에게 여러 가지 상상력을 제공해왔다. 이 대목은 야훼가 모세를 만나는 유명한 장면이다. 엎드려 당신의 이름을 묻는 모세에게 야훼는 "에흐예 아쉘 에흐예"라 대답한다(「출애굽기」 3:14). 『새번역 성경』은 이 구문을 "나는 곧 나다"라고 해석했고, 각주에 다음과 같은 해설을 달았다. "70인역에는 '나는 스스로 있는 자다', 히브리어 성서에는 '나는 되고자 하는 대로 될 나일 것이다.'"

종합하면, 비교적 가장 정확한 한국어 번역본에 속하는 『새번역 성경』에는 모세가 하느님의 이름이 무엇이냐고 물었을 때, 신이 한 답변 "에흐예 아쉘 에흐예"에 대한 해석이 세 가지가 있다는 것이다. "나는 곧 나다." "나는 스스로 있는 자다."* "나는 되고자 하는 대로 될 나일 것이다." 각각의 부분에 대한 고대어를 분석할 능력이 내게는 없지만, 각각을 영어식으로 표현하자면, 다음과 같지 않을까 싶다. "나는 곧 나다"는 단순하게 "I am who I am"으로, "나는 스스로 있는 자다"는 사역의 의미를 살려 "I am who I cause to be"로, "나는 되고자 하는 대로 될 나일 것이다"는 미래의 의미가 있는 것으로 보아 "I will be what I will be"로 번역할 수 있을 것 같다. 나에게는 마지막 것이

---

* "에흐예 아쉘 에흐예"를 "나는 스스로 있는 자"로 번역하게 되면 신을 존재 자체로 이해하게 된다. 이는 히브리어 성서가 70인역 성서로 그리스어로 번역되는 과정에서 그리스적 색채가 강하게 들어온 것으로 볼 수 있는데, 「출애굽기」에 나오는 히브리적 신에 대한 이해와는 많은 차이가 있다.

2부. 신 없는 신학

가장 마음에 와 닿는다. 왜냐하면 이것이 아래에 나올 해체주의적 독법과 통하기 때문이다.

신의 이름을 부른다는 것

당신의 이름을 묻는 모세에게 신은 "에흐예 아쉘 에흐예"라는 모호한 답을 한다. 무슨 의미일까? 선악과를 따 먹은 아담과 하와를 에덴동산에서 추방했던 신이, 바벨탑을 통해 신에 닿으려 했던 인간들을 헤쳐 모이게 했던 그 신이 다시 한번 "당신의 이름을 알려주세요" 하고 당돌하게 요구하는 인간에게 "에흐예 아쉘 에흐예"라고 응답한 것이다. 그 답변이 혹시 "너희는 절대 나를 알 수 없어. 나도 모르는 그것을 왜 알려고 하니? 그러니 알려고 하지 마. 그러다 다친다!"라는 경고의 메시지 아닐까. 자신의 지식과 경험으로 신을 규정하고, 그런 신의 이름으로 무엇인가를 획책하려는 인간의 오만함을 경고하는 신의 음성이 "에흐예 아쉘 에흐예" 속에 숨겨진 비밀이라고 한다면 너무 불경한가.

「출애굽기」 3장에 나타난 성명姓名 신학에 대한 이러한 상상은 가톨릭 「십계명」 중 제2계명인 "하느님의 이름을 망령되이 부르지 마라"라는 대목을 둘러싼 해석과 자연스럽게 연결된다. 우선 제2계명이 우리에게 요구하는 바를 큰 틀에서 바라보는 것이 중요하다. 영어 성경에서 '망령되이'는 'wrongful', 'misuse' 등으로 적혀 있다. 이를 토대로 "하느님의 이름을 망령되이 부르지 마라"를 다시 한번 바라보면 새로운 사실을 발견할 수 있다. 제2계명에서 금지하고 있는 것은 신의 이름을 말하는 것 자체가 아니라, 그것의 잘못된 사용, 즉 하느님의 이름이 오용되는 사례에 대한 경고이다.

하느님의 이름을 오용한다는 말은 이런 것이다. 신의 이름으로 전쟁을 정당화한다면, 신의 이름으로 테러를 정당화한다면, 신의 이름으로 폭력과 권위를 정당화한다면, 신의 이름으로 자신의 입장을 정당화한다면, 신의 이름으로 자기들이 생각하는 평화와 정의를 정당화한다면 이것이야말로 바로 신의 이름을 오용하는 것이고 하느님의 이름을 망령되게 부르는 것이다. 결국 "하느님의 이름을 망령되이 부르지 마라"라는 구절에 담긴 메시지는 인간의 의지대로 신을 조종하려는 음모에 대한 준엄한 경고인 셈이다.

유령과 차연 그리고 신

나는 제2계명에 대한 데리다식 관점이 진리에 대한 새로운 영감을 우리에게 제공할 수도 있으리라 생각한다. 특히 데리다 후기 철학을 대표하는 유령론 hauntology은 제2계명에 대한 새로운 독법을 상상하게 한다. "하느님의 이름을 망령되이 부르지 마라"라는 계명을 교리적·교조적 음성으로 듣는 것이 아니라, "하느님의 이름을 너희가 찾을 수 있어? 그것이 가능이라도 한 것일까?"라는 의심의 해석학 또는 틈과 균열의 존재론으로 신을 바라볼 수도 있겠다라는 묘한 충동으로 말이다.

데리다는 원래 고전에 능통한 문헌학자로서 플라톤을 비롯한 서양 고전에 대한 독해 과정에서 해체주의라는 그만의 독특한 독법을

2부. 신 없는 신학

만들었다. 그것은 로고스중심주의에 입각한 서구 형이상학에 경종을 울리고, 완고했던 사유에 틈과 균열을 내는 역할을 했다. 데리다는 철학사에서도 대표적인 이단아였다. 철학은 혼돈과는 거리가 먼 학문이다. 혼돈과 모호함은 철학의 영역이 아니라 문학의 영역이다. 이런 이유로 소크라테스 이래로 시詩는 철학에서 사라져야 했다. 하지만 데리다는 "시적인 모호함이 더 기원적인 것 아닐까?"라고 반문한다. 우리의 완고한 체계에 틈과 균열을 조장하고, 그러면서 우리를 새로운 사유와 상상의 세계로 초대한다.

데리다가 『마르크스의 유령들』(1993)을 출판할 무렵은 사회주의 퇴조 이후 자본에 의한 전 지구적 재편이 막 왕성하게 진행되던 때였다. 이미 게임이 끝났는데 왜 데리다는 죽은 마르크스의 유령을 소환하는 것일까. 유령은 살아 있지만 죽은 것이고, 죽었지만 살아 있다. 데리다가 호명하는 마르크스는 실제 인물로서의 마르크스가 아니라 유령으로서의 마르크스다. 마르크스가 유령이 되어 다시 돌아온다는 것이다. 그것도 지금 신자유주의가 완벽하게 뿌리내린 이곳으로 말이다.

마르크스와 엥겔스가 『공산당 선언』에서 말한 '공산주의라는 유령'은 과거가 아니라 미래로부터 도래한다. 실체는 없지만 그렇다고 무시할 수 없는 그 무엇이 유럽의 부르주아들을 잠 못 들게 했던 것이다. 데리다는 자본주의가 부상할 무렵 제기된 '마르크스의 유령론'에서 모티프를 얻어 신자유주의가 탄력을 받는 시점에서 마르크스의 유령을 다시 환기하면서 21세기형 유령론을 이야기했다.

전통적으로 존재론은 고대 그리스 철학자 파르메니데스 이래로 "세상에는 왜 아무것도 없지 않고 무엇인가 있는가?"에 대한 물음의

당신의 이름은 무엇입니까?

격전장이었다. 존재론적 물음을 거슬러 올라가다 보면 최종 단계에서 형이상학적 의혹과 맞닿게 된다. 형이상학metaphysics은 말 그대로 물리적인 것 너머에 있는, 즉 물리적 법칙 너머에 존재하는 대상을 다루는 학문 아닌가. 말이나 의미로 완벽히 설명할 수 없는 것이 존재한다는 것을 논하는 학문이 형이상학 아닌가 말이다. 이 대목에서 존재론과 유령론은 만난다. 유령론은 부재하면서 존재하는 것을 다루기 때문이다.

그렇다면 부재하면서 존재한다는 말이 무슨 뜻일까. 말과 의미로 온전히 담아낼 수 없는 무엇인가가 있다는 것이다. 어떤 대상을 말로 표현했을 때 그것의 의미가 '말해진 것'the said에 전부 담기지 않고, 그중 일부가 미끄러져 저 앞으로 빠져나가는 것이 있다는 것이다. 그것은 사랑이라고 부르는 순간, 말해진 사랑 안에 갇히지 않는 사랑의 잉여일 수 있고, 우리가 추구하던 욕망을 성취했음에도 불구하고 여전히 남아 있는 2퍼센트 부족한 무엇일 수도 있다. 그중에서도 가장 대표적인 것이 바로 신이다.

데리다의 '차연'은 텍스트에 적용했을 때는 말과 의미의 간극을 설명하는 이론이겠지만, 그것을 신학에 적용하면 신이 온전한 형태로는 묘사가 불가능하다는 것을 증명하는 이론이 된다. 이런 전술을 통해 데리다가 의도하는 것은 차연으로서의 신, 틈으로 존재하는 신을 부르는 순간, 정상적이고 안정적인 세계 속에 잠재해 있던 불안정한 모습과 비정상적인 국면을 드러내는 일이다. 과거부터 쭉 있어왔지만 호명되지 않았던 것들이 집단적으로 다시 되살아날 것이라 말하고, 앞으로 도래할 그것이 과거에서 되살아난 그것과 하나로 합쳐져 큰일이 벌어질 것이라는 유언비어를 유포하면서 체제를 긴장시키는 것!

2부. 신 없는 신학

이 공포가 안정적인 현재에 틈을 내고, 순수한 현재를 오염시킨다.

안정적이고 순수한 현재란 일종의 메타포다. 그것은 2000년 전의 로마제국일 수 있고, 신적 원리가 삶의 원리 자체였던 중세일 수도 있고, 전체성의 논리로 세상을 지배하려 했던 지난 세기의 어느 한 시절일 수 있고, 지금의 신자유주의 체제일 수 있다. 그 공간에 신을 위치시킨다는 것은 완벽한 체계에 틈을 내고 불순물을 심어주어 다시는 세계가 어떤 굳어진 체계에 갇히지 않도록 하는 것이다. 이것이 바로 데리다의 차연이 노리는 바이고, 데리다의 유령론에 내포된 정치신학이다.

그러니 신의 이름을 망령되이 부르지 마라

결론적으로 제2계명은 "신의 이름을 망령되이 부르지 마라"라고 명하지만, 그 속에 담긴 비밀은 '신의 이름을 부르지 마라'라는 금지가 아니라, '차연으로 존재하는 신'에 대한 긍정이다. 차연으로 존재하는 신의 이름을 부름으로 인해 벌어지는 해체적 사건에 대한 기대와 파급력은 유토피아적 전망으로 우리를 인도할 것이다. 그것은 또한 스스로 안정적인 체제 위에 서 있다고 자부하는 사람들에게 유령과도 같은 역할을 할 것이다.

그러므로 "신의 이름을 망령되이 부르지 마라"라는 명령은 신에 대한 경외를 암시하는 것도 아니고, 신의 전지전능함에 대한 고백과 성찰에서 기인한 말도 아니다. 오히려 신은 텅 빈 기표다. 신은 충만과 충족의 신이라기보다는 결핍과 잉여로서의 신이다. 텅 비어 있는 신 자체를 세계에 집어넣음으로써, 구멍 자체인 신을 기입함으로써 세계는, 그리고 상징적 질서인 세계에 익숙해 있는 우리는 혼란에 빠진다. 이것이 신의 이름을 함부로 불러서는 안 되는 이유다.

혹, 그대가 신의 이름을 불렀다면 당신은 각오해야 한다. 신의 이름을 부른 당신으로 인해 세상의 변화가 시작될 테니 말이다. 당신의 입을 통해 번져나가는 하느님의 이름이 비정상적인 세상에서 정상을 위해 투쟁하는 사람들을 불러모을 것이고, 그렇게 모인 사람들의 입에서 흘러나온 신의 이름이 세상에 틈을 내고 균열을 일으켜 세상을 변혁의 소용돌이로 몰아가게 할 것이다. 그러니 "하느님의 이름을 망령되이 부르지 마라."

7장

메시아는 가라
전통적 메시아주의에 대한 전복적 해석

메시아는 언제 도래하는가

〈딥임팩트〉(1998)는 지구와 혜성이 충돌하게 되는 상황을 다룬 영화다. 혜성이 지구로 점점 다가오자 우주선 메시아호가 혜성 폭파의 임무를 띠고 지구를 떠난다. 여기서 주목해야 할 것은 그 우주선의 이름이 '메시아'라는 사실이다. 인류 구원의 대망을 품고 출격하는 우주선의 이름을 메시아라 한 것은 서구 기독교 문화에 익숙한 사람들의 눈에는 그리 어색하지 않은 그림이다. 사람들은 우주로부터 중계되는 메시아호의 활약상을 손에 땀을 쥔 채 지켜본다. 그런데 이 대목에서 문제가 발생한다. 20초의 간극이다. 지구와 혜성 사이의 거리로 인해 메시아호의 활약이 스크린에서는 20초 후에 나타난다는 사실이다. 그 20초 사이에 메시아호에서 무슨 일이 일어났는지 우리는 알지 못한다.

우리가 흔히 별에 대한 이야기를 할 때, 우리 눈에 보이는 저 별이 지금은 있는지 없는지 아무도 모른다고 하지 않는가. 실제로 하늘의 중심에서 빛나는 북극성은 지구에서 430광년 떨어져 있다. 즉 지금 우리가 보고 있는 북극성은 430년 전의 북극성이다. 이런 이야기를 밤하늘의 별을 보며 했던 기억이 한 번쯤은 있을 것이다. 어쩌면 우리가 확실하게 말할 수 있는 것은 과거밖에 없지 않나 하는 생각이다. 시간이란 과거로부터 와서 현재를 지나 미래를 향해 달려간다지만, 이런 시간의 연쇄와 흐름 혹은 그 시간이 지니는 의미가 내게로 다가오는 방식은 항상 과거로부터 사후적으로 구성된다.

과거의 사건이 불현듯 출몰하여 현실을 뒤엉키게 하고, 과거의 기억이 갑자기 등장하여 현재의 진실을 역전시키는 경우를 우리는 왕왕 목격한다. 어쩌면 인간이 확실하게 발언할 수 있는 것은 과거가 아닐까 싶다. 현재는 그것을 느낄 겨를도 없이 혹 지나가버리고, 미래는 아직 오지 않은 텅 빈 공간이기 때문이다. 그러므로 역사란 불분명한 미래가 현재를 견인하는 것이 아니다. 오히려 역사란 각자에게 다양한 의미로 기억되는 과거가 각각의 현재와 미래를 지배하고 있는 것은 아닐까.

영화 〈딥임팩트〉에서 지구를 구하러 간 우주선의 이름이 메시아호라는 것은 의미심장하다. 하지만 영화가 말하고자 하는 더 중요한 사실은 그 메시아가 도래하는 방식이다. 메시아의 메시지는 미래로부터 오지 않고 20초 뒤에서 온다. 미래로부터 도래하는 메시아가 아니라, 과거로부터 도래하는 메시아를 나는 이 영화를 보면서 상상한다.

2부. 신 없는 신학

메시아를 둘러싼 농담, 거짓말 그리고 진실

기독교 전통에서 메시아주의는 미래의 어느 막연한 시점에서 현실의 절망적 공간 안으로 귀환하는 한 슈퍼스타를 기다리는 열망이었다. 메시아적 대망은 현실의 고통과 환난을 견디게 해주는 종교적 위안이자, 미래를 대망하는 종교적 비전의 역할을 수행해왔다. 그(녀)의 재림으로 인해 체제의 압제로부터 비롯되는 이 땅에서의 고통과 억울함, 분노와 절망은 일거에 사라질 것이다. 그러니 "이 땅의 민중들이여, 조금만 더 참고 견디라! 이제 곧 그분이 오신다!" 이것이 메시아주의를 바라보는 범박한 정의이자 주술이라고 한다면 불손한 발언일까?

하지만 유감스럽게도 역사에서 전개되었던 메시아주의의 현실은 배제와 차별, 적대와 응징의 메커니즘을 양산하면서 비극적 메시아 현상학으로 나타났다. 현실의 역사 가운데 전개되었던 메시아적 열망과 환상은 그것 이외의 것들을 끊임없이 타자화하는 배제의 메커니즘을 낳고 폭력을 정당화했다. 멀게는 중세 십자군전쟁과 근세에 벌어졌던 서구 열강들의 제3세계 침탈 과정에서부터 미국의 '테러와의 전쟁'까지, 시대와 이유를 떠나서 그 이면에는 서구 열강의 음모를 메시아적 환상으로 등치하고, 그것들 이외의 것은 악으로 규정하는 배제의 메커니즘이 깔려 있다. 이러한 메시아주의에 깃든 광신성을 감지했던 데리다는 '메시아주의 없는 메시아적인 것'the messianic without messianism이라는 다소 과한 표현을 동원하면서 전통적 메시아주의를 향한 적대를 선언한 바 있다.

민중신학에서 말하는 민중 메시아는 서구 메시아주의의 지형에서 보면 그 위상이 꽤나 독특하다. 역사적 예수가 성취했던 유일회적 唯一回的 그리스도 사건을 예수라는 어느 한 슈퍼스타의 개인 무용담으로 가두지 않고, 예수와 더불어 함께한 민중(오클로스)까지를 포함한 사건으로 취급했다는 점, 그리고 그것이 당대의 화석화된 메시아사건으로 끝나는 것이 아니라 오늘날까지 민중의 함성과 저항을 통해 이어지는 살아 있는 메시아 사건으로 해석하려고 한다는 점에서 그렇다.

이런 이유로 민중신학의 메시아주의는 주체의 역동과 시대적 사명이 강조되었던 시기에 진보 기독교 진영은 물론, 인문·사회과학계에 몸담고 있던 많은 양심적 지식인들에게 당대를 해석하는 중요한 해석학적 창구 역할을 담당했다. 하지만 포스트모던 광풍이 몰아친 이후 주체의 죽음이 선언되고, 시대의 요구와 당대의 원칙이 대의와 명분에서 실리와 자본으로 바뀌는 신자유주의가 등장하면서, 민중신학을 포함한 대부분의 진보이론들은 변두리로 밀려나기 시작했다.

1990년 현실사회주의의 실패 이후 지금까지 자본의 무한질주는 거침이 없었다. 하지만 그것은 2001년 9·11테러를 통해서, 2008년 미국을 강타한 서브프라임 모기지 사태를 거치면서 문제점들을 하나씩 드러내기 시작한다. 신자유주의가 안고 있는 모순들, 즉 체제는 숨기려 하지만 감출 수 없는 틈과 균열이 더 이상 은폐가 안 되고 드러나기 시작한 것이다. 이는 그동안 움츠려 있었던 진보진영으로 하여금 변혁에 대한 꿈을 다시 한번 꾸게 하고 시도하게 하는 요인이 되고 있다.

그런데 이 대목에서 우리가 주목해야 할 점이 있다. 마르크스의 세례를 받은 세계의 진보적 좌파 지식인들 사이에서 벌어지는 신학

논쟁이 근래에 뜨거운 이슈로 떠오르고 있다는 것이다. 우리로 따지면 빨갱이들이 기독교로부터 변혁을 위한 상상을 끌어오고 있는 셈이다. 특이한 것은 그들의 논의 주제가 메시아라는 점이다. 왜, 무엇 때문에 다시 메시아는 소환되는가? 이 글은 전 시대와는 다른 양상으로 전개되는 현대 좌파 사상가들의 메시아 논의 중 특히 데리다의 메시아론에 주목한다. 그것이 어떻게 우리의 신학적 상상력과 조우할 수 있을지 추적해보기로 하자.

유대교 메시아 vs. 기독교 메시아

본격적인 논의에 앞서 유대교 메시아주의와 기독교 메시아주의 사이의 차이점을 언급할 필요가 있다. 이는 이후 전개되는 자크 데리다의 메시아론을 이해하는 데 필요하기도 하지만, 기독교 메시아주의에 익숙한 우리에게 메시아에 대한 이해의 폭을 넓힌다는 점에서도 유의미한 작업이다.

　　슬라보예 지젝은 "유대교가 불안의 종교라면, 기독교는 사랑의 종교"*라고 정의한다. 정신분석학적인 차원에서 환상 개념을 설명하면서 마지막에 지젝이 던진 말이다. 환상이 작동되는 지점은 상징계의 균열과 틈이 드러나 실재가 출몰할 때다. 지젝은 "환상은 적대적인 분열을 은폐하는 방식"이라 말한다.** 환상은 상상계에서 오이디푸

＊　　슬라보예 지젝, 『이데올로기라는 숭고한 대상』, 203쪽.
＊＊　위의 책, 221쪽.

스 단계를 거치면서 상징계로 진입한 주체가 느끼는 결핍으로부터 기인한다. 언어화 과정을 통과하면서 상징계로 진입한 주체는 상상계 단계에서 지녔던 100퍼센트 쾌락을 희생하고 포기하면서 상징계의 법과 제도와 규칙 안으로 자신을 세공한 맞춤형 주체다. 그런데 그(녀) 안에는 사회적 억압과 관습으로 인해 분출되지 못하고 억제되어 있는 무언가가 존재한다. 그것이 실재the Real이고, 그것은 호시탐탐 상징계의 균열과 틈을 통해 지상으로의 귀환을 꿈꾼다. 여기가 바로 환상이 작동하는 지점인데 환상은 실재의 출현을 막고자 상징계의 모순을 메우는 역할을 한다. "환상은 타자의 욕망의 구멍, 그 공백을 메우는 상상적인 시나리오로서 기능한다."*

지젝은 이런 환상 개념을 사용하여 유대교와 기독교를 비교한다. "유대교가 메시아를 기다리고 있는 데 반해, 기본적인 기독교의 자세는 기다리던 메시아가 이미 강림했다, 즉 우리는 이미 구원을 받았다라는 자세다."** 유대교는 「십계명」에서 "하느님의 이름을 망령되이 부르지 마라"라고 가르친다. 떠돌아다니던 유대 백성을 야훼가 선택하고 지명했다. 왜, 무엇 때문에 야훼는 우리를 선택했는가. 유대 사람들은 그 답을 모른다. 하느님의 이름을 함부로 부르지 못하게 만든 법령은 신을 둘러싼 유예된 답변이다. 그런 의미에서 유대교는 문제가 완전히 해결되지 않은 결핍과 미완의 종교, 그래서 불안의 종교가 되는 것이다.

반면 기독교는 사랑의 종교다. 기독교는 하느님이 우리를 사랑하

---

* 위의 책, 201쪽.
** 슬라보예 지젝, 『죽은 신을 위하여: 기독교 비판 및 유물론과 신학의 문제』, 219쪽.

2부. 신 없는 신학

여 독생자를 세상으로 보내어 아들인 예수 그리스도의 보혈寶血의 능력으로 우리가 구원을 받았음을 확신하는 종교다. 유대교가 상징계의 틈과 분열을 드러낸다면, 기독교는 상징계의 틈을 '예수 그리스도는 사랑이다'라는 환상을 작동하면서 메운다. "(기독교의) 주체는 타자의 결여를 메우는 대상으로서 자신을 제공함으로써 자기 자신의 결여를 메운다. 사랑의 현혹은 이 두 결여를 중첩시키면 상호 보완에 의해 결여를 제거할 수 있다고 믿는 데 있다."* 이런 환상의 공식을 통해 기독교는 분열되고 모순으로 가득 찬 세계를 봉합한다.

지젝의 말대로라면 기독교 메시아주의에는 역사적 종말과 인간의 믿음 사이에 일정한 함수관계가 있지만, 유대교 메시아주의에는 기독교의 그것과는 다르게 세상의 법칙과 하늘의 법칙, 세속적 질서와 신적 질서 사이에 아무런 인과관계가 없는 셈이다. 메시아의 도래와 더불어 이루어질 역사적인 것의 종말과 완성, 구원, 나아가 하느님 나라는 진보적 취지와 기획 아래 분투하는 인간의 몸부림, 기도, 소망과는 아무런 관계가 없다.

이렇듯 유대교 메시아주의는 현실에서의 구원을 향한 인간의 가능성을 차단함으로써 구원을 전적 초월, 전적 타자, 전적 무한의 지점에 위치시켰다. 신이 어느 시점에 어떤 방식으로 우리에게 개입할지 우리는 전혀 알지 못한다. 구원이란 역사의 발전 과정에서 나타나는 변증법적 원리도 아니고, 인간 주체의 변혁 의지와 노력과도 하등 관련이 없다는 말이다. 초월적 질서의 도래가 현실의 세계와 철저하게 분리되어 있다는 점에서 유대교 메시아주의는 기독교 메시아주의와

---

* 슬라보예 지젝, 『이데올로기라는 숭고한 대상』, 203쪽.

메시아는 가라

근본적으로 그 성격을 달리한다. 지금부터 살펴볼 해체주의 사상가로 널리 알려진 자크 데리다의 메시아론에는 이런 유대교적 배경이 깔려 있다.

'메시아적인 것'의 정치학 혹은 윤리학

인종적·종교적·문화적 다양성과 다름을 인정하고, 나와 입장과 생각이 다른 타자의 권리를 옹호하며, 신자유주의 시스템 속에서 억압된 욕망을 건강하게 승화시키는 일은 우리 시대의 중요한 과제다. 특히 상대방과 나의 차이와 다양성을 인정하고, 그 간격을 유지한 채 서로의 다름을 넉넉히 바라볼 줄 아는 미덕, 이것이야말로 바로 이 광명한 글로벌하고도 포스트모던한 사회를 살아가는 명법이라 우리는 귀에 못이 박히도록 들어왔다.

하지만 이러한 포스트모더니즘의 화법은 신자유주의로 요약되는 현대 사회의 정치적·경제적 현실을 왜곡하고 희석한다는 점에서 포스트모더니즘을 곱지 않은 시선으로 바라보는 식자들에 의해 의심의 대상이 되어왔다. 특히 마르크스주의 계열의 학자들로부터 이런 비판이 드세었다. 그중에서도 지젝은 포스트모더니즘이 말하는 수평적 다양성이 혁명에 이르는 수직적 적대를 은폐하는 장애물이라 지적했다. 한마디로 사이비 저항을 멈추라는 것이다. 데리다는 자신의 의지와 상관없이 포스트모더니즘의 대표적인 학자로 지목되었고, 그리하여 포스트모더니즘에 대해 의구심을 갖는 사람들로부터 집중포화의 대상이 되었다.

2부. 신 없는 신학

하지만 데리다에 대한 세인들의 평가에는 다소 곡해가 있다. 데리다가 말하는 '차연'은 우리의 짐작과 달리 '차이' 자체에는 관심이 없다. 명사화된 차이가 중요한 것이 아니라, 차이가 계속 발생하는 상황과 차이가 발생하면서 일어나는 사건과 사태에 관심을 가진다. 이것이 데리다의 차연이 지니는 특징이라 할 수 있는데, 이 부분에 대한 간과가 오해를 불러일으켰던 셈이다. 결국 차연은 차이를 계속 발생시키면서 도래하는 사건에 대한 기대와 희망이고, 그것은 불확정성, 비대칭성, 비등가성을 특징으로 하는 유령의 정치학으로 작동한다. 데리다의 '메시아주의 없는 메시아적인 것'이라는 말은 차연을 실천철학화하는 과정에서 생겨난 신조어로, 그의 후기 사상을 대표하는 키워드 중 하나다.*

우리가 흔히 메시아주의messianism라고 할 때 그것은 현실세계와의 혁명적 결렬 또는 극적 파국을 겪은 후에 도래하는 상태 또는 상황을 전제로 하는 것이었다. 그런데 데리다가 말하는 '메시아적인 것'the messianic은 기존의 '메시아주의를 배제한다'without messianism라는 점에서 이채롭다. 우선 데리다의 '메시아적인 것'은 시간관부터가 종전 메시아주의와 다르다. 데리다는 『햄릿』에 나오는 대사를 인용하면서, 메시아적 사건으로 인해 현재의 질서와 "시간이 탈구될 것"The time is out of joint이라고 예언했다. 데리다의 이 말은 많은 논란을 일으켰다. 변증법적 시간관과 더 나아가 변증법적 논리에 입각한 역사 발전의 원리를 부정하는 입장을 취하는 것이기 때문이다.

* "우리는 메시아주의보다는 메시아적인 것을 언급하는 것을 더 선호한다. 종교보다는 경험의 구조를 지시하기 위해서이다." Jacques Derrida, *Specters of Marx*, translated by Peggy Kamuf(New York: Routledge, 1994), 210~211쪽.

메시아는 가라

본래 변증법적 시간관은 과거(가령, 창조)로부터 시작하여 현재를 거쳐 미래(가령, 새 하늘 새 땅)를 향해 중단 없이 이어지는 시간관이다. 기본적으로 진보적이고 긍정적인 역사관이고, 오늘보다는 내일이 나아지리라는 기대 속에서 미래를 향해 달려나가는 낙관적 세계관이다. 그런데 데리다는 "시간이 탈구될 것"이라고 하면서 기존의 변증법적 시간관에 대해서, 더 나아가 미래에서 기인하는 메시아의 도래에 대해 회의적인 시선을 보내고 있다. 그렇다면 왜 데리다는 '메시아적인 것'을 언급하면서 『햄릿』의 대사("The time is out of joint")를 인용했던 것일까.

　　전통적인 메시아주의가 기실 헤겔적인 변증법의 포로에 불과하다면, 데리다에게 '메시아적인 것'이란 변증법을 넘어서는 진공의 상태 혹은 그 가장자리에서 변증법을 조롱하면서 예측 불가능성 속으로 사라지는 것이다. 그것은 역사의 계기에서 흩뿌려지면서(산종 散種), 메시아적 계기를 불어넣고, 다시 체계에 갇히지 않고 사라지는 역사의 새로움을 겨냥한다. 데리다가 '메시아적인 것'을 언급하면서 '시간의 탈구'를 끌어들이는 이유가 바로 여기에 있다. '메시아적인 것'이란 메시아주의로 대표되는 신학적 도그마와 교리적 환상에서 벗어나는 것이고, 그것은 또한 피안의 세계에 대한 맹목적 황홀경으로부터도 탈구한다. '메시아적인 것'이란 나를 한곳에 머물지 않게 하고, 나를 체제에 순응하지 않게 한다는 점에서 '메시아적인 것'이고, 기존의 체제와 시스템, 교리와 도그마에 종속되지 않는다는 점에서 메시아적이다.

　　회상해보라. 메시아주의로 상징되는 존재론적 확신이 역사의 진행 과정에서 얼마나 많은 사람들을 광기로 몰아넣었던가. 이런 이유

　　　　　　　　　　　　　2부. 신 없는 신학

로 데리다는 '메시아적인 것'을 그 누구도 정착할 수 없는 탈영토화된 공간으로 조성하고자 했던 것은 아닐까. 만약 그렇다면 거기에는 다음과 같은 정치적·윤리적 노림수가 깔려 있다고 봐야 옳다. 텅 빈 기표로서 '메시아적인 것'이 현재의 지배적인 시스템에서 틈과 균열의 역할을 담당할 수 있으리라는 믿음 말이다. 그 틈과 균열을 통해 도래하는 사건이 현재를 지배하는 절망에 반하는 희망으로 우리를 인도할 것이다. 이 대목에서 '메시아적인 것'은 위험한 정치적·윤리적 상상으로 전환되어 우리에게 다가온다. 그것이 데리다의 '메시아적인 것'이 지니는 윤리적 전환이고 정치적 전략이다. 바로 그 지점에서부터 우리의 혁명은 다시 사유되고 요청된다.

메시아는 가라

8장

무신론자의 믿음
21세기 비종교사회에서 다시 종교를 묻다

이유 있는 신학의 귀환

다시 신학이 화두다. 연이어 출판되는 신학 관련 서적들이 인문 독자들의 관심을 끌고 있는 것을 보면 말이다. 슬라보예 지젝, 알랭 바디우, 조르조 아감벤, 테리 이글턴, 야콥 타우베스, 자크 데리다 등이 죽어버린 신학을 다시 수면 위로 끌어올려 21세기 인문학 담론의 키워드로 화려하게 부활시켰다.* 그런데 그들은 공교롭게도 모두 마르크스주의자다. 유물론자들에 의해 관념론의 최종 포식자라 할 수 있는 신학이 새롭게 조명받는 기이한 현상이 21세기에 벌어지고 있는 것이다. 무엇이 유물론자인 그들로 하여금 신학에 심취하게 만들었을까.

---

* 다음 책을 참조하라. 슬라보예 지젝, 『무너지기 쉬운 절대성』, 『믿음에 대하여』, 『죽은 신을 위하여』, 『시차적 관점』, 『예수는 괴물이다』; 알랭 바디우, 『사도 바울』; 조르조 아감벤, 『왕국과 영광』, 『남겨진 시간』; 테리 이글턴, 『신의 죽음 그리고 문화』, 『신을 옹호하다』; 야콥 타우베스, 『바울의 정치신학』; 자크 데리다, 『마르크스의 유령들』, 『신앙과 지식』.

무엇보다 20세기 말에 몰아닥친 신자유주의의 여파로 형성된 전 지구적 자본의 생태계가 인민들을 벼랑으로 내몰고 있다는 위기감이 마르크스주의자들로 하여금 새로운 혁명을 상상해야 한다는 강박으로 작용했다. 1990년대에 사회주의의 몰락을 지켜보면서도 마르크스주의자들은 속수무책이었고, 그 후로도 한동안 별다른 대책을 강구하지 못했다. 어느 정도 시간이 흐른 지금 신자유주의의 균열이 감지되고 있다고는 하나, 이미 세계의 시민들은 자본의 법칙을 내재화한 제국의 신민일 뿐이다.

자본의 위대한 승리가 선언되고 자본에 의한 전 지구적 재편이 역사의 종말이란 이름으로 공표되자 마르크스주의자들은 특유의 반골기질을 드러내기 시작했다. 그러면서 하나씩 신자유주의를 극복할 대안 담론들을 내놓기 시작한다. 그런데 특이한 점이 있다면 유물론자들임에도 불구하고 그들의 대안이 성서 속 인물 혹은 신학적 아이디어로부터 나온다는 것이다. 특히 마르크스주의자들이 공히 주목하는 사람은 바울이다. 바울이 누구인가. 기독교의 세계화에 기여한 인물 아닌가. 로마제국의 변두리 팔레스타인 땅에서 벌어졌던 유대교 갱신운동에 불과했던 예수운동이 기독교라는 세계종교로 발전할 수 있었던 것은 절대적으로 바울의 공이 컸다.

바울이 전한 예수의 메시지가 로마제국으로 침투하면서 제국의 보편성에 틈과 균열이 발생하기 시작했다. 기독교의 포교가 로마제국 멸망의 결정적인 요인은 아니었겠으나 분명 기독교는 제국의 질서를 교란하는 역할을 담당했다. 그것이 무엇이었나? 바로 그 지점이 21세기 마르크스주의자들이 바울에 대해, 그리고 기독교에 대해 집중하는 이유다. 그들이 기독교에 기대하는 바는 아마도 이런 것이 아닐까 싶

무신론자의 믿음

다. 무너질 것 같지 않았던 로마제국의 보편성이 예수운동에 의해 균열이 생겼던 것처럼, 21세기의 제국이자 보편성이라 할 수 있는 자본 역시 2000년 전 로마제국처럼 기독교의 어떤 요인에 의해 틈이 생길 수도 있지 않을까, 라는 희망이다.

발터 벤야민, '유물론자의 신학'을 낳다

현대 좌파 철학자 가운데 신학적 상상력으로부터 혁명의 기운을 취하려는 인물들은 앞서 언급했던 데리다, 바디우, 아감벤, 타우베스, 지젝, 이글턴 등이다. 그런데 이들보다 앞서서 20세기 초반에 벌써 유물론적인 신학, 혹은 유물론자의 신학을 언급한 사상가가 있었다. 바로 발터 벤야민Walter Benjamin(1892~1940)이다. 벤야민이 활동하던 20세기 초반은 제국주의와 자본주의, 그리고 그들의 광기로 인해 세계대전이 벌어지던 때였다. 이러한 시기에 벤야민은 유대교와 기독교에서 공히 취급되는 메시아주의를 유물론적 상상력과 결합하여 혁명을 위한 정치술로 제안했다.

벤야민은 그 유명한 소논문 「역사철학테제」에서 신학과 '역사적 유물론'historical materialism의 결합을 동화와 같은 비유로 설명하고 있다. 난쟁이 꼽추로 그려진 숨어 있는 신은 메시아 혹은 유토피아에 대한 열망으로 상징된다. 우리의 상상 속에서 빛나는 메시아의 모습, 혹은 지난 역사에서 유토피아 건설을 가열차게 주장했던 혁명전사들의 늠름한 모습에 비하면 난쟁이 꼽추로 묘사된 숨어 있는 신은 우리를 당혹스럽게 한다. 이렇듯 벤야민이 말하는 메시아주의는 기존 메시아주의와는 다른 느낌을 우리에게 선사한다. 거기에는 벤야민 나름대로의 계산이 깔려 있다.

　역사의 발전 과정에서 인류는 유토피아를 주장했던 많은 거장들을 경험했다. 그들은 종교적 확신과 이데올로기에 대한 신념에 빠져 자신을 불살랐던 강철과도 같은 이들이었다. 하지만 유토피아를 꿈꾸었던 실험들이 디스토피아로 변했던 역사를 우리는 기억한다. 우파 유토피아의 대표적인 사례가 나치일 것이고, 좌파 유토피아의 실패는 스탈린으로 상징되는 교조주의적 공산주의일 것이다. 기독교의 유토피아적 열망이 불러일으켰던 만행에 대해 이 자리에서 일일이 열거하고 싶지는 않다. 십자군전쟁, 종교개혁에 이은 각종 종교전쟁, 서구 열강의 식민지 개척 과정에서 종교의 이름으로 자행된 만행들은 모두 유토피아를 내걸고 진행된 디스토피아 역사였다.

　이러한 역사적 교훈을 통해 다시 한번 깨닫게 되는 것은, 유토피아는 말 그대로 '없는 세상' 혹은 '도래하지 않는 세상'이라는 점이다. 하지만 유토피아는 있어야 하고 도래해야 한다. 유토피아에 대한 환상과 기대, 그리고 욕망이 없다면 어떻게 인류가 진보를 거듭해왔겠는가. 이렇듯 유토피아와 디스토피아는 서로 짝패인 셈이다. 존재하면서 부재하는, 부재하면서 존재해야만 하는 운명 속에서 우리는 메시아를 어떻게 이해해야 하고, 유토피아를 어떻게 취급해야 하는가. 벤야민의 「역사철학테제」는 이러한 문제의식에서 출발했고, 그것이 유물론자의 신학을 태동하게 만들었다.

　　　　　　　　　　　　　　　무신론자의 믿음

유물론과 신학의 동거

전통적인 유토피아에 대한 열망 혹은 메시아에 대한 믿음은 목적론적 역사관으로부터 적지 않은 영향을 받았다. 목적론적 역사관이 무엇인가. 제1원인과 제1목적이 있고 만물의 변화와 운동은 그들로부터 기획된 순서를 따라간다는 것 아닌가. 그 종착점이 유토피아이고, 유토피아로 인도하는 자가 메시아다. 최종 목표인 유토피아는 이미 정해져 있고, 메시아는 그런 믿음이 깨지지 않도록 현실 속 우리를 그 길로 견인하는 존재다.

벤야민은 기존의 유토피아 이론과 메시아에 대한 믿음에 의심의 해석학을 들이댄다. 역사를 목적론적으로 생각할 때에는 사건들을 수미일관하게 구성할 수 있지만, 벤야민은 이와 달리 사건이란 의미의 계열로 꿸 수 있는 것이 아니라고 주장한다. 벤야민에게 구원의 때는 미래의 어느 한 지점으로부터 도래하는 것이 아니라, '희미한 메시아적 힘'으로부터 기인한다.* 그 시간은 현재를 충만케 하는 시간jetztzeit 이다. 벤야민이 논란의 중심이 되었던 것은 이런 시간관 때문이다.

벤야민의 시간의식은 변증법적 시간관과 다르다. 그는 '희미한 메시아적 힘'과 '현재 시간'을 이야기하면서 기존의 변증법적 시간관에 대해서, 더 나아가 미래에서 기인하는 메시아의 도래에 대해 회의적인 시선을 보낸다. 그가 말하는 '희미한 메시아적 힘'이란 지나간 과거의 역사적 흔적을 통해 현실의 변혁을 꿈꾸게 하는 기제다. 그러

---

* Walter Benjamin, "Theses on the Philosophy of History," in *Illuminations*, translated by Harry Zohn, with an introduction by Hannah Arendt(New York: Schocken Books, 1969), 254쪽.

2부. 신 없는 신학

나 그것은 기존의 메시아관처럼 뚜렷한 목적론적 역사의식에 젖어 있지는 않다. 벤야민은 그것을 "역사의 자유로운 하늘에로의 도약"이라고 표현했다.*

유물론자는 그런 비상을 꿈꾸는 자들이다. 그들은 지난 시절 발생했던 실패와 좌절을 역사의 패배로 인정하지 않는다. 그것들은 상처와 상흔으로 남아 우리 삶의 구석구석에 파편으로 박혀 있지만 부활할 것이다. 다시 되살아나 지금을 주도하고 현실을 역전시킬 것이다. 이것이 벤야민이 말하는 역사의 자유로운 하늘에로의 도약을 꿈꾸는 역사적 유물론이다.

하지만 이 대목에서 벤야민은 다시 한 번 논리를 비튼다. 지금까지 의심의 대상이 되어왔던 유토피아는 결코 폐기되어서는 안 된다는 것이다. 그것을 벤야민은 다음과 같은 비유로 설명하고 있다. 체스판 앞에 터키풍의 의상을 입고 파이프를 물고 있는 인형이 앉아 있다. 이 인형은 게임을 매번 승리로 이끈다. 그런데 좀 더 자세히 그림을 살펴보면 인형의 배후에는 게임의 명수인 난쟁이 꼽추가 있고, 그 둘은 줄로 연결되어 있다. 벤야민은 인형을 역사적 유물론으로, 게임의 명수인 꼽추를 신학으로 비유하면서, 신학과 역사적 유물론이 제휴하면 "그 누구와도 한 판 싸움을 벌일 수 있다"라고 말한다.**

벤야민의 발언은 포스트마르크스주의가 걸어가야 할 바에 대한 아포리즘 같은 역할을 했다. 혁명이 더 이상 번지지 않고 단절된 상황에서 마르크스주의자들에게 혁명이란 인간의 하부구조뿐 아니라 그

---

* 위의 책, 261쪽.
** 위의 책, 253쪽.

무신론자의 믿음

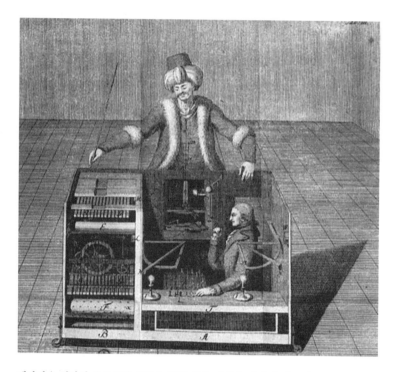

벤야민은 역사적 유물론과 신학을 각각 체스 게임을 매번 승리로 이끄는 인형과 그 배후에 있는 난쟁이 꼽추에 비유하면서, 이 두 가지가 제휴하면 "그 누구와도 한 판 싸움을 벌일 수 있다"라고 말한다.

동안 혁명의 요소에서 도외시되어온 인간의 상부구조, 즉 정신, 신화, 무의식, 그리고 종교적 믿음으로까지 영역을 확대해야 한다고 벤야민은 조언한다. 그의 연구에 영감을 받은 현대의 유물론자들은 이제 현실의 문제를 돌파하는 데 있어 신학적 상상력을 요청하게 되었다.

우리는 결코 유토피아에 도달할 수도 없고, 그러므로 굳이 메시아의 도래를 손꼽아 기다릴 필요도 없다. 메시아는 수미일관하게 흘러가는 시간의 계열을 따라 도래하지 않는다. 하지만 메시아는 부재하면서 존재한다. 그(녀)는 시간과 사건이 자아내는 의미의 계열로 엮이지 않고 정지된 어느 한순간에 솟아오른다. 이러한 벤야민의 발언은 예수의 마지막 날에 대한 어록을 떠올리게 한다. 예수가 니고데모를 향해 말했던 것처럼 (메시아는) 어디에서 와서 어디로 가는지 모르고(「요한복음」 3:8), 그날과 그때는 아무도 모른다(「마태복음」 24:36). 그날은 도적과도 같이 임한다(「요한계시록」 3:3). 그날이 바로 벤야민이 말했던 정지된 어느 한순간이고, 이것이 어쩌면 유물론자의 믿음에 대한 고백일지 모르겠다.

지젝은 벤야민의 의중을 관통하면서 유물론의 특징을 다음과 같이 정리한다. "이 유물론적 전통은 매우 독특한데, 그것은 우리가 우주를 지배하는 것이 아니라 예기치 않게 전개되는 운명에 완전히 내맡겨진 작은 존재에 불과하다는 겸손한 자각과 우리 스스로 우리 삶을 개척해나간다는 무거운 책임감을 기쁘게 받아들이는 것이 결합된 것이기 때문이다."[*] 벤야민과 지젝에 기대어 나름대로 유물론자들을 정의한다면, 유물론자란 유토피아를 향해 가는 점근선에 위치하고 있는 존재라고 말하고 싶다. 수학에서 목표를 향해 무한히 접근하지만 닿지 않는 선을 점근선이라고 한다. 유물론자는 계속해서 목표를 향한 점근선을 그리는 행위를 포기하지 않은 사람들 아닐까. 물론 그 목표란 말할 것도 없이 유토피아이고, 하느님 나라이며, 후천개벽한 세상이다.

---

[*] 슬라보예 지젝, 『폭력이란 무엇인가』, 197쪽.

믿음 없는 신앙

자본의 무한질주가 유일한 삶의 원칙이 되어버린 사회에서 우리의 신은 맘몬이다. 21세기에 등장한 마르크스주의자들은 물신의 심각성을 그 누구보다 우려스럽게 바라보았고, 자신들의 입장과 대척점에 있는 신학적 상상력을 빌려서라도 자본의 운동을 저지하려고 몸부림치고 있다. 한편 무신론과 관련하여 근래 새롭게 등장하는 이슈는 포스트휴먼으로 대변되는 과학주의에 입각한 새로운 인간상에 대한 성찰이다. 특히 뇌과학의 발달은 우리에게 다시 '인간이란 무엇인가?'라는 진지한 물음을 던지고 있다.

뇌과학적으로 '인간이란 무엇인가?'라는 질문은 엄격히 말하면 '인간의 마음이란 무엇인가?'로 바꿔 써야 맞다. 뇌과학 이론에 따르면 마음은 뇌에서 만들어지는 것이기 때문이다. 하지만 인간의 마음을 뇌 활동의 산물로만 국한할 수 있을까? 이러한 질문에 뇌과학자들은 '육화된 마음이론'embodied mind theory과 '확장된 마음이론'extended mind theory을 주장한다.* 전자는 인간의 마음이 온몸을 통해 형성된다는 이론이고, 후자는 더 나아가 인간의 마음이 뇌와 몸뿐만이 아니라 인간을 둘러싼 환경과도 밀접한 연관이 있다는 이론이다. 이렇게 되면 인간의 마음은 뇌에서 만들어지는 것이 아니라, 우리를 둘러싼 우주 전체가 우리의 마음 안으로 들어오는 것이 된다. 윤리의 문제가 대두되는 이유가 바로 여기에 있다. 윤리가 인간과 인간, 인간과 사물

---

* 신상규, 「확장된 마음과 자아의 확장」, 『포스트휴먼의 무대』(아카넷, 2015), 35~62쪽을 참조하라.

사이의 관계의 문제라고 볼 때, 뇌과학 이론들은 필연적으로 윤리적 문제로 회귀한다.

'인간이란 무엇인가?'라는 질문에서 또 한 가지 간과할 수 없는 것은 기억의 문제다. 뇌과학에서는 기억을 지우는 것이 가능하다고 말한다. 언젠가는 공상과학 영화 〈블레이드 러너〉에서처럼 기억을 심는 것도 가능하지 않을까? 예를 들어 세월호 참사로 딸을 잃은 부모에게서 세월호와 관련된 기억을 지우고, '딸은 성장하여 멋있는 남자를 만나 미국으로 유학 갔고 지금 미국에서 잘 살고 있다'라는 기억을 새로 심었다고 치자. 그렇다면 사위에 대한 설명, 살고 있는 지역에 대한 자료, 딸의 연애 스토리, 결혼식 풍경, 공항에서의 이별 등 수많은 기억이 함께 구성되어야 한다. 왜냐하면 기억이란 단편적인 것의 단순한 나열이 아니라, 은유와 환유의 고리와 연쇄를 따라 통합적으로 구성되는 사건의 총체이기 때문이다. 이러한 기억의 총합이 마음을 직조하고, 그러한 마음을 가질 때 비로소 우리는 인간이 되는 것이다.

그렇다면 뇌과학에서 말하는 기억을 삭제하는 것이 가능하여 실제로 누군가의 기억하고 싶지 않은 쓰라리고 고통스러운 과거, 혹은 무의미하고 쓸데없는 사건들의 기억을 지워버리면 어떤 현상이 벌어질까? 만약 이런 기술이 완성된다면 사람들은 괴로움을 잊고 평생 행복한 기분으로 살게 될지도 모른다. 아픔과 괴로움을 모르는 세상, 그런 세상에서는 고통에 대한 감수성이 필요 없을 것이고 아픔에 대한 연민도 소용없을 텐데, 타자에 대한 관심과 배려가 없게 되는 그 세상은 유토피아일까 디스토피아일까.

마르크스주의자들이 신학을 통해 혁명을 상상하고, 뇌과학과 인

무신론자의 믿음

공지능의 발달로 인간에 대한 이해를 새롭게 도모해야 한다는 시대적 요청에 귀 기울이면서 느끼는 소회는 어쩌면 우리 시대 믿음의 문제는 무신론자의 믿음, 무신론자의 신앙으로 탈바꿈되었다, 라는 것이다. 오직 자본의 법칙만이 유일한 정언명법이 되어버린 21세기 세상에서 자본의 원칙에 철저히 순응하면서 살아가는 우리는 무신론자 아닌가. 과학기술의 발달로 인해 포스트휴먼을 꿈꾸는 우리는 유물론자라고 해야 맞지 않나. 이보다 더 어떻게 무신론자일 수 있으며, 이보다 더 어떻게 유물론자일 수 있겠는가.

그런 의미에서 지젝의 지적은 날카롭다. 지젝은 "오늘날에는 오직 무신론자들만이 기도를 할 것"*이라고 말하면서 무신론자의 믿음을 논한다. 그리고 이들의 신앙 패턴을 "믿음 없는 신앙"faith without belief**으로 정의한다. 지젝의 발언은 타당하다. 서울 강남의 대형교회들을 보라. 수백 수천억 원대의 교회당을 지으며 신앙을 물적인 양으로 환산하여 드러내 보이는 그들이야말로 진정한 유물론자가 아닐까. 오히려 신의 존재를 믿지 않는 유물론자들이 성경을 새롭게 해석하면서 신학적 논의를 신학자들보다 더 밀도 있게 하는 것을 보면, 어쩌면 유물론자들이야말로 세상에는 물질보다 더 중요한 무엇이 있다고 믿는 사람들이 아닐까. 그렇다면 이런 무신론자의 믿음은 무엇이란 말인가.

---

* 슬라보예 지젝, 『시차적 관점』, 211쪽.
** Slavoj Žižek, *On belief*(New York: Routledge, 2001), 109~112쪽.

종교 없는 종교 또는 감산의 사랑

데리다의 해체주의를 신학적으로 풀어 설명하고 있는 존 카푸토John D. Caputo는 『종교에 대하여』On Religion에서 이 시대의 종교 상황을 "종교 없는 종교"religion without religion*라고 표현했다. 인간이 만들어낸 제도화된 종교와 독단적 진리를 해체하는 가운데 새로운 실천적 차원의 진리를 어떻게 세울 수 있을지를 모색하는 것이 카푸토의 과제다.** 마르크스주의자들이 신학에 대화를 청하고, 포스트휴먼 시대를 맞아 인간에 대한 새로운 이해와 접근을 요청하는 이 시기에 우리는 당연히 변화된 세계와 인간상에 걸맞은 종교에 대한 새로운 상상, 즉 포스트릴리전post religion에 대한 담론을 마련해야 한다. 카푸토가 말한 '종교 없는 종교'는 나름의 답변이라 할 수 있을 텐데 구체적으로 그것을 어떻게 현실의 삶에서 이해하고 적용해야 할지는 또 다른 문제다.

카푸토는 데리다의 '차연' 개념을 끌어들여 '사건으로서의 사랑'을 이야기한다. 차연différance은 차이differ와 지연defer의 합성어다. 차연으로서의 신은 인간의 믿음, 행위, 고백, 이성적 판단 안으로 수렴되는 존재가 아니라, 오히려 우리가 알고 있는 가능성들과 대립하는 불가능한 형식으로 도래한다. 신으로부터 기인하는 사건이란 신의 현재화를 드러내는 표식이겠지만, 한편으로는 현재화될 수 없는 잉여를 남기며 미끄러져 가는 무엇이다. 그 결과 신은 현재화할 수 없는 절대

---

* John D. Caputo, *On Religion*(New York: Routledge, 2001), 132쪽.
** "나의 포스트모던 순례에서 신의 이름은 무한한 질문 가능성이라는 이름이다. (……) 신은 무엇이 아니라 어떻게이다." 위의 책, 134~135쪽.

　　　　　　　　　　　　　　무신론자의 믿음

미래, 절대 타자의 자리로 내몰린다.* 그것이 카푸토로 하여금 "종교 없는 종교"를 발설하게 했다.

그럼에도 종교에 대한 미련을 버리지 못하는 것은 '사랑' 때문이라고 카푸토는 말한다.** 지젝에 따르면 근본주의자들은 신의 명령을 따르고 구원을 받기 위해 선행을 행하지만, "무신론자들은 그저 그게 옳은 일이기 때문에 선행을 한다."*** 나는 아무런 계산 없이 그저 옳은 일이기에 하는 그것을, 카푸토가 말하는 사랑의 힘이라 생각하고 싶다. 카푸토에 따르면 우리는 각자 삶의 자리에서 벌어지는 사랑의 사건 속으로 개입할 것을 요청받는다.**** 카푸토가 말하는 사랑을 라캉의 욕망 이론에서 바라본 사랑과 비교하면 그 의미는 좀 더 분명해진다.

라캉의 욕망 이론으로 바라본 사랑은 파괴적이다. "나는 당신을 사랑합니다. 그러나 불가해하게도, 나는 당신 안에 있는 당신 이상의 어떤 것을 사랑하기 때문에, 당신을 파괴합니다."***** 이 경우 사랑은 주체의 대상을 향한 전유, 혹은 집착의 형태가 된다. 이 사랑은 앞만 보고 달려가기에 옆에 있는 이웃을 살피거나 뒤처져 있는 타자를 돌아볼 겨를이 없다. 만족을 모르고 전방만 주시하는 리비도의 돌진 앞

---

* Jacques Derrida, "Faith and Knowledge," in *Acts of Religion*, edited by Gil Anidjar(New York: Routledge, 2001), 56~57쪽.

** "신의 의미는 사랑의 다양한 움직임 안에서 규정된다. (……) 사랑은 정의되어야 하는 의미가 아니라 행하고 만들어야 할 무엇이다." John D. Caputo, *On Religion*, 140쪽.

*** 슬라보예 지젝, 『폭력이란 무엇인가』, 196쪽.

**** John D. Caputo, *On Religion*, 141쪽.

***** Jacques Lacan, *The Four Fundamental Concepts of Psycho-Analysis*(New York: W. W. Norton & Company, 1981), 268쪽.

에서 인간은 온전한 향유의 대상에서도, 관심과 배려의 대상에서도 제외되는 사물로 전락하고 만다.

하지만 카푸토가 말하는 사랑은 다르다. 라캉식 사랑과 욕망의 변증법 안에서는 '당신 안에 있는 당신 이상의 어떤 것'이 운동의 동력이겠지만, 카푸토가 말하는 사랑과 타자의 변증법 안에서는 오히려 '당신 안에 있는 상처와 결핍'이 사랑의 원칙이 된다. 전자가 자기를 채워나가는 증산의 사랑이라면, 후자는 자신을 비워가는 감산의 사랑이라 말할 수도 있을 것이다.* 나는 카푸토가 말하는 사랑을 통해 무신론자들이 갖는 믿음에 대한 실마리를 얻는다.

무신론자의 믿음

21세기 현대 유물론자들이 신학적 사유로부터 혁명에 대한 기획을 도모한다는 사실과 포스트휴먼과 포스트릴리전에 대한 예측이 난무하는 현실에서 어떻게 다시 믿음을 상상할 수 있을까, 라는 질문이 이 글을 쓰게 된 동기다. 나는 전통적인 신이 사라진 무신론 시대의 믿음을 무신론자의 믿음이라 칭하면서 새로운 (종교적) 믿음에 대한 담론을 이야기하고 싶었다.

무신론자의 믿음은 생소한 개념이 아니다. 니체가 신의 죽음을 선언한 이후 꾸준하게 제기되었던 물음이기도 하다. 특히 2차 세계대전 때 유대인 대학살의 현장에서 확인된 '신의 침묵'은 '신의 무능'

---

* John D. Caputo, *On Religion*, 30~31쪽.

혹은 '신의 부재'를 확증하는 결정적인 사건이었다. 1960년대 북미에서 휘몰아쳤던 토머스 알타이저의 '신 죽음의 신학'death of God theology도 무신론자의 믿음에 대한 질문을 던졌다.* 이런 일련의 과정을 거치면서 무신론자의 믿음이라는 주제는 신학자들에게 공공연한 거북한 진리가 되었다.

지젝은 무신론이라는 말에 내포된 부정적 이미지를 다음과 같은 통찰력 있는 문장으로 전환하여 우리에게 들려준다. "무신론의 주된 특징은 모든 인간의 삶이 쓰디쓴 것이라는 자각이었다. 우리의 운명을 지켜보고 행복한 결과를 보장해주는 전능한 권위란 없기 때문이다. 동시에 무신론자들은 현실 도피에서 즐거움을 얻기보다는 현실을 받아들이고 그 안에서 창조적으로 제자리를 찾는 데에서 오는 즐거움이 있다는 가르침을 전개하려 애쓴다."**

지젝에 따르면, 신의 침묵과 부재 혹은 신의 자기제한은 기존의 전지전능한 신의 폐기임과 동시에 신의 불완전성에 대한 새로운 발견이다. 흠이 없고 완전했던 신이 틈과 균열을 지닌 신으로 존재한다는 선언은 체제에 의해 완벽하다고 선전되는 현실의 이데올로기와 질서를 무력하게 만들 수 있는 계기가 된다. 왜냐하면 신은 기존의 '부동의 동자', '궁극적 실재', 혹은 '제1원인'으로 설명될 수 없는 해체의 방식으로 존재하기 때문이다. 이를 지젝은 대타자의 결핍이라고 말한다.

---

* Thomas J. J. Altizer, *The Gospel of Christian Atheism*(Philadelphia: Westminster, 1966); *Living the Death of God: A Theological Memoir*(New York: State University of New York Press, 2006).

** 슬라보예 지젝, 『폭력이란 무엇인가』, 197쪽.

진정한 기독교의 진리 체험은 텅 비어 있고 틈과 균열을 포함하고 있는 대타자인 신을 만날 때야 비로소 이루어지는 것 아닐까. 예수 그리스도의 십자가 사건이 대표적인 예다. 십자가에 매달리신 하느님은 아무것도 보여주지 못했다. '왜 나를 버리십니까' 하고 울부짖었던 신 아닌가. 그런데 전지전능했던 신의 아우라가 깨어지는 그 순간 어처구니없게도 신은 다시 그 균열을 통해 우리에게 다른 메시지를 보낸다. 그것은 지금까지 너희가 잡고 있던 그 신을 놔버리라는, 너희의 아집과 탐욕과 욕망에 결박당했던 그 신을 풀어줘도 괜찮다, 라는 메시지다.

그 결과 우리는 비록 과거처럼 신을 바라보면서도 신비와 초월을 더 이상 기대할 수 없게 되었지만, 그렇게 비신화된 신을 바라보면서도 실망하지도 좌절하지도 않게 되었다. 그 이후부터 우리는 소리에 놀라지 않는 사자처럼, 바람에 걸리지 않는 그물처럼, 무소의 뿔처럼 혼자서 갈 수 있는 우리다. 이것이 신을 '대타자의 결핍'으로 읽어내는 지젝식 신학 하기의 요체가 아닐는지.

무신론자의 믿음이란 더 이상 대타자인 신의 음성을 무조건적으로 따르는 수동적 믿음일 수는 없다. 새로운 믿음은 우리로 하여금 그동안 우리를 지탱하게 했던 상징계의 법칙과 교리의 강제와 도그마의 환상을 버리게 한다. 그리고 현실에 존재하는 다양한 복수적 타자들이 일으키는 변혁의 사건들을 지지하는 사랑이 있어야 할 자리로 우리를 초대한다. 그 자리란 모든 개별적 존재가 지니는 차이와 다양성을 자본이라는 등가의 원칙으로 서열화한 세상이고, 생명에 대한 존엄이 무너진 디스토피아 세상이다. 더 구체적으로 그곳은 성의 차이로 인한 혐오가, 계급의 차이로 인한 소외가, 종교의 차이로 인한 적대가 넘치는 곳이고, 거기는 또한 새로운 인간 종種의 탄생으로 인한 파국이 예상되는 이곳 지구다. 그 파국의 한가운데서 다시 우리의 믿음을 고백할 수 있다면, 그것의 이름은 무신론자의 믿음이 되어야 하지 않을까.

9장

종교개혁, 중세라는 텍스트를 해체하다
종교개혁 500주년 삐딱하게 보기

종교개혁의 시차적 관점

2017년은 종교개혁 500주년이 되는 해였다. 그래서 종교개혁 500주년을 기념하는 행사들이 국내외에서 동시다발적으로 개최되었다. 대부분의 행사장을 지배했던 분위기는 종교개혁에 대한 주례사적 비평과 종교개혁의 정신으로 돌아가자는 초보적인 구호와 감상들의 난무였다.

　아이러니하게도 종교개혁 500주년을 기념하던 그해 한국 교회는 여성 혐오와 동성애 혐오의 선언이 강화되었던 해였고, 대형교회의 부자父子 세습에 대한 염문과 비리가 끊이지 않았던 반개혁적인 해였다. 종교개혁 500주년에 걸맞은 거대한 세리머니를 하면서 한국 교회가 종교개혁의 대상임을 스스로 자인한 셈이 되었다. 종교개혁 500주년의 광풍이 지나간 현 시점에서 종교개혁에 대한 발언을 하는 것이 뒷북치는 일은 아닌가 싶으면서도 오히려 지금이 종교개혁을 찬찬히 바라볼 수 있는 적기라는 생각이 드는 이유다. 마치 연극이 끝나고 난 뒤 객석에 앉아 방금 끝난 연극을 분석하고 복기할 때가 가장 생생하듯이 종교개혁 500주년을 막 떠나보낸 현 시점에서 다시 종교개혁을 소환한다.

종교개혁이라는 격변기를 거치면서 고대, 중세를 지배했던 신율적 세계관은 시대 흐름을 따라가지 못하는 시대착오적 발상이 되어버렸다. 새로운 시대에 걸맞은 모럴이 요청되었고, 그래서 등장한 것이 프로테스탄트 정신이다. 이를 통해 근대인들은 중세에서 빠져나올 수 있는 타당성과 정당성을 부여받았다. 종교개혁은 신으로부터 독립한 인간을 선언한 사건이었을 뿐 아니라, 유럽이 국민국가로 발전하는 데 도화선이 되었다. 종교개혁의 후폭풍으로 전개된 각종 종교전쟁의 결과로 유럽에 지금과 같은 국경선이 정해졌다. 그 후 유럽은 국민국가의 틀 속에서 자본주의 경제체제를 경쟁적으로 도입하게 된다. 근대의 가장 큰 외형적 특징을 국민국가와 자본주의의 확립이라 했을 때, 그것의 시작이 종교개혁이었던 셈이다. 이것이 종교개혁이 갖는 정치적·사회적 의미다.

현대인들은 근대성이 이룩한 총아라 할 수 있는 신자유주의 체제에서 신음하는 새로운 중세를 살아가는 신민臣民이 아닐까 싶다. 종교적 권위와 권력에 신음했던 중세인들처럼, 현대인들은 신자유주의가 선사하고 강제하는 자본의 명령 아래서 신음하고 있다. 이런 이유로 지금 우리에게 필요한 것은 종교개혁이 그랬던 것처럼, 현실을 돌파할 새로운 상상력이다. 종교개혁이 중세를 극복하면서 근대라는 낯선 지형에 안착할 수 있는 상상력을 제공했듯이, 자본의 논리로 재편된 신자유주의 세상을 극복할 수 있는 상상력을 종교개혁의 그것으로부터 빌려올 수 있지 않을까 하는 기대를 해보는 것이다. 나는 그 실마

2부. 신 없는 신학

리를 해체주의 철학의 대명사인 자크 데리다를 초대하여 루터의 종교개혁과의 대화를 도모하면서 모색하고자 한다.

우선 마르틴 루터Martin Luther(1483~1546)의 종교개혁 과정에서 단행한 성경 번역을 데리다가 말하는 텍스트 해체의 관점으로 바라보는 것으로부터 이야기를 시작하고자 한다.

성경 번역과 중세의 몰락

흔히 알려진 종교개혁의 시작은 이렇다. 1517년 비텐베르크대학 교회의 문에 95개 논제로 구성된 「면죄부의 효력에 관한 반박문」이 나붙었다. 그 글을 작성한 사람은 마르틴 루터였다. 그는 로마교황청을 신랄하게 비난했다. 그가 지핀 종교개혁의 불씨가 전 유럽으로 번져나갔다. 과연 무엇이 종교개혁을 성공적으로 이끌었을까? 여러 가지 분석이 가능하겠지만, 루터의 반박문이 파괴력을 가질 수 있게 된 것은 인쇄술의 발달이 한몫을 차지했다. 1450년경부터 보급되기 시작한 구텐베르크의 인쇄술은 루터의 반박문을 독일 전역으로 확산시키는 데 일조했다. 원래 루터의 반박문은 라틴어였으나 독일어 번역으로도 인쇄되어 독일 국민들에게 널리 읽히면서 반향을 일으켰다. 아마 루터 본인도 그 파급력에 놀랐을 것이고, 이를 계기로 성경을 독일어로 번역할 결심을 하지 않았을까 싶다.

나는 비텐베르크대학 교회에 붙은 95개조 반박문이 종교개혁의 예고편에 불과했다고 본다. 진정한 종교개혁은 루터의 독일어 성경 번역으로부터 시작되었다. 루터에게 믿음이란 교회의 권력과 전통에

종교개혁, 중세라는 텍스트를 해체하다

1517년 마르틴 루터는 95개 논제로 구성된 「면죄부의 효력에 관한 반박문」을 써, 로마교황청을 신랄하게 비난했다. 그 글이 처음 나붙은 비텐베르크대학 교회 문.

서 기인하는 것이 아니었다. 믿음이란 성경의 믿음뿐이다. 루터는 이 믿음을 기초로 교회와 사회와 문화활동 전반이 운영되기를 기대했다. 따라서 성경에 대한 올바른 해석이 급선무였고, 이러한 신념에서 성경 번역에 착수했던 것이다. 루터는 95개조 반박문 사건 이후 바르트 부르크 성에서 망명생활을 했다. 중세 기사의 옷을 입고 기사의 이름을 가진 채 성에 숨어 10년이 넘게 독일어 성경 번역에 전념했다. 민중도 읽을 수 있도록 쉬운 독일어로 번역된 신약성경이 1522년 9월에 출판되었고, 신약·구약을 합친 독일어 성경은 1534년에 출판되었다.

당시만 해도 성경 번역은 교회 권력에 대한 도전을 의미했다. 성경을 모국어로 직접 읽으면서 중세인들은 그동안 성당에서 라틴어로 전달되던 메시지만이 진실은 아니라는 사실에 놀랐다. 미사에서 사제에 의해 선포되던 메시지와 다른 새로운 성경의 복음을 직접 눈으로 확인하면서 유럽인들은 파행적으로 흘러왔던 중세 교회를 개혁하기 시작했다.

언어는 의사소통의 도구뿐만이 아니라 사고방식과 삶의 태도를 결정하는 중요한 매개다. 이런 이유로 역사에 등장했던 모든 권력은 언어를 지배하고자 했다. 언어가 곧 정신이기에 그렇다. 당시 라틴어는 1000년 가까이 유럽을 지배했던 삶의 조건이자 전제였다. 권력은 이에 대한 누수를 허락하지 않았다. 실제로 루터의 독일어판 성경은 교황의 명령으로 독일 전역에서 불태워졌고, 영어로 성경을 번역한 윌리엄 틴들William Tyndale(1494~1536)은 1536년에 화형에 처해졌다. 언어가 단순한 소통 도구가 아니라 그 이상의 가치와 의미를 가진다는 것을 반증하는 사건이다. 그런 측면에서 루터에 의해 감행된 독일어 성경 번역은 신앙의 자유, 학문의 자유를 견인하면서 중세의 해체

종교개혁, 중세라는 텍스트를 해체하다

를 선언했던 사건이라 해도 과언이 아니다.*

성경 번역에 깃든 해체성

나는 루터가 외쳤던 "Sola Scriptura!"(오직 성경!)가 해체주의자 데리다의 "텍스트 바깥에는 아무것도 없다"라는 말과 상동성이 있다고 본다. 데리다의 발언을 해석학적으로 설명하면 이렇게 말할 수 있을 것 같다. 기존 재현의 형이상학은 텍스트 바깥에 로고스로 상징되는 빛이 있어 텍스트 안으로 그 빛을 비추어 텍스트 속에 숨어 있는 천상의 진리를 발견하는 시스템이다. 마치 자궁 속 태아가 탯줄에 의지해 산모와 연결되어 있는 것처럼, 천상의 진리인 이데아는 이성의 원리인 로고스에 의해 인도되어 텍스트로 들어와 진주처럼 박혀 있는 것이다. 그리하여 우리는 세상에 존재하는 진리들을 우리의 언어로 다 설명할 수 있으리라 믿는다.

이것을 로고스중심주의logocentrism라 부르는데, 데리다에게 로고스중심주의는 플라톤 이래로 서양 철학을 근거 짓는 지침이었다. 로고스중심주의 아래서는 '말하는 것'(시니피앙)과 '말하려는 의미'(시

---

* 시카고신학교의 서보명 교수는 루터의 독일어 성경 번역이 미친 파급력에 대해 다음과 같이 기술한다. "교회의 언어가 바뀌면서, 민족이라는 개념이 신앙의 요소로 새롭게 등장했다. 예를 들어 독일이라는 민족과 그 언어인 독일어와 그 땅의 신앙인 루터교가 모두 함께한다는 생각으로, 위험한 면이 많은 발상이었다. 결국 루터의 개혁은 양심과 사상의 자유라는 신조 아래 계속 발전되어 17세기와 18세기의 자연과학과 인문학의 발전에 큰 영향을 미친다." 서보명, 「마르틴 루터의 중세 대학 비판」, 『대학의 몰락』(동연, 2011), 84쪽.

2부. 신 없는 신학

니피에)가 일치한다. 이것이 대상과 인식의 일치, 주관과 객관의 통일을 매개하여 진리에 대한 확증을 보증하면서 서구 형이상학을 지탱하는 믿음으로 자리 잡았다. 데리다는 이러한 로고스중심주의가 이룩한 연쇄고리를 서구 정신사가 성취한 허상이라 지목하면서 그것의 해체를 주장했던 것이다.*

데리다가 텍스트 바깥에서 텍스트를 짓누르는 로고스중심주의에 저항하면서 텍스트의 의미를 재조명했던 것처럼, 루터의 독일어 성경 번역은 텍스트 바깥에 존재하면서 텍스트를 강제하던 교회 권력과 라틴어중심주의에서 텍스트를 해방한 사건이었다고 말하고 싶다. 그리하여 텍스트를 텍스트이게끔 했던 사건, 즉 텍스트 스스로가 말하게끔 선언한 사건이 되었다. 갇혀 있던 성경 해석의 올무를 풀어줌으로써 말씀은 드디어 회중들 사이를 돌아다니면서 소통을 하기 시작했다. 그리하여 성경은 이전의 사물화되었던 경전이 아니라 비로소 살아 숨 쉬는 말씀으로, 박제화된 관념이 아니라 이 땅을 변혁하는 사건으로 다시 태어나게 된 것이다.

이러한 종교개혁의 열망은 당시 종교 권력과 거북한 관계에 있던 계층들의 욕망과 겹쳐 시너지 효과를 일으켰다. 로마교황청의 권력과 대립각을 세웠던 제후 세력들, 그리고 새롭게 부상하는 자유상공인들이 종교개혁의 목소리에 동참했다. 종교개혁이라는 깃발 아래 로마교황청에 반대하는 이들이 단일대오를 형성하면서 중세는 서서히 종말을 향해 걸어갔고, 그 과정에서 새롭게 부상하는 신흥 부르주아들이

---

* 자크 데리다, 진태원 옮김, 『마르크스의 유령들』(이제이북스, 2007), 184쪽.

　　　　　　　　　　　종교개혁, 중세라는 텍스트를 해체하다

유럽을 움직이는 주축세력으로 등장했다.[*]

지금까지 나는 라틴어 성경을 독일어로 번역했던 마르틴 루터의 시도를 텍스트 해체의 차원으로 바라보았고, 그 안에 깃들어 있는 함의에 대해 논했다. 아래에서는 좀 더 밀도 있게 데리다의 해체주의 관점에서 마르틴 루터의 종교개혁 안에 깃든 해체성으로 한 발짝 더 들어가보기로 하겠다.

종교개혁은 미완의 혁명

마르틴 루터는 1520년에 3개의 중요한 종교개혁 문서를 썼다. 「그리스도인의 자유」, 「독일 기독교 귀족에게 보내는 글」, 「교회의 바빌론 포로」가 그것이다. 루터는 이 중 「그리스도인의 자유」에서 다음과 같은 말을 남겼다. "그리스도인은 모든 것의 우위에 서는 자유로운 군주로서 그 누구에게도 종속되지 않는다. 그리스도인은 모든 이에게 봉사하는 하인으로서 모든 이에게 종속된다."[**]

루터는 자유와 예속이라는 상호 모순되는 단어를 절묘하게 배치하여 로마가톨릭과 맞서는 대항담론을 만들었다. 루터의 발언은 500년 전에 울려퍼졌던 낡은 목소리가 아니라, 지금도 생생히 살아 역사하는 오늘을 위한 증언이다. 나는 그 누구에게도 예속되지 않는 자유인이지만 만물을 섬기고 만물에게 예속된 그리스도인에 대한 발언이

---

[*] 백소영, 『세상을 욕망하는 경건한 신자들: 경건과 욕망 사이』(그린비, 2013), 10~11쪽.

[**] 마르틴 루터, 추인해 옮김, 『그리스도인의 자유』(동서문화사, 2016), 14쪽.

21세기 신자유주의 시대를 살아가는 우리에게 자본의 해체를 선언하고, 자본으로부터 배제된 타자에 대한 환대를 요청하는 선교적이고 윤리적인 메시지를 준다고 본다.

하지만 루터의 '그리스도인의 자유'는 역사적 해석 과정에서 '영적 자유'와 '외적 자유'로 분리된 채 표류했고, '영적 자유'는 외적인 정치적·사회적·경제적 자유와 무관한 것으로 취급되었다. 자유를 인간의 내적 자유로 국한한 나머지 인간의 외적 세계를 관장하는 정치권력과 경제 시스템에 대해, 사회적 불합리에 대해 거리 두기로 일관했던 것이다. 이러한 왜곡된 자유에 대한 문제점을 프랑크푸르트학파의 비판이론가 중 한 사람인 헤르베르트 마르쿠제는 다음과 같이 지적한다. "「그리스도인의 자유」에는 부르주아적 자유 개념이 구성되고 부르주아적 권위 형성의 기초가 되는 제반 요소들이 집약되어 있다. 말하자면 자유를 개인의 내면적 세계에만 국한시키는 것, 동시에 외적 인간을 세상권력의 지배체제에 굴복시키는 것, 이러한 세속적 권력들의 체제를 내적 자율성과 이성을 통해 초월적인 것으로 만드는 것, '이중 도덕으로' 인격과 직무를 갈라놓는 것, 실제적 부자유와 불평등을 '내적 자유와 평등'으로 정당화하는 것 등으로 나타났다."[*]

마르쿠제의 지적은 루터가 말한 '그리스도인의 자유'가 신실한 신앙인이라 자부하는 인간들끼리 내적으로 공감하는 쾌락의 원칙이었는지는 몰라도 그것이 사회적 의미의 자유와 정의를 위한 지평으로까지는 나아가지 못했다는 말이다. 오히려 종교개혁의 자유 개념은

---

[*]   Herbert Marcuse, "Studien über Autorität und Familie," in *Ideen zu einer kritischen Theorie der Gesellschaft*(Suhrkamp, 1969), 57f. 손규태, 『한국 개신교의 신학적-교회적 실존』(대한기독교서회, 2014), 345쪽에서 재인용.

종교개혁, 중세라는 텍스트를 해체하다

현실 변혁을 위한 사회적 영성으로 가는 길을 차단하거나, 현실의 문제를 신앙의 힘으로 망각하게 하는 아편 같은 역할을 한 면이 없지 않다. 실제로 루터 자신조차 종교개혁 직후인 1524~1525년에 발생한 농민전쟁을 반대한 것을 보면 말이다. 종교개혁 이후 사회를 재편하는 과정에서 단행했던 조치들이 로마가톨릭의 보편적 질서를 와해시켰는지는 모르겠으나, 해방과 자유를 향한 행진으로서의 종교개혁의 뜻을 완전히 담아내지는 못했다.

역사의 진행 과정에서 등장했던 루터에 대한 왜곡된 해석은 그리스도인의 자유를 개인의 내면에만 국한하고 현실세계의 문제와 거리를 두는 방향으로 나아갔던 면이 없지 않다. 이러한 경향은 어떤 대상이나 사건을 판단할 때 피아彼我라는 프레임 속으로 몰아넣는다. 그리하여 우리와 다른 것을 적으로 분류한 다음 이들을 최종적으로 악이라 명명한다.

이는 2차 세계대전 당시 유대인을 적으로 지정하여 대학살이 자행되는데도 방관했던 독일 기독교인들의 삶과, 최근 태극기 집회에 나오는 한국의 극우적 개신교도들의 모습과 겹친다. 반공과 숭미를 표방하는 일부 한국의 대형교회들이 보이는 종북 프레임과 동성애와 이슬람에 대한 혐오도 모두 그 연장선상에 있다고 하면 너무 불경한 발언일까. 그렇다면 종교개혁의 연장선상에 위치하고 있는 한국 개신교는 오히려 청산해야 할 문젯거리이고, 그러므로 종교개혁은 그때 그 시절에 발생했던 잊힌 사건이 아니라, 지금 이곳에서 계속 벌어지는 사태일지 모른다.

2부. 신 없는 신학

종교개혁의 현재성

절반의 성공에 머물렀던 루터의 종교개혁을 어떻게 완수할 수 있을까? 이것이 종교개혁 500주년을 맞은 우리에게 주어진 과제다. 루터가 말하는 '그리스도인의 자유'는 율법과 복음의 관계를 이해한 다음에야 비로소 진면목을 획득한다. 루터는 하느님의 의를 공로에 의해서가 아니라 '은총'의 행위로 파악했다. 로마가톨릭이 주장하는 율법의 공로를 넘어서 오직 은총으로 능히 우리는 구원에 이를 수 있고, 오직 은총의 힘으로 율법의 압제와 강제로부터 해방되어 자유에 이른다. 공로와 율법이 아닌 오직 은총으로만 살 수 있다는 루터의 말은 자본이라는 율법과 원칙과 시스템 속으로 인간을 축소하고 가두는 작금의 현실에서 시사하는 바가 크다.

오늘날 신자유주의 사회는 무한경쟁의 사회이고, 오직 1등만을 기억하는 공로와 실적 중심의 사회다. 그 대열에서 탈락한 대다수의 사람들은 사회적 타자로 전락하고 만다. 율법으로부터의 자유와 실적과 공로가 아닌 은총이 삶의 푯대가 되어야 하는 이유가 바로 여기에 있다. 종교개혁 500주년을 보낸 현재 우리 사회는 유토피아에 대한 희망보다는 디스토피아적인 절망이 더 지배적이다. 이러한 현실에서 루터가 말한 '오직 은총'Sola Gratia이라는 구호는 오늘의 사건으로 다시 우리 앞으로 소환된다.

일방적으로 치닫는 공로주의와 실적주의에 맞서 '오직 은총'을 선언하면서 로마교황청과 맞섰던 루터의 행위는 현실의 지배 시스템을 교란하는 반체제적 함의를 드러내 보였다. 깨질 것 같지 않았던 로마가톨릭의 해체를 향해 걸어갔던 종교개혁의 행보는 플라톤 이후

종교개혁, 중세라는 텍스트를 해체하다

전개되었던 로고스중심주의의 해체를 선언했던 데리다의 그것과 상동성이 있다. 양자는 비록 시기는 다르다 할지라도 서구 사회를 지배했던 주류 종교와 의식의 담론을 해체하면서 새로운 시대로 나아가고자 했다는 점에서 공통점이 있고, 그것은 21세기의 보편성이라 할 수 있는 자본의 해체를 도모하는 사람들에게 어떤 영감을 제공할 수 있으리라 예상한다.

앞에서 데리다의 차연에 대해 여러 각도에서 살펴보았다. 데리다의 '차연'을 마르틴 루터의 '오직 은총'과 연결 짓는다는 것은 어떤 의미일까? 차이가 차별과 혐오의 이유가 되어서는 안 된다. 그럼에도 우리 사회에는 여성 혐오, 동성애 혐오, 장애인 혐오, 유색인종 혐오(백인 제외), 특정 종교(이슬람) 혐오, 자본의 유무에 따른 계층적 혐오까지 상존하고 있는 것이 사실이다. 어떤 이유로 차이가 적대의 메커니즘으로 작동하는 것일까. 혹 관성적이고 당파적이고 익숙한 것을 지키기 위한 온갖 수구적 노력을 우리는 진리의 숭고함으로 여기고 있는 것은 아닐까.

루터가 '오직 은총'을 선언했던 시대가 그랬다. 로마교황청이 지시하고 지정하는 독단적이고 폐쇄적인 보편성만이 유일한 정언명법이었고, 그것을 위반하면 마녀사냥의 대상이 되었던 광기의 시대에 루터는 '오직 은총'을 외치면서 로마교황청을 향한 해체적 발언을 서슴지 않았다. 종교개혁이 일어난 지 500년이 지났지만 루터의 발언은 21세기 현재에도 여전히 유의미하다. 자본에 의한 전 지구적 재편이 완료되고, 자본의 법칙만이 유일한 정언명법이 되어버린 세계에서 '오직 은총!'을 선언한다는 것은, 자본이라는 초월적 보편성에 딴지를 걸고 자본(맘몬)의 원칙과 다른 삶의 방식을 상상하는 것이다.

2부. 신 없는 신학

대형교회의 부자 세습, 목회자의 성적 타락과 투명하지 못한 교회 재정을 회개하기는커녕 오히려 은혜와 덕을 강조하면서 은폐하려는 교권세력에 맞서 '오직 믿음!'을 선언한다는 것은, 잘못된 믿음과의 혁명적 결렬을 도모함과 동시에 왜곡된 믿음으로 야기된 적폐를 청산하기 위한 구체적 행위에 대한 요청이다.

온갖 소문과 환상이 우리의 마음을 사로잡고, 온갖 우상과 요설이 사회를 지배하는 현실에서 '오직 성경!'을 외친다는 것은, 소리에 놀라지 않는 무소처럼 묵묵히 정도를 걷겠다는 다짐이고, 바람에 걸리지 않는 그물처럼 모든 잡스러운 것들을 다 흘려버리고 진리만을 낚아 올리겠다는 각오이다.

오늘날 종교개혁적 인간이 된다는 것은 500년 전 종교개혁 시절로 돌아가 당시의 신앙을 회복하자는 말이 아니다. 종교개혁을 기점으로 유럽은 종교개혁 이전과 이후로 나뉜다. 그것은 단순히 신앙과 교회의 변화만이 아니었다. 유럽을 지배하고 있던 삶의 조건에 대한 변화였다. 종교개혁은 당대 현실을 다시 바라보게끔 한 사건이었고, 굴절되고 왜곡된 일상의 삶을 회복시킬 수 있을지를 놓고 숙고하고 반응하는 가운데 싹튼 시대정신이었다.

21세기 한국 땅에서 종교개혁적 인간이 된다는 것은 무엇일까? 우리 시대의 신이라 할 수 있는 자본의 속삭임과 유혹에 따라 움직이는 삶의 습관과 방식을 점검해보기, 조금 느리고 불편하더라도 유행과 욕망에 둔감해지는 법을 각자 삶의 자리에서 고민하고 실천해보면 어떨까. 그대가 만약 종교인이라면 자신이 예배드리는 처소에서 벌어지는 비민주적 관행, 성직 권력의 오남용, 사회 변화에 대응하지 못하는 무심한 젠더 감수성 등을 비판적으로 바라볼 줄 알아야 한다.

종교개혁, 중세라는 텍스트를 해체하다

신앙은 결코 삶과 유리될 수 없기 때문이다. 우리 삶의 급격한 변화들, 예를 들어 거리를 메우고 있는 이방인들, 파괴되어 사라지는 골목들, 늘어나는 노인과 급증하는 자살, 헬조선을 외치면서 조국을 등지는 청년들에 대해 무심한 우리가 개혁의 대상이다.

혁명은 계속된다

이 글은 '종교개혁에 대한 해체주의적 독법'이라는 주제로 신자유주의 압제 속에서 신음하는 현실의 삶을 어떻게 타개할 수 있을까, 라는 문제의식에서 시작되었다. 나는 그 실마리를 중세 기독교의 권위와 폭력에 맞섰던 종교개혁에서 찾았다. 자본의 호령 앞에서 주눅이 든 현대인의 모습은 교회의 폭압에 시달려야 했던 중세인의 그것과 크게 다르지 않다. 나는 종교개혁이 중세를 무너뜨렸듯이, 해체주의적 사유가 신자유주의적 삶의 방식을 교란시켜 시스템이 지닌 모순을 폭로할 수도 있지 않을까 생각했다. 이런 전체적인 구도 속에서 루터의 종교개혁 과정에서 단행한 성경 번역을 데리다가 말하는 텍스트 해체와 연결시켰고, '오직 은총'이라는 종교개혁의 모토에 담긴 해체성에도 관심을 기울였다.

　　종교개혁은 당대를 지배했던 욕망의 법칙과 법의 힘에 굴종하는 노예의 정신일 수 없다. 노예의식에서 주인의식으로의 전환이 근대성의 가장 큰 특징이라고 할 때, 종교개혁은 '내가 여기 서 있다'Here I stand를 분연히 외치면서 서구의 근대를 견인했던 사건이다. 그것은 또한 당대의 지배적인 질서였던 유대교를 해체하면서 법 바깥의 세계로 뛰쳐나갔던 예수를 소환한다. 로마교황청의 성경 해석의 독점에 반대하면서 성경을 번역하고, 교황이 지닌 영적인 권위와 독선에 맞서 만인사제설을 주장하며 세상으로 나갔던 루터의 도전은 예수의 그것에 비견되는 역사에 남을 값진 자유를 위한 투쟁이었으나, 한편으로는 아직까지도 이루지 못한 미완의 과제다.

종교개혁으로부터 500년이 흐른 21세기의 인류는 또 다른 중세를 경험하고 있다. 500년 전에는 종교적 독단이 지배했고, 500년이 흐른 지금은 전 지구적 자본의 횡포가 세계를 지배하고 있다. 오늘의 세계는 그동안 우리를 지탱해주었던 공동체와 대의, 전통적 가치와 이념들이 무너진 액체화된 세상이고, 그 속의 개인은 자본의 흐름을 타고 부유하는 주체다. 그 어떤 실마리도 보이지 않는 작금의 현실에서 500년 전에 울려퍼졌던 종교개혁의 외침은 21세기를 살아가는 우리에게 현실을 강제하는 자본이 만들어놓은 체제와 도그마를 향해 과감하게 'No!'를 외치면서 혁명에 대한 상상과 그것을 향한 사건으로의 동참을 권유한다.

종교개혁, 중세라는 텍스트를 해체하다

10장

민중신학 전 상서

어느 소장학자의 민중신학을 향한 제언

민중신학, 한국 신학의 위대한 성취이자 자랑

선배, '민중신학'*이 출범한 지 벌써 40년이 훌쩍 넘었네요. 선배들이 사라진 자리에서 저는 21세기 청년들이 내뿜는 패기와 열정에 놀라고, 우리 때와는 다른 그들의 재기발랄함, 능숙하고 유연한 매체 적응력, 현란하고 아찔한 공감각적 감수성에 탄복하며 하루하루를 보내고 있습니다. 그렇습니다. 확실히 세상은 우리가 자랐던 시절과는 많이 변했고, 이런 시대의 변화는 당연히 신학 하는 우리에게도 체질 개선을 요구했습니다. 포스트모던, 신자유주의, 세계화, 다문화…… 등등의 용어를 풀이하면서 그 말들이 지닌 사회학적 의미에 대해 장황하게 늘어놓고 싶지는 않습니다. 분명한 것은 한국 교회와 한국 신학은 발 빠르게 시대의 요청에 부응하면서 수요자 중심의 교회, 그 수요의 욕망을 충족시키는 신학을 양산해내기 시작했다는 것입니다. 벌써 20년도 지난 일이네요. 이제는 돌이킬 수 없는 대세가 된 듯합니다.

세계화되고 다원화된 오늘날의 현실에는 그 다양성만큼의 편견과 억압과 폭력이 잠재해 있습니다. 전 시대와는 비교할 수 없는 세련된 방식으로 그것들은 교묘히 은폐된 채 자신의 모습을 숨기고 있지요. 그것이 이데올로기적으로 영토화된 것이든 탈영토화된 것이든, 의식적이든 무의식적이든, 제도에 의한 것이든 관습에 의한 것이든, 우리 삶의 방식은 이제는 우리가 어찌할 수 없는 일종의 매트릭스 안에 갇힌 듯합니다. 그 매트릭스 안에는 체제에 대한 냉소와 분노를 분출할 수 있는 장치까지 다 마련되어 있답니다.

놀라운 사실은 이 모든 과정이 전과 같은 체제의 강제가 아닌 인민들의 자발적 동의에 의해 이루어지고 있다는 것입니다. 현 체제가

* 1970년대 박정희 정권의 개발독재가 한창 기승을 부리던 시절, 노동자 전태일이 "근로기준법을 지켜라"고 외치며 분신자살을 했다(1970년 11월). 전태일의 분신은 독재정권하에 숨죽이고 있던 한국의 지성들을 깨어나게 했고, 독재정권을 향한 대립의 전선을 형성하게 하는 계기가 되었다. 민중신학은 이러한 한국 현대사의 흐름 속에서 태어났다. 민중신학은 서구 신학의 답습이 아니라, 우리의 시선과 경험과 언어로 신학을 풀이했다는 점에서 의의가 있다. 강단과 교회에 갇혀 있는 신학이 아니라, 거리와 광장에서 정의를 외치고 실천하는 민중신학자들의 행보는 당시로서는 충격적인 일이 아닐 수 없었다. 민중신학은 신학이 어떻게 인간과 세상과 관계를 맺어야 하는지를 보여준 사건이었다. 신학이 하늘 높이 있는 신에 대한 맹목적 숭배와, 그(녀)의 대리자인 교회의 교권 수호를 위한 법리로 이해되는 한국 신학과 교회의 풍토 속에서 민중신학은 신학이란 하늘이 아닌 땅의 것이고, 하늘의 뜻이 땅에서 이루어지는 현장 속에 존재해야 함을 보여준 진정한 하늘의 신학이었다. 한국의 민중신학은 당시 세계적으로 막 일어나기 시작한 페미니즘신학, 라틴아메리카의 해방신학, 미국의 흑인신학과 더불어 이른바 '눌린 자의 하느님 논쟁'을 일으켰고, 제1세계 백인 남성 위주의 신학에 대한 아웃사이더 신학의 반란으로 주목을 받았다. 주로 한신대 계열의 신학자들과 목회자(기독교 장로회)들이 민중신학과 민중교회 운동에 투신했다. 안병무, 서남동, 서광선, 김용복, 현영학, 문익환, 문동환 등이 1970~1980년대 민중신학 1세대 학자들이다. 김창락, 노정선, 이정희, 강원돈, 권진관, 김경호, 김진호, 최형묵, 김희헌 등이 그다음 세대 민중신학자들이다.

　　　　　　　　　　　　　　　민중신학 전 상서

안병무와 서남동(오른쪽)은 1970년대 초반 이 땅에 민중신학의 씨를 뿌렸다.

옛날 독재정권과 같은 '막가파'라고 생각하면 큰 오산입니다. 폼나고 우아하게, 부드럽고 나이스하게 체제는 인민들을 스스로 낭떠러지 끝으로 걸어가게 만듭니다. 이런 참담한 현실 속에서 저는 한국 신학의 위대한 성취이자 자랑인 '민중신학'을 되돌아보고, 앞으로의 민중신학을 전망하는 작업을 하고 있습니다. 그 과정에서 지난날에 있었던 많은 사건들을 회고하게 되는데 마치 어제 일처럼 또렷합니다. 혁명의 시대를 건너오면서 광장에서 울려퍼졌던 함성과 환희를 기억하고 있는 우리, 핍박의 시대 골방에 갇혀 쓰고 또 쓰고 하면서 다듬어진 민중신학의 언어를 목격했던 우리는 분명 행복한 세대입니다.

'민중신학'이라는 새로운 신학을 선언할 즈음,* 이미 우리 앞에는 유수한 신학적 전통과 권위들이 상존하고 있었습니다. 20세기 서구

---

* 안병무의 「민족, 민중, 교회」(『기독교사상』, 1975. 4)와 서남동의 「민중의 신학에 대하여」(『기독교사상』, 1975. 4)가 발표되고 나서 '민중'은 논쟁적이고 문제적인 신학의 주제가 되었다. 이후 안병무는 전태일 사건을 사후적으로 해석한 「예수와 민중」(『현존』, 1978. 11)을 발표하였다. 두 사람으로부터 촉발된 민중신학은 폭넓은 반향을 불러일으켜 현영학, 서광선, 김용복 등이 참여하면서 외연을 넓혀갔다. 1979년 10월 아시아기독교협의회CCA 주관으로 서울에서 개최된 신학 모임에서 민중신학 관련 논문들이 발표되었고, 그것을 편집하여 1981년에 *Minjung theology*(CCA)라는 영문 제목의 책으로 출판했다. 이를 계기로 민중신학이 세계에 알려지게 되었다. 그 이듬해 1982년 한국기독교교회협의회NCCK에서 1979년 아시아기독교협의회 발표 논문을 한글로 엮어 『민중과 한국신학』(안병무 외, 한국신학연구소, 1982)이라는 제목으로 출판했다. 민중신학이 뜨거운 감자로 부상하는 순간이었다. 민중신학에 관심이 있는 독자는 다음의 책들을 참조하라. 『민중신학 이야기』(안병무), 『갈릴래아의 예수』(안병무), 『민중신학의 탐구』(서남동), 『전환시대의 신학』(서남동), 『성서읽기 역사읽기』(김창락), 『物의 신학』(강원돈), 『예수, 민중의 상징 민중, 예수의 상징』(권진관), 『보이지 않는 손이 보이지 않는 것은 그 손이 없기 때문이다』(최형묵), 『죽은 민중의 시대 안병무를 다시 본다』(이정희 외), 『반신학의 미소』(김진호), 『급진적 자유주의자들』(김진호), 『21세기 민중신학』(김진호 외), 『민중신학과 범재신론』(김희헌) 등.

신학을 장식했던 거장들이 사라졌다고는 하나, 그들이 이룩해놓은 풍부한 신학적 토대 위에 많은 후학들이 신학적 담론들을 왕성히 토해내던 때가 바로 그 무렵이었죠. 과정신학, 세속화 신학, 희망의 신학, 신 죽음의 신학 등이 서구 신학의 전통에서 발생한 자기혁신의 목소리였다면, 페미니즘신학, 흑인신학, 해방신학은 서구 신학의 방계 전통에서 일구어낸 혁혁한 공로라 할 수 있습니다.

이런 고수들의 틈바구니에서 민중신학은 물론 그들을 살짝 엿보기는 했겠지만 그런 권위들에 주눅 들지 않았습니다. 그렇다고 그들을 누르고 무슨 기막힌 신학을 만들려 하지도 않았습니다. 그냥 우리의 방식대로 우리의 언어와 우리의 상황 속에서 그들과는 다른 방식으로 신학에 시비를 걸고 싶었을 뿐이죠. 그 결과 '민중신학'이라는 나름 엣지 있는 신학적 영토를 구축했다고 저는 자부합니다.

연극이 끝나고 난 뒤

하지만 현재 민중신학은 더 이상 광장의 아우성도 아니고, 고독한 독방에서의 고투도 아닙니다. 피끓게 했던 광장의 언어는 이제는 서늘히 식어버려 죽은 놈 뭐 만지는 식의 불임의 언어가 되어버렸고, 독방에서 만들어낸 영감의 언어는 더 이상 소통하지 못하는 밀폐의 언어가 되어버렸습니다. 이것이 바로 현재 민중신학이 당면하고 있는 현실이고 조건이라고 한다면 지나친 자학일까요.

미국에서 10년 가까이 공부하면서 여러 차례 전 세계에서 온 친구들에게 민중신학에 대해 설명할 기회가 있었습니다. 그들은 처음에

민중신학 전 상서

는 놀라고 흥미로워하면서 민중신학에 관심을 보였습니다. 하지만 얼마 안 있어 지루해하며 이렇게 묻더군요. "우리는 민중신학의 과거에 대해서는 익히 들어 알고 있어. 우리의 관심사는 민중신학의 당대성이야. 민중신학이 신자유주의 체제 혹은 이데올로기의 대결이 사라진 포스트모던 사회에서 어떻게 작동되고 있는지? 민중신학의 현재와 미래에 대해 이야기해줄래." 그 친구들의 질문을 요약하자면 민중신학의 현재성에 관한 것입니다.

저는 이런 질문을 받고 두 가지 점에서 놀랐습니다. 하나는 저의 미국 친구들이 이미 민중신학의 개론적 지식에 많이 노출되어 있다는 점이고, 다른 하나는 제가 그다지 민중신학의 현재 또는 미래에 대해 그들에게 해줄 이야기가 없었다는 점입니다. 새삼 저의 민중신학에 대한 무지와 무감각과 무관심이 어느 정도인지를 가늠할 수 있었던 기회였습니다. 그 자극이 저의 박사학위 논문 제목을 "The Turn to the Other: A Conversation with Levinasian Ethics and Minjung Theology"(타자로의 전회: 레비나스 윤리학과 민중신학의 대화)(시카고신학교, 2014)로 정하는 계기가 되었습니다.

논문을 쓰면서 새삼 깨달았던 사실은 올곧은 신학이란 언제나 시대의 위기 속에서 비상을 꿈꾸다가 마침내 도약해서는 시대의 아픔을 부둥켜안고 추락하고 마는, 마치 봄날 화려하게 피었다가 처연히 낙화하는 목련과 닮았다는 것입니다. 모든 개별적인 사건들과 현상들이 하나의 절대적 관념, 즉 신으로 복속될 것이라 주장하고, 서로 상이한 진리들이 언젠가는 더 큰 진리로 통합되고 그 안에서 극적인 화해를 이루게 될 것이라 믿는 전통적인 신학은 위에서 언급한 신학의 남루하고 초라한 위상을 부정할지도 모르겠습니다. 하지만 신학적 진

2부. 신 없는 신학

리란 기존의 신학에서 말해왔던 것처럼 복음 안에서의 화해나 종합보다는 복음을 들고 시대와의 부조화를 선언하고, 복음을 근거로 시대의 균열을 조장하며, 복음과 함께 시대를 가로지르는 것이라 믿습니다. 번영을 담보로 차이의 소멸에 공조하는 신학이 아닌, 은폐된 차이와 모순을 드러내고 시대의 위기를 발설하며 그 모순과 위기를 타파하기 위한 구체적 실천praxis 속에서 발견되는 그 무엇, 그것이 바로 온갖 쭉정이 같은 신학들이 난무하는 세상에서 교회와 세상을 지켜냈던 신학의 참모습이라 믿습니다.

저는 이러한 신학적 전통을 요즘 유행하는 지젝의 말을 인용하여 '부정성과 함께 머무는 것!'이라고 말하고 싶습니다. '부정'에는 두 가지 의미가 있습니다. 하나는 '네거티브'의 의미이고, 다른 하나는 '정해지지 않음, 혹은 한계 없음'不定(infinite)의 의미입니다. infinite는 현실에서는 deferrable(연기할 수 있는) 혹은 difference(차이), 아니면 emptiness(비어 있음)의 형태로 나타납니다. 지젝이 '부정성과 함께 머물기'tarrying with the negative라 했을 때 얼핏 보면 전자의 '부정'을 사용하고 있는 듯하나, 지젝 사상의 핵심인 실재the Real를 이해하려면 오히려 후자의 '부정'으로 접근해야 합니다.

참고로 21세기 윤리학 지형을 새로 그리고 있는 레비나스의 '타자의 윤리학', 데리다의 '해체의 윤리학', 그리고 지젝으로 대변되는 슬로베니아학파의 '실재의 윤리학'이 상이한 지적 전통에서 출발했고, 그래서 각자 지향하는 바가 다르다 할지라도 셋은 공히 부정성을 전제로 한다는 점에서 공통점이 있습니다. 제가 보기에 민중신학에는 앞서 언급한 두 가지 형태의 부정이 다 포함되어 있습니다. 바로 이 부분이 부정성을 이론적 토대로 삼는 현대의 사상가들과 민중신학이

민중신학 전 상서

함께 공모할 수 있는 대목이라 여겨집니다.

하지만 민중신학이 간직하고 있는 부정성에 대한 자각과 그 부정성의 계기들을 어떻게 발화시킬 수 있을지를 둘러싼 모색은 서로 다른 성질의 문제입니다. 즉 '부정의 방식으로 말을 건네는 어법을 민중신학이 산출할 수 있을지?'가 관건이라는 말입니다. 지금까지 민중신학은 말하고자 하는 (타도의) 대상에만 관심을 가졌지, 말하는 방식에 대해서는 무지했던 것이 사실입니다. 이제 민중신학은 말을 건네는 대상에 집중하는 과거의 방식이 아니라, 말하는 방식을 개선하여 민중신학의 새로운 준거점을 확보해야 합니다.

부정의 변증법

선배, 부정성과 관련하여 '부정의 변증법'에 대한 이야기를 조금 더할 필요를 느낍니다. 우리가 예전에 수없이 나누었던 변증법 관련 대화들은 결국 '유한과 무한의 대립이 어떻게 종합될 수 있는가'를 둘러싼 공방이었습니다. 헤겔은 이 대립을 철폐하면서 논리적 일치성을 향해 치달았고, 결국 차이를 무화시키는 일원론(가령 절대정신)으로 자신의 주장을 마무리합니다. 이것이 헤겔식 변증법의 정의라 한다면 너무 조야한가요.

헤겔과 동시대에 살았던 키르케고르 Søren Kierkegaard (1813~1855)는 헤겔적인 변증법에 대한 최초의 반항이였습니다. 그는 높은 단계에서 종합되는 헤겔의 '전체성의 변증법'에 맞서 본인 특유의 '실존의 변증법'을 고안합니다. '진리의 내용이 무엇이다'라는 논증보다는, '그 진리에 내가 어떻게 도달했고, 그 진리가 어떻게 내게 역사하는가?'를 묻는 것이 더 옳은 관전 포인트가 아니냐며, 헤겔을 물고 늘어진 것이죠. 예를 들어 성육신成肉身, 즉 신이 인간이 된 사건을 설명한다고 하면서 헤겔은 신과 인간의 대립을 서둘러 봉합한 경향이 없지 않습니다. 오히려 기독교의 진리는 헤겔식 변증법의 논리와 달리 신과 인간 사이의 간격(대립)을 고스란히 느끼고 고민하는 가운데 그 역설과 간격을 여전히 유지하는 것이 아닐는지요.

키르케고르는 이에 대해 다음과 같이 말합니다. "위험이 없으면 신앙도 없다. 신앙은 내면성의 무한한 정열과 객관적 불확실성 간의 모순이다. 만일 내가 하느님을 객관적으로 파악할 수 있다면 나는 신앙을 가지고 있지 않을 것이다. 그러나 나는 이렇게 할 수 없기 때문에 신앙을 가질 수밖에 없는 것이다."* '하느님이 인간이 되었다'라는 기독교의 진리는 우리 실존에서 절대적으로 역설과 간극으로 존재해야 합니다. 키르케고르에게 진리란 헤겔식의 거대하고 종합화된 '내용'what보다는 구체적 실존의 '어떻게'how를 통해 결정되는 것이었습니다.

키르케고르에 의해 헤겔의 변증법이 한 차례 의심의 대상이 되긴 했으나, 막 일기 시작한 서구 근대의 진보적 사관과 낙관적 사고는 18세기 말부터 시작되어 19세기를 풍미했습니다. 그리고 헤겔식의 종합과 체계와 전체의 변증법은 이런 세계사를 움직이는 힘이었다고 할 것입니다. 19세기 말에 니체와 마르크스, 그리고 프로이트가 등장

---

* Søren Kierkegaard, *Kierkegaard's Writings XII, Concluding Unscientific Postscript to Philosophical Fragments,* translated and edited by Howard and Edna Hong(Princeton: Princeton University Press, 1992), 204쪽.

하여 그 질주에 제동을 걸긴 했지만, 20세기에 들어와 헤겔 변증법에 대놓고 딴지를 걸었던 사람은 테오도어 아도르노Theodor Adorno(1903~ 1969)가 아닐까 싶군요.

그는 프랑크푸르트학파의 탄생을 알린 호르크하이머와 함께 쓴 기념비적 저서인 『계몽의 변증법』과 더불어 단독으로 쓴 『부정 변증법』을 세상에 내놓으며 헤겔 변증법의 균열을 직시합니다. 아도르노는 "아우슈비츠 이후에 서정시를 쓰는 것은 야만이다"라는 말을 남긴 것으로 유명하죠. 그는 종전 후에도 계속 이 문제에 매달렸고, 최종적으로 아우슈비츠의 비극은 히틀러의 광기가 아니라 근대적 이성이 쌓아올린 동일성의 논리가 근본적 원인이라고 지적했습니다. 그는 이러한 주장을 콜레주드프랑스 강의에서 밝혔고, 그의 강의들을 모아 출간한 책이 바로 『부정 변증법』(1966)입니다.

『부정 변증법』에서 아도르노는, 변증법은 흔히 알고 있듯이 '정-반-합'의 도식을 따라 어떤 사태나 현상에 대한 해결로 나아가는 법칙이 아니라, 오히려 그것은 보편성과 동일성을 요구하는 모든 방법들에 대한 저항과 대립을 의미하는 것이라고 주장했습니다.* 진리란 참되고 바르고 순수한 무엇으로 고정되는 순간 이미 진리이기를 포기한 것입니다. 나와 다른 차이와 대립을 내 안에 간직한 채로 앞으로 나아갈 때 비로소 우리는 진리의 대열에 서 있다고 말할 수 있습니다. 자기반성과 성찰이 없는 사유로는 결코 진리에 도달할 수 없다는 것이 아도르노가 『부정 변증법』을 통해 하고 싶었던 말입니다.

---

* Theodor Adorno, *Negative Dialectics*, translated by E. B. Ashton(New York: Seabury Press, 1973), 6쪽.

2부. 신 없는 신학

특히 아도르노는 인식론적 영역에서 벌어지는 동일성의 법칙이 자본주의 사회의 교환 체제를 뒷받침하고 있다고 비판합니다. 동일성의 원칙이 자본주의 사회에서 인간을 사용가치가 아닌 교환가치를 지닌 존재로 전환시켜 물화된 형식으로 치환해버렸기 때문입니다. 예를 들면 이런 것입니다. 제가 유학했던 시카고의 변두리에는 매일 새벽마다 인력시장이 섭니다. 새벽기도를 가다 길을 잘못 들어 그곳을 지나치다 보면 다양한 인종의 사람들이 누군가의 선택을 기다리며 삼삼오오 공원 주변으로 모여드는 것을 쉽게 볼 수 있었습니다. "시멘트 바를 줄 아는 사람 4명!" 하면서 차량 한 대가 그들 앞에 멈춰서면 열댓 명의 사람들이 급하게 손을 흔들며 자신의 의지를 표명합니다. 그 상황에서는 마이클이 가도 되고, 호세가 가도 됩니다. 물론 이상철이 가도 됩니다. 그 누구든 상관없습니다. 시멘트를 바를 줄 아는 남자라면 말입니다. 이때 호세, 마이클, 이상철은 서로 교환 가능합니다. 아니, 이 3명만이 아니라 시멘트를 바를 줄 아는 신체 건강한 사람 모두는 이 교환 시스템의 일원이 될 수 있습니다.

자본주의는 개별 존재자들을 거의 예외 없이 100퍼센트 돈으로 교환할 수 있다는 믿음의 원칙입니다. 그것은 서구 근대 이성이 이룩한 동일성 원리의 결정판입니다. 이 법칙에서는 인간과 사물 사이에 질적 차이가 없습니다. 교환가치로 매개된 노동자와 자본가, 그리고 이 시스템을 떠받치는 부르주아 사회 장치는 각각의 존재가 지니는 질적인 차이를 물화된 동일성으로 탈바꿈시켰습니다.

『부정 변증법』에서 아도르노가 비판하고 있는 대목이 바로 이 점입니다. 아도르노는 동일성의 원칙에 의해 억압당한 특수하고 예외적인 것들, 사회 속에 존재하나 셈하여지지 않는 존재들, 목소리가 들리지 않는 존재들을 재발견합니다. 그들은 역사에서 고아와 과부였고, 여성이었고, 장애인이었고, 이교도였고, 흑인이었고, 유대인이었고, 제3세계 민중이었고, 불법이민자였고, 빨갱이였고, 동성애자였습니다. 동일자의 개별자에 대한 억압과 폭력에 대처하고자 아도르노는 '부정의 변증법'을 상상한 셈입니다.

흔히 서구 사상(신학 포함)은 아우슈비츠 이전과 이후로 나뉜다고 할 만큼 아우슈비츠가 서구 사회에 던진 파장은 엄청났습니다. 전후 대륙 철학을 휩쓴 실존주의, 구조주의, 포스트모던 철학, 해체주의 등은 기본적으로 동일성에 기반한 서구 정신 전반에 대한 부정이라 할 수 있습니다. 그렇지만 프랑스에서 해체주의 철학이 등장하기 전에 이미 아도르노에 의해 우리는 이러한 전조를 엿볼 수 있었습니다.

민중신학의 위기

아도르노가 '부정의 변증법'을 말하는 이유는 한마디로 현대 사회가 '위기 사회'라는 데 있습니다. 진보에 대한 신념과 신기루로부터 출항한 근대! 그곳의 사람들은 '비록 지금 우리에게 약간의 혼돈과 동요가 있지만, 저 지평선 너머에는 어김없이 찬란한 미래가 있다'라는 환상에 휩싸였던 족속들이었습니다. 하지만 20세기 초에 발생한 두 차례의 세계대전을 거치면서 유토피아를 향했던 동경은 미래에 대한 공포와 허무와 위기로 바뀌었습니다. 바야흐로 위기 사회가 도래한 셈이죠. 2차 세계대전 후 확립된 미·소의 냉전체제와 그 구도에서 전개되는 핵무기 경쟁은 위기 담론을 급하게 끌어올리는 계기가 되었습니다. 하지만 냉전시대의 위기론은 고전적이고 순진한 위기의식일 겁니다.

20세기 말을 휩쓴 냉전체제의 붕괴는 우리에게 다른 차원의 위기를 선사했습니다. 사회주의의 붕괴는 세상의 변혁과 인류의 진보를 낙관하고 믿고 의지했던 많은 사람들을 광장으로부터 떠나가게 했습니다. 텅 빈 광장을 바라보고 그 광장의 부활이 요원하다는 현실을 직시하기까지, 동시에 우리에게 새로운 차원의 위기가 시작되고 있다는 사실을 알아차리기까지 걸린 시간은 그리 길지 않았습니다. 그 무렵부터 쏟아지기 시작한 온갖 종류의 위기 담론은 이제 우리의 일상이 되었습니다. 물론 민중신학도 예외는 아닙니다.

진화생물학자들에 따르면 인간이 다른 동물들보다 발달한 것이 위기본능이라고 합니다. 위기를 예감하고 그 위기에 대처하면서 인간은 자연을 정복했고, 물리적으로 우세한 다른 종들을 지배해왔습니다. 그러므로 위기의식은 인간이 삶을 영위하고 종족을 보존하고 문명을 이룩해가는 과정에서 없어서는 안 될 필수불가결한 요소라 할수 있습니다. 하지만 현재 펼쳐지는 위기 담론은 진화생물학자들이 말하는 그것과는 성격이 다릅니다. 우리가 경험하는 현 위기의 요체는 우리 삶의 구조와 방식이 인간의 통제와 예측이 통하지 않는 강력한 자본의 자기장 안에서 형성되고 있다는 점, 그리고 우리가 만든 자본주의 시스템 안에서 인간이 교환가치로 전락하여 개별적이고 단독적인 인간 가치가 셈해지지 않는 사회가 되었다는 데 있습니다.

어둡고 몽매했던 중세의 어둠을 비추던 한 줄기 이성의 빛, 그것으로 인해 인간은 어둠의 터널을 벗어나 자유와 번영을 구가했던 것이 사실입니다. 하지만 어느 순간부터 그 빛은 주인의 손을 벗어난 통제 불능의 광선 검이 되어 세상을 휘두르기 시작했습니다. 마치 한번 가열된 원자로가 식을 때까지는 외부에서 손을 쓸 수 없는 것처럼, 현대 문명은 이미 인간의 손을 벗어났습니다. 인류 역사상 가장 풍요롭고 기술이 발달한 이 시대에 인류 역사상 가장 불투명한 디스토피아적 전망이 우리를 지배하고 있는 미증유의 사태가 현 위기 담론의 요체입니다.

민중신학의 위기도 그 연장선상에 위치합니다. 중심의 부재와 상실, 그리고 믿었던 실재에 대한 배신과 실망 등등의 복합적인 감정이 '민중신학의 위기'를 발설케 한 것이죠. 하지만 본디 중심이란 데리다의 말처럼, 무엇인가 꽉 차 있는 중심이 아니라 비어 있는 공간으로, 현실에 대한 부정不定으로, 도래할 그 무엇에 대한 대망으로 존재하는 중심이 아닐는지요. 그 비어 있는 중심을 차지하려는 세력을 성경은 에덴의 동쪽으로 추방시켜 바벨의 언어를 사용하도록 만들었습니다. 성경은 또한 신의 자기 비움(필리오케)을 통해야만 드러나는 그리스도 현존을 강한 어조로 주장합니다. "그는 하느님의 모습을 지니셨으나 하느님과 동등함을 당연하게 생각하지 않으시고 오히려 자기를 비워서 종의 모습을 취하시고 사람과 같이 되셨습니다."(「빌립보서」 2:6~7)

저는 민중신학이 이러한 성경의 메시지에 충실했다고 봅니다. 민중신학은 태생적으로 중심의 부재와 해체를 선언하면서 등장한 진정한 위기의 신학이었고, 그로 말미암아 본성상 주변에 위기를 선사할 수밖에 없는 세이렌의 음성이었습니다. 그것이 민중신학을 여전히 현재진행형인 위태로운 사건의 문법으로, 혹은 사후적으로 구성되는 위험한 증환의 방식으로, 또는 도래할 미래를 불러내는 유령의 언어로

　　　　　　　　　　　　　2부. 신 없는 신학

남아 있게 하는 건지도 모릅니다.

선배, 그래서 저는 '민중신학의 위기'라는 말이 좋습니다. 그 이유는 다음과 같습니다. '민중신학의 위기'라는 말은 우리 안에 있는 결핍을 비추어주는 거울이고, 그 결핍을 메울 환상을 제공하는 기제가 되기 때문입니다. 마치 '광주 민주화운동'보다 '광주 사태'라는 말이 더 날것으로 다가와 살냄새가 나고 피 냄새가 나서 우리의 심장을 뛰게 했던 것처럼, '민중신학의 위기'라는 말 역시 적어도 제게는 아직 끝나지 않은 어떤 사태를 직감하고 예감케 합니다.

맞습니다. 민중신학은 위기입니다. 그럼에도 저는 민중신학은 여전히 위기 가운데 있어야 한다고 봅니다. 민중신학이 안전한 토대 위에서 그 위용이 전파되는 순간, 이미 민중신학은 민중신학이 아닌 것이 되어버리기 때문입니다. 민중신학을 말하면서, "민중신학은 무엇이고, 앞으로 이런 방향으로 나아가야 한다!"라는 선언을 할 수도 있을 것입니다. 하지만 그 구호는 결단코 민중신학이 될 수 없습니다. 왜냐하면 민중신학은 부단히 스스로를 부정적으로 해체적으로 취급하면서 자기정체성과 정당성을 유지하는 탈영토화된 공간이기 때문입니다. 영토화되지 않았다는 이유로, 선언되지 않고 규정되지 않았다는 이유로 '민중신학이 위기'라고 비난받는다면, 우리는 그 혐의에 오히려 감사해야 할 것입니다.

아도르노가 "진정한 깊이는 저항에서 비롯되는 것"이라고 말했다지요. 결국 모든 저항은 자기 자신에 대한 저항이 아닐까라는 의미로 해석하고 싶습니다. 민중신학도 마찬가지입니다. 그 저항이 멈추는 날은 '민중신학의 위기'라는 말이 걷히는 날이 될 것입니다. '민중신학의 위기'라는 말이 여전히 유효하다면, 우리의 저항이 지속되고

민중신학 전 상서

있다는 반증일 테고요. 그럴 것입니다.

민중신학의 부정성

앞에서 저는 '민중신학의 위기'라는 주제로 부정성에 입각한 민중신학에 대해 언급했습니다. 제가 민중신학의 부정성不定性을 언급했던 이유는 어떤 보편적 입법에 의해 소외되는 개별자들의 다름이 존중되고 각광받는 사회를 위한 비평적 무기를 민중신학 내에서 확보하겠다는 마음에서 기인하지만, 그보다는 거대서사의 논리에 입각한 민중신학의 내러티브에 변화를 주기 위함입니다.

선배, 솔직히 민중신학만큼 거대한 이야기가 어디 있나요. 지금도 민중신학이라는 말을 들으면 이 나이에도 가슴이 짠하고 뭉클해지면서 눈물이 고이는 숭고함을 어떻게 설명해야 하는지. 원래 미학이론에서 말하는 숭고함이란 우리 앞에 펼쳐진 거대한 광경, 장면, 사건 앞에서 미적 주체가 느끼는 황홀경 일반을 지칭하는 말입니다. 미적 대상의 거대함 앞에서 미적 주체는 한없이 작아져 그 거대함을 어찌 표현할 줄 몰라 결국에는 추상의 형태로밖에는 아름다움을 표현할 수 없습니다.

우리는 그동안 우리 앞에 우뚝 서 있는 위대함과 거대함들에 일방적으로 경도되어왔습니다. 그 충격과 전율을 그냥 감내하고 받아들이기에 급급했습니다. 이것이 전 시대 운동의 논리이자 강령이었고, 방법이었습니다. 우리가 자유와 민주와 정의와 통일이라는 말 앞에서 느꼈던 숭고함을 회상해보십시오. 얼마나 대단했던가요. 하지만 사실 그것은 박정희 시대를 그리워하는 사람들이 느끼는 감정의 그것과 별반 다를 게 없습니다. 그들 역시 조국 근대화, 반공, 산업화, 경제강국이라는 거대함과 위대함 앞에서 눈물을 주르륵 흘립니다. 어쩌면 한국 사회는 이 두 가지 포획되지 않는 숭고함의 에네르기가 공존하는 리비도의 각축장이라 해도 무방할 것입니다. 양자는 촛불집회와 태극기 집회를 지배하는 서로 다른 두 종류의 파토스가 되어 광장을 분할하고 있습니다.

선배와 내가 좋아했던 니체가 그랬던가요. "우리가 괴물의 심연을 오랫동안 들여다본다면, 그 심연 또한 우리를 들여다보게 될 것이다"라고 말입니다. 나는 이 문장을 접하는 순간 몸이 얼어붙는 듯한 느낌을 경험한 바 있습니다. 우리의 치부를 들켜버린 부끄러움이랄까요. 민중신학 진영 역시, 전선 저편의 그들처럼 진영의 논리 안에 오랫동안 갇혀 있다 보니 무언가를 받아들이는 감각이 무디어지고, 그 과정에서도 편협한 '의심의 해석학'에만 의존하고 있는 것은 아닌지. 그리고 그것이 마치 우리의 미덕인 양 자위하고 있지는 않은지. 지난 시절이 워낙 혹독했던 까닭에 그 잔혹함에 맞서 싸우느라 우리의 의식과 영혼 역시 그들처럼 차갑게 식어버린 것은 아닌지.

이런 까닭에 부정성을 인간 행위의 근거로 내세우는 새로운 제안은 진영논리 안에서 통합의 변증법에 길들여져 있는 우리를 혼란과 불안 가운데로 인도합니다. 하지만 한 꺼풀 벗겨보면 총체성의 윤리는 보편자(이치, 중용, 정언명법 등) 안으로 개별자를 일방적으로 줄세우는 상징계의 원칙이고 전체성의 논리라는 사실을 어렵지 않게 발견할 수 있습니다. 부정성에 기반한 민중신학은 그동안 민주니 자유니 통일이니 민족이니 하는 거대담론에 묻혀 잊히고 들리지 않았던

민중신학 전 상서

작은 목소리들에 주목하면서, 각각의 개별자들이 거대한 구호를 따라 다니느라 놓쳐버린 자기의 음성을 찾도록 돕고 자기의 윤리를 터득할 수 있도록 인도합니다.

그러기 위해서는 우리가 반드시 지워야 할 고정관념이 있습니다. 우리에게는 아주 안 좋은 습관이 있죠. 진리와 정의를 동류로 보는 것이 그것입니다. 진리를 둘러싼 담론이 반드시 정의로울 수 없음에도 불구하고 말입니다. 정의란 차이가 인정되는 상태이고 그것이 차별의 근거로 작동되지 않음을 의미합니다. 정의로운 사회에서는 차이로 인해 의사소통 과정에서 소란이 있을지라도 어느 한편의 일방적인 목소리에 작은 목소리들이 묻히지 않습니다. 또한 정의는 "민주와 자유와 통일을 위해 잠시 다른 목소리들은 유보되어도 괜찮다"라는 가부장의 목소리에 대한 저항이어야 할 것입니다. 이 경우는 한국의 진보진영에 하고 싶은 말입니다. 정의라는 거대서사를 면죄부로 내세우면서 그들은 내부적으로 보수진영과 다를 바 없는 의사소통 방식과 일하는 방식을 견지하지 않았습니까. 이렇듯 정의란 한국 땅에서 보수와 진보 둘 다를 겨냥하는 양날의 검입니다.

민중신학과 타자

보수와 진보 양자를 겨냥한 양비론 논쟁은 한동안 유행했던 포스트모던을 둘러싼 논쟁의 화두이기도 했습니다. 일찍이 포스트모던 논쟁을 주도했던 리오타르가 『포스트모던의 조건』에서 거대서사의 붕괴, 작은 이야기들의 발굴을 언급했고, 이에 대한 하버마스로 대표되는 반

2부. 신 없는 신학

대 의견도 만만치 않게 등장했던 시기가 있었습니다. 1990년대 초·중반이 그랬죠. 당시 선배랑 불꽃 튀기며 '포스트모더니즘'을 놓고 갑론을박했던 날들이 기억나는군요. 물론 한국 사회에서 그 논쟁들은 얼마 가지 않아 흐지부지되고 말았지만, 저는 지금도 리오타르의 의견에 심정적으로 동의합니다.

하버마스와 리오타르만을 따지고 보자면, 전자의 경우 인간은 사회적·역사적 망을 벗어날 수 없는 존재이고, 그 규범성이 인간됨의 조건임을 전제합니다. 후자는 그것을 부정하는 것이고요. 즉 하버마스에게 규범은 인간 삶의 조건인 반면, 리오타르는 그 규범으로부터의 해방이 인간 삶의 조건인 셈입니다. 자신들의 사상적 준거점을 확보하고 나서, 양자는 서로를 향해 반격을 가합니다. 전자에 대해서는 '규범은 자칫 악용되면 전 시대와 같은 전체주의로 빠질 수 있음'이, 후자를 향해서는 '허무주의로 변하여 비역사성 또는 비사회성을 초래할 수 있음'이 지적됩니다.

물론 그에 대한 반론 역시 양자가 많은 논쟁을 거치면서 제기했고요. 하버마스는 유명한 '대화적 이성'에 입각한 의사소통 행위를 내세웠고, 반대편에서도 비역사성, 비사회성에 대한 지적에 맞서 타자성을 내세웁니다. 데리다, 레비나스 등이 대표적인 인물입니다. 이런 계보학적인 흐름에서 볼 때, 하버마스가 내세우는 제안은 이성의 자기발전, 자기변명이라는 측면에서 도구적 이성의 질주에 제동을 거는 좋은 의견임에도 불구하고, 그것은 자칫 이상적 의사소통 행위에 참여할 수 있는 합리적 주체들만의 잔치가 될 우려가 있습니다. 그들만의 리그가 될 수 있다는 말입니다. 이것이 타자성을 내세우는 윤리적 전략이 요즘 주목받는 이유일 것입니다.

제가 기대하는 민중신학의 미래는 타자성을 기반으로 합니다. 하지만 이것은 민중신학과 포스트모더니즘을 적당히 버무리겠다는 말이 아닙니다. 우리가 흔히 포스트모더니즘과 관련하여 저지르기 쉬운 실수 중 하나가 포스트모더니즘 일반을 범박한 타자성으로 덧칠해버리는 것입니다. 『신의 약함』The Weakness of God(2006)의 저자이자 미국 학계에서 데리다의 충실한 전달자이자 해석자인 존 카푸토는 포스트모던 논쟁이 한창이던 1993년에 『윤리학에 반대하다』Against Ethics라는 책을 출간한 바 있습니다. 그 책에서 카푸토는 포스트모던 사상의 일반적 특징을 이종성異種性(heterology)이라 명명했고, 더 조밀하게는 이형성異形性(heteromorphism)과 타율성他律性(heteronomism)으로 나눕니다.[*]

전자는 니체로부터 기인하여 들뢰즈, 푸코로 이어지는 계통이고, 후자는 굳이 기원을 거슬러 올라가자면 키르케고르로부터 시작하여 레비나스와 데리다로 이어지는 진영입니다. 니체가 그랬듯이 전자가 디오니소스적 축제를 찬양하고 자기에 대한 긍정과 삶에 대한 환희를 내세우는 유쾌한 세계관이라면, 후자는 존재 일반이 지닌 무한성으로부터 비롯되는 불안, 공포, 책임, 신비 등의 감정이 복잡하게 얽혀 있습니다.

흔히 포스트모더니즘을 거론할 때 니체로부터 이어지는 계보를 떠올리기 쉬운데, 근래에는 오히려 포스트모더니즘과는 별도로 신자유주의 시대를 맞아 더 세밀해지고 파편화된 채 착취당하며 사라져가는 다양한 타자들에 대한 관심과 배려 차원에서 레비나스와 데리다

---

[*]   John D. Caputo, *Against Ethics*(Bloomington: Indiana University Press, 1993), 53~62쪽.

2부. 신 없는 신학

의 타자성이 주목받고 있습니다. 바로 이 부분이 민중신학과 관련하여 제가 관심을 갖는 부분입니다.

민중신학은 이제 거대하고 묵직했던 실천이론보다는 작은 진실들, 즉 혁명의 시대를 살아내느라 미처 챙기지 못했던 소소한 일상의 것들을 제대로 응시할 수 있는 시선의 확보를 통해 '민중신학의 위기'를 관통할 새로운 돌파구를 마련해야 할 것입니다. 저는 그것을 타자에 대한 발견과 환대를 이야기했던 레비나스와 데리다를 불러들여 민중신학과의 비판적·우호적 대화를 통해 하나씩 풀어가려 합니다. 그 과정을 거치면서 민중신학의 과거에 대한 회고와 현재에 대한 진단, 그리고 미래에 대한 전망까지 다 아우를 수 있기를 기대합니다.

선배, 그동안 저의 넋두리를 듣느라 수고했수다. 함께 있었더라면 저의 발언을 향해 예의 그 꼬장꼬장한 시선과 말투로 한바탕 퍼부었을 텐데. 선배의 그 일성이 그립구려. 살다가 답답한 부분, 풀리지 않는 매듭이 등장하면 다시 편지 띄우겠습니다. 감사의 마음을 전하며. 평안을……

민중신학 전 상서

3부

비판과 성찰,
고백과 애도

한국 사회의 디스토피아적 증상에 대하여

1부와 2부는 '인문/신학 담론'의 씨줄과 날줄의 역할을 담당했다. 윤리적 진술과 신학적 서사는 언뜻 비슷한 면이 있는 것 같다가도 예리하게 갈린다. 신학의 언어가 고백과 독백의 언어라면, 윤리의 언어는 선언과 방백의 언어라 할 수 있다. 고백과 독백이 내면의 자아와 관계된 일이라면, 선언과 방백은 외부의 자아를 형성한다. 양자 간의 길항 관계를 통해 인간은 신과 인간, 그리고 세계에 대응한다. '인문/신학 담론'의 목적은 독백과 방백의 간극을 횡단하고, 고백과 선언의 사이를 가로지르면서, 그 과정에서 새로운 상상과 사건을 전망하고 견인하는 것이라 말할 수 있겠다.

3부에서는 1부와 2부에서 못 다한 이야기들, 혹은 1부와 2부에 빠져 있는 잉여적인 부분을 메우고자 한다. 그것은 인문/신학적 글쓰기의 구체성과 연관된 부분이기도 하다. 고백과 방백을 넘어서 구체적 대화의 단계로까지 나아가 대상과 관계를 맺을 때 비로소 무언가에 대한 상像이 생기듯, '인문/신학 담론'의 종착점은 사적이고 내밀한 신학적·윤리적 이야기뿐 아니라, 공적이고 사회적인 이슈까지 들취내면서 대화하고 개입하는 것이다.

　슬라보예 지젝은 "멈춰라, 생각하라"라는 말로 우리 시대 운동의 전략을 요약한다. '행위하라'가 아니라 '생각하라'라는 지젝의 조언은 많은 것을 시사하는데, 그의 발언은 레닌으로부터 영향을 받은 것이다. 소련식 농담에 이런 이야기가 있다. 마르크스와 엥겔스와 레닌에게 똑같이 질문했다고 한다. 애인과 아내 중 누가 더 좋은가? 마르크스는 '아내'를, 엥겔스는 '애인'을 선택했다. 반면 레닌은 둘 다 선택했다. 이유를 물었더니, 레닌은 "아내에게는 애인 핑계를, 애인에게는 아내 핑계를 대고 둘 다에게 안 갈 수 있기 때문이다"라고 답했다. 그러자 기자가 이렇게 물었다. "그러면 당신은 뭘 할 건데?" 그때 레닌은 이렇게 답했다. "조용한 곳에 가서 공부하고, 공부하고, 또 공부하는 거지……." 실제로 레닌은 1914년 1차 세계대전이 벌어졌을 때 스위스의 외진 곳으로 물러나 은둔한 채 헤겔의 책들을 읽으며 공부하고, 공부하고, 또 공부했다. 그리고 1917년 러시아 혁명을 일으켰다.

　온갖 종류의 폭력이 난무하는 21세기, 무엇을 할 것인가를 놓고 골몰하는 우리에게 레닌의 일화는 새로운 인식의 창을 제공한다. 지젝은 레닌의 영향을 받고 "멈춰라, 행위하라"라는 말 대신 "멈춰라, 생각하라"라는 말로 오늘의 운동 강령을 요약했다. 멈춰 서서 체제의 논리를 지켜보고 체제의 메커니즘에 편입되어 돌아가는 자신을 발견하라는 것이 지젝의 첫 번째 주문이다. 어느 스님의 말처럼 진실은 어쩌면 멈춰야 비로소 보이는 것일지 모르겠다. 그리고 그 지점에서부터 뭘 할지를 생각하고, 생각하라고 지젝은 권한다.

　이러한 지젝의 발언에 동의하면서 나는 이 장에서 2014년 귀국 후 현재까지 한국 사회에서 경험했던 비참과 탄식의 사건들 앞에 멈

취 서서 하나씩 복기하는 시간을 갖고자 한다. 대략 이런 기사 제목들이 떠올랐다. 인문학 열풍, 젠트리피케이션, 자살률 1위, 여성 혐오와 동성애 혐오, 그리고 세월호 참사까지. 지금 거론한 항목들 이외에도 한국 사회의 모순과 부조리를 드러내는 징후적 증상은 아주 많다. 하지만 이 책에서는 위의 여섯 가지 주제로 한정하여 인문/신학적 문화 비평을 시도할 것이다. 본격적으로 각각의 제목들에 대한 인문/신학 비평을 전개하기에 앞서 인문/신학 비평에 대한 나의 단상을 먼저 나눌 필요성을 느낀다.

인문/신학 비평을 범박하게 말하면, 당대의 문화 현상에 깃든 함의를 들춰내면서도 그 사회의 구조를 해부하는 것이다. 다분히 정치적일 수밖에 없다. '정치적인 것'이란 정치 뉴스에서 다루어지는 정황과 사실에 대한 보도도 아니고, TV 토론 프로그램에서 이루어지는 사이비 제스처도 아니다. '정치적인 것'이란 현실정치 안에 갇힌 쾌락의 원칙과 욕망의 법칙을 거슬러 올라가는 수행성과 관련이 있다. 수행은 종교적 용어다. 거의 모든 종교에서 수행성performativity은 화석화된 진리의 답습을 통해서가 아니라, 진리를 향해 나아가는 방식, 즉 진리를 향해 말 거는 방식 가운데서 획득된다. 이 말에는 종교성이 종교 안에 있지 않다는 뜻이 내포되어 있다. 종교성은 각 종교의 전통 안에서 고백되고 믿어지는 어떤 본유적 성질로부터 유래하지 않는다. 진정한 종교성의 발현은 종교적 수행 이후에 사후적으로 획득되는 것이다. 각 종교 전통에서 종교적 깨달음 못지않게 종교적 수행을 강조하는 이유가 여기에 있다.

역사적 사건들의 진실을 외면하고 비참의 현장을 가리면서 의미를 축소, 희석하는 것이 이데올로기의 임무였다면, 인문/신학 비평은 텍스트 읽기와 해석의 단계를 지나 문제를 다시 정의하는 것, 즉 이데올로기를 향해 적대를 선언하는 것이다. 그것은 한국 사회를 지배하는 비참과 탄식의 증상을 드러내고, 그 현실을 똑바로 직시하며, 파국으로 치닫는 시계를 멈춰 서게 하는 투쟁을 상상하는 지점으로까지 나아가는 것이다. 이것이 인문/신학적 문화 비평에 깃든 함의이고, 이런 이유로 내게 그것은 수행적이고 그래서 종교적이다.

11장은 한국의 지식사회를 지배하고 있는 인문학 열풍에 대한 비평이다. 아무런 성찰 없이 광적으로 이루어지는 인문학의 소비가 인문학의 역사와 취지로부터 얼마나 동떨어진 채 진행되고 있는 기현상인지를 고발한 다음, 다시 인문학이란 무엇인가, 라는 근본적인 물음으로 돌아가 인문정신에 대한 답을 찾는다.

12장은 도시재개발 사업으로 인해 야기되는 젠트리피케이션 문제를 서대문 옥바라지 골목 철거와 투쟁 과정을 지켜보면서 다룬 일종의 르포 형식의 글이다. 젠트리피케이션은 권력과 대중이 쾌락을 위해 그것이 퇴행적인 행위임을 인지하고 있음에도 서로가 제휴한 것이고, 또한 인간의 욕망과 겹쳐진다는 점에서 심각한 사회적 문제다. 종교적 물음이 결국 욕망의 문제와 얽힌 것이라면, 과연 종교적인 것의 무엇이 우리의 욕망을 제한할 수 있을까. 젠트리피케이션 문제를 통해 최종적으로 도달하려는 인문/신학적 비평의 지점이다.

13장은 '여성 혐오, 그 중심에 교회가 있다'라는 다소 도발적인 제목이다. 2016년 5월 강남역 부근 건물 화장실에서 발생했던 불특정 여성을 향한 살인사건은 우리 사회를 충격에 빠뜨렸다. 뿌리 깊게 박혀 있는 여성에 대한 차별과 혐오의 메커니즘은 우리 사회에서 다양한 형태로 존재하고 있고, 특히 한국 개신교는 이 문제로부터 절대

자유로울 수 없다. 도착된 성경 해석을 바탕으로 한 한국 교회의 여성 차별과 여성 혐오의 역사에 대한 신랄한 인문/신학 비평이 모색될 것이다.

14장은 OECD 국가 중 자살률 1위를 자랑하는 한국 사회의 자살의 현상학을 다룬 글이다. 전통적으로 자살에 대한 기독교 신학의 해석은 인색하기 그지없었다. 하지만 정녕 성경이 자살한 이들에 대해 그토록 야박한 평가를 내렸을까, 라는 의문이 내게는 있다. 결국 자살은 그럴 수밖에 없는 처지로 내몰았던 사회적 조건의 문제이고, 그 조건을 방치했던 우리의 문제다.

15장은 세월호 참사에 대한 레퀴엠이라 해도 무방하다. 후대의 역사는 21세기 대한민국의 역사를 세월호 이전의 대한민국과 이후의 대한민국으로 나누어 기술할 것이다. 그 정도로 세월호 사건이 한국 사회에 던진 파장은 크고 깊다. 세월호 희생자들에 대한 애도와 기억을 성공적으로 이루어내기 위해 필요한 것이 무엇인지를 둘러싼 나의 논의는 '세월호, 바람 그리고 유령'이라는 제목으로 전개된다.

16장은 동성애 혐오의 중심으로 자리 잡은 한국 개신교의 호모포비아 현상에 대해 쓴 글이다. 성경에 등장하는 반동성애 관련 구절에 대한 비판적 고찰, 성경의 해방적 전통 아래서 동성애 혐오가 지니는 모순과 불일치를 드러내 보이면서 한국 교회의 호모포비아를 둘러싼 광기의 정치학을 해부한다.

11장
인문학 열풍의 아이러니

인문학 열풍의 요체

10년이면 강산이 변한다는 말은 사실이었다. 미국 유학을 마치고 10년 만에 돌아온 고국은 엄청나게 변해 있었다. 우선 표면적으로 정권이 바뀐 것이 가장 낯설었다. 미국으로 갈 때는 노무현 정권이었는데 돌아와보니 이명박을 거쳐 박근혜 정권으로 이어지는 보수정권이 연거푸 집권하고 있는 상황이었다. 신자유주의를 신봉하는 두 정권을 거치면서 한국은 신자유주의의 본고장인 미국보다 훨씬 더 철저하고 충실하게 신자유주의를 이행하는 신자유주의의 실험장 같았다. 구조조정이 상식이 되어버렸고, 정규직과 비정규직 간의 물리적·심리적 거리감은 건널 수 없는 강이 되었다. 갑을관계의 냉엄함과 잔혹함은 하늘을 찌른다. 연일 신문지상에서는 신자유주의가 선사하는 삶의 무게를 견디지 못한 민중의 자살 보도가 넘쳐나고, 20~30대 사이에서는 연애, 결혼, 출산을 포기하는 3포 세대가 등장했다. 10년 만에 돌아온 조국은 그야말로 디스토피아 그 자체였다. 이러한 상황에서 특별하게 발견한 것이 하나 있는데, 바로 한국 사회를 휩쓰는 인문학 열풍이었다.

"무한경쟁." "누구도 2등은 기억하지 않습니다." "마누라와 자식만 빼고 다 바꿔라." 신자유주의가 휩몰아치던 1990년대의 수사학이다. 무한경쟁에서 승리하기 위해, 아무도 기억하지 않는 2등을 면하기 위해, 시대의 변화에 적응하기 위해 한국인들은 열심히 일을 했다. 한국의 인문학 열풍을 체험하면서 나는 신자유주의가 지니는 파토스와 인문학 사이에 모종의 결탁이 이루어진 것은 아닌가, 라는 생각을 했다. 신자유주의적 논리와 질서 속으로 인문학이 녹아들어가면서 신자유주의화된 인문학, 신자유주의를 위해 봉사하고 협력하는 인문학이 한국 땅에서 돌연변이로 태어난 것은 아닐까.

그것은 단순히 인문학이 신자유주의 이론을 축조하고 견고하게 하는 데 일조했다는 말이 아니다. 인문학이 신자유주의 논리를 학습하고 내재화했다는 말이다. 실례로 현재 한국의 지식사회는 인문학이라는 말을 빼놓고는 논의할 수 없을 정도로 인문학의 위상이 막강하다. 각종 인문학 프로젝트와 인문학 강좌들이 홍수를 이루고 있고, 서점을 둘러보면 책의 제목이나 표지글에 어김없이 '인문학'이라는 말이 들어가 있다. 10년 동안 국외자의 입장에 있다가 내부자의 시선으로 이런 현상을 바라보자니 처음에는 흥미로웠다. 그 사이에 고양된 한국인들의 인문학을 대하는 자세가 궁금하기도 했다. 하지만 시간이 지나면서 슬슬 불편해지더니 요즘은 한국 사회를 휩쓰는 인문학 열풍이 모욕적이고 심지어 수치스럽기까지 하다. 과연 어디서부터 단추가 잘못 끼워진 것일까.

인문학 열풍의 아이러니

스펙 우선주의

현재진행형인 인문학 열풍은 한국인들에게 잠재해 있는 두 가지 욕망
과 모종의 연관이 있어 보인다. 하나는 스펙 우선주의이고, 다른 하나
는 힐링 지상주의다. 세상을 지배하는 특권층이 되기 위한, '천재'가
되기 위한, 일류대에 가기 위한, 부자가 되기 위한 인문학! 이런 취지
의 제목이 붙은 책들이 인문학 관련 서적 베스트셀러 목록에서 높은
순위에 올라 있는 것을 보면 한국의 인문학 풍토에서 스펙 우선주의
가 차지하는 비중을 어렵지 않게 짐작할 수 있다. 부가가치가 높고 효
율적인 스펙을 쌓은 사람을 신자유주의형 인간이라고 할 때, 인문학
은 신자유주의 시대에 최적화된 인간을 양성하는 도구로 전락하고 말
았다.

　　강철 같은 의지를 지닌 불패의 정신으로 무장한 주체를 이 시대
로 다시 소환하자는 말은 아니지만, 신자유주의 시대와 더불어 등장
한 21세기형 주체는 너무나도 무력하다. 사회학자 지그문트 바우만
Zygmunt Bauman(1925~2017)의 '액체 근대'를 패러디하여 21세기 신자유
주의형 인간을 '액체화된 주체'라고 명명하는 것은 그리 놀라운 일이
아니다. 지난 시대 우리를 지배했던 이데올로기, 공동체, 대의, 국가,
체제 같은 굳건했던 숭고함들은 전 지구적으로 몰아닥친 자본의 열
풍에 녹아내려 흐물흐물해졌다. 바우만의 '액체화된 근대'는 포스트
모더니즘과 신자유주의 이후 변화된 세상의 모습을 정확하게 묘사해
준다.

　　액체화된 시대에 강철 같은 의지와 날카로운 이성으로 무장한 근
대적 주체는 더 이상 존재하지 않는다. 액체화된 시대에 나를 지켜주

는 것은 과거의 공동체 의식 혹은 투철한 이데올로기가 아니다. 21세기로 접어들면서 삶의 무게는 오로지 개인의 몫이 되었고, 그 결과 역시 오롯이 개인의 책임이다. 우주와 세상 앞에서 개인은 홀로 이 모든 무게를 감당해야 한다. 그런 개인인 내가 우주에서 살아남기 위해, 그런 개인인 내가 세상을 지배하는 0.1퍼센트 안에 들어가기 위해, 서울대에 들어가기 위해, 잘나가는 CEO가 되기 위해 필요한 것이 인문학이다.

그래서일까, 오늘의 인문학은 더 이상 사회적인 문제에 대해, 체제의 구조적인 모순에 대해 묻지 않는다. 전체 안에 깃들어 있는 부조리의 문제를 한 개인의 지극히 사적인 문제로 치환하거나, 젊은 시절 감내해야만 하는 통과의례 혹은 개인의 자기계발 문제로 전환시키면서, 시스템의 균열과 사회의 모순에 대해서는 눈을 감게 만든다. 대신에 아프니까 청춘이고, 젊어서 고생은 사서도 하는 것이다, 라는 말로 우리를 우롱하고, 아직 2퍼센트가 부족하다, 열심히 살다 보면 내일의 태양이 뜰 테니 열심히 빵이 쳐라, 그러면 대박 날지도 모른다, 라는 말로 희망 고문을 한다. 이것이 오늘의 인문학이 우리에게 제공하는 달콤한 속삭임이고, 그러면서 인문학은 시장의 언어가 되었다.

힐링 지상주의

신학자 카를 바르트 Karl Barth(1886~1968)는 "한 손에는 성경을, 다른 한 손에는 신문을!"이라고 말했다. 이상과 현실 사이에서의 균형, 신앙과 이성 사이의 긴장, 믿음과 논리 사이의 간극을 강조한 말이다. 바르트

인문학 열풍의 아이러니

의 말을 빌려 한국의 인문학 열풍을 풍자하자면, 현재 한국인은 한 손에 스펙, 다른 한 손에 힐링 관련 서적을 쥐고 있다. 아침 출근길에는 무한경쟁 사회에서 목표를 향해 달려가고 쟁취하고 다시 도전하고 마침내 승리한다는 내용의 책을 읽고, 저녁 퇴근길에는 상처받고 좌절당한 몸과 마음의 평안을 위해 힐링 관련 서적을 읽는다. 이것이 한국 사회를 휩쓰는 인문학 풍속의 단상이라 한다면 지나친 비약일까.

스펙 우선주의와 더불어 한국 사회를 휩쓰는 인문학 열풍을 담당하고 있는 또 하나의 축은 힐링 지상주의다. '아프니까 청춘이다' 류의 상처 극복 시리즈, 분노와 화를 다스리는 법을 다룬 내면 강화 시리즈, 희망과 행복을 상상하고 꿈꾸게 하는 판타지 같은 책들이 대표적인 힐링 관련 서적들이다. 그렇다면 왜, 이토록 한국인은 힐링에 관심을 가지는 것일까?

기본적으로 인간은 누군가로부터 위로받고 싶어하고 인정받고 싶어한다. 하지만 한국의 힐링 열풍은 지나친 과잉이다. 어쩌다 우리 사회가 힐링을 갈망하고 욕망하는 사회가 되었을까. 물론 한국 사회 전체가 병을 앓고 있기 때문이다. 무한경쟁에서 살아남지 못할 것 같아 불안하고, 1등이 못 되어서 좌절하고, 아무에게도 기억되지 않아 슬프고, 정규직에서 비정규직으로, 비정규직에서 실업자로 추락하는 바람에 우리는 아프다. 그래서 모든 감기 증상들을 단번에 날려버리는 종합 감기약처럼, 우리 역시 모든 슬픔을 모아 단번에 날려버리는 종합처방전이 필요하다. 그것이 힐링 지상주의의 요체라 한다면 과문한 진단일까.

공동체가 붕괴된 세상에서, 굳건했던 이데올로기가 녹아내려 액체로 화한 세계에서 살아가는 개인들은 액체로 된 세상에서 홀로 외로이 유영하면서 자기경영에 매진해야 한다. 이것이 신자유주의가 우리에게 허락한 문법이다. 그곳에서 개인은 한 번 몰락하면 재기 불가능하다. 존재 전체를 걸고 전력투구해야 하는 신자유주의 시대의 인간은 항상 불안과 우울에 직면해 있다. 힐링은 대타자 신자유주의의 추하고 타락한 몰골을 개인적 차원의 문제로 축소하려는 체제의 전략이고, 자본의 문제를 저격하지 않으면서 어떻게든 자본이 저지른 만행을 최대한 감추고 그것을 개인의 몫으로 전가하려는 신자유주의가 고안한 간교한 계략이다.

이것은 비유하면 다음과 같다. 교통사고를 당해 응급외상센터로 후송된 중환자에게 외상은 크지 않은데 네 마음이 아프다고 느끼는 것이 문제야, 라고 속삭이면서 모르핀을 계속 투여한다면 환자는 어떻게 될까. 여기서 교통사고를 신자유주의로, 환자를 신자유주의 시대를 살아가는 인민으로, 모르핀을 힐링 담론으로 치환하면 정확하게 우리의 현실이 된다. 힐링은 쌓이고 쌓인 자본의 문제를 개인의 내면의 문제로 변질시키는 신자유주의자들의 술책이다. 힐링의 숭고하고 따뜻한 본래의 기능과 별개로 신자유주의 시대 힐링 열풍의 이면에는 이러한 음모가 짙게 드리워져 있다.

인문학의 기원 혹은 전통

그렇다면 우리는 스펙과 힐링에 갇혀버린 인문학을 어떻게 구원할 수 있을까? 나는 그것에 대한 답을 르네상스 시대에 부활한 인문정신을 복기하면서 찾고자 한다. 십자군전쟁의 패배와 페스트의 창궐로 인해 중세 유럽을 지배했던 교회의 권력은 서서히 막을 내리기 시작했다. 그러는 가운데 새로운 문명의 패러다임에 대한 요청이 피어오르기 시작했는데, 그것이 바로 르네상스다. 신과 교회의 권위가 무너진 자리에서 피어난 인간에 대한 관심과 인간성에 대한 재발견이 이탈리아를 중심으로 대두되면서 유럽은 중세를 벗어나 새로운 근대를 향한 발돋움을 시작했던 것이다.

이탈리아에서 르네상스가 꽃필 수 있었던 데에는 몇 가지 요인이 있었다. 십자군전쟁으로 인해 동서 무역로가 확보되고 지중해 무역권이 형성되면서 그 통로에 위치하고 있던 이탈리아의 도시들, 예를 들면 피렌체, 베네치아 같은 도시들이 막대한 부를 축적하게 되었다. 특히 동로마제국이 1453년 오스만튀르크에게 멸망하면서 아리스토텔레스 전통을 이어받았던 동로마의 학자들이 대거 이탈리아로 이동했고, 이로 인해 동·서 문화가 다시 한번 대융합하는 계기가 만들어졌다. 이제는 더 이상 과거의 패러다임으로는 새로운 시대적 요청에 부응할 수 없다는 공감대가 형성되면서 고대 그리스·로마 고전에 대한 복기가 시작되었다.

르네상스 휴머니스트들은 로마시대의 자유학문liberal arts을 복원하고 시대의 요구를 수용하면서 새롭게 학문체계를 재구성했다. 중세 대학은 고대 로마의 9개 자유학문(문법, 수사학, 논리학, 대수학, 기하학, 천문학, 음악이론, 의학, 건축학)에서 의학과 건축학을 제외한 7개 과목을 3학(문법, 수사학, 논리학)과 4학(대수학, 기하학, 천문학, 음악이론)으로 구성했다.* 이러한 학문 분류는 프란체스코 페트라르카

---

* 서보명, 『대학의 몰락』, 65~81쪽.

로 상징되는 이탈리아 휴머니스트들에 의해 스투디아 후마니타티스 studia humanitatis(인문학)라는 이름 아래 재편되었다. 그 과정에서 논리학이 위축되고 수사학이 부각되었다. 그리고 역사학, 시학, 윤리학, 정치학 같은 학문들이 새롭게 부상했으며 라틴어와 헬라어 원전에 대한 독해가 요구되었다.

이 대목에서 오해의 소지가 있다. 르네상스의 모토로 알려진 '고전으로의 복귀'가 미래를 향한 도전이라기보다는 과거의 전통(경험)으로 돌아간다는 복고주의가 아닌가, 라는 의혹이 그것이다. 하지만 르네상스 휴머니스트들의 생각은 그와 정반대였다. 고대의 시간을 현재로 소환하여 타산지석으로 삼기 위해, 신화적 이야기를 현재를 위한 창조적 상상의 원천으로 소급하기 위해 르네상스는 '고전으로의 복귀'를 주장했던 것이다. 변화된 세계의 요구에 부응하는 새로운 상상력은 시대의 요청이었고, 르네상스의 인문주의자들은 그 변화의 동력을 고대 그리스·로마로의 복귀를 통해 탐색했던 셈이다.

인문학이 스펙과 힐링, 즉 현실 정복과 현실 도피의 도구로 전락한 한국 사회에서 르네상스 휴머니스트들이 우리에게 주는 충고는 인문학이란 상상력과 관계 있다. 현실에 대한 매몰과 현실에 대한 적응을 목적으로 삼는 인문학이 아니라, 현실과의 거리 두기, 현실을 낯설게 바라보기를 통해 변혁을 꿈꿨던 사람들이 르네상스 시대의 휴머니스트들이었다. 그리고 그들 덕분에 유럽은 중세를 벗어나 근대로 진입할 수 있었다.

인문학 열풍의 아이러니

인문, 인간의 무늬

이 글은 스펙과 힐링 위주로 돌아가는 한국 인문학 풍속에 대한 안타까움에서 시작되었다. 천문天文이 '하늘의 무늬'이고, 인문人文이 '인간의 무늬'라고 할 때,[*] 인문학은 기본적으로 인간에 대한 관심과 애정, 그리고 배려를 기본으로 한다. 그런 점에서 개인의 스펙 강화와 자아의 상처 극복에 초점을 맞춘 한국의 인문학 열풍은 동시대 한국인들이 당면하고 있는 문제와 욕구에 대한 관심과 애정이라는 점에서 인문학적이라고 말할 수 있다. 하지만 그것을 마냥 호의적으로만 볼 수는 없다.

인문을 인간들이 이루는 무늬라고 할 때, 인문학은 그 무늬를 연구하는 학문이다. 무늬를 제대로 보려면 거리를 두고 전체를 봐야 한다. 그러므로 '인간의 무늬'라는 말에는 인간은 복잡다단하여 두부 자르듯 재단할 수 없다는 전제가 깔려 있다. 인간을 쉽게 판단할 수 없듯이 인간이 만들어내는 사회 역시 마찬가지다. 이런 이유로 인문학은 쉽게 환호받으며 유통되고 소비되다 폐기되는 개념과 풍조에 대해 어김없이 삐딱한 태도로 회의하고 비판하면서 '넌 누구니?', '넌 어디서 왔니?'라고 물어왔다.

그렇다고 볼 때 현재 한국 사회에서 스펙과 힐링으로 포장되어 열렬히 환호받으며 유통되는 인문학 풍속도는 인문학적으로 마땅히

---

* 『周易』「賁卦」, "觀乎天文以察時變 觀乎人文以化成天下"(천문을 살펴서 시간의 변화를 관찰하고, 인문을 살펴서 천하를 화성한다). 이승환, 「동양의 학문과 인문정신」, 『인문정신과 인문학』(한국학술협의회 편, 아카넷, 2007), 29쪽에서 재인용.

　　　　　　　　　　3부. 비판과 성찰, 고백과 애도

비판의 대상이 된다. 모든 사안과 문제 앞에 인문학이란 단어가 차고 넘치지만 실상은 인문학적 태도가 전무한 한국의 인문학 열풍, 그 속에는 아이러니하게도 인문정신이 없다. 비행기 타고 서울 시내를 내려다볼 때 보이는 빨간 십자가의 풍년이 오히려 한국 개신교의 타락과 부패를 상징하는 것처럼, 한국 사회의 인문학 열풍 또한 그런 처지로 타락한 것은 아닐까, 라는 생각이 드는 것은 나만의 기우만은 아닐 것이다.

만약 우리 사회가 인문학은 인간의 무늬를 추구해야 한다고 믿는다면, 정규직에서 비정규직으로 그러다가 실업자로 전락하면서 울분을 품고 살다 고공농성을 할 수밖에 없는 노동자들의 삶을 외면하면 안 된다. 대한민국 사회가 인문학, 즉 인간에 대한 관심과 애정을 중시하는 열풍에 빠져 있었다면 어린 학생들이 배에 갇혀 죽어간 세월호 참사에 대해 그리 무능한 대처와 무책임한 행보를 보여서는 안 되었다. 이 땅의 학부모들이 진정 인문학적이라면 인문학적 상상력 대신 점수 따기식 학습과 수량화된 학생 평가 시스템 안으로 자녀들을 밀어넣어서는 안 된다. 왜냐하면 인간의 무늬를 존중하는 인문학은 인간 현존 하나하나의 삶과 호흡에 관여하고 그 아우성과 몸짓에 일일이 반응하면서 최대한 성심껏 함께 답을 찾아가는 공동의 과정이기 때문이다.

다시, 인문학이다

결론적으로 인문학이란 어떻게 하면 내가 사람들과의 경쟁에서 승리할 수 있을지에 대한 강박도 아니고, 어떻게 하면 나의 아픔을 치유받을 수 있을까 하는 집착도 아니다. 오히려 "세상이 이렇게 불합리한데 나만 잘 먹고 잘살면 이것은 죄악이 아닐까?"를 묻는 것이 인문학이고, 타인의 불행과 나의 행복 사이에 있는 함수와 변수를 계산하여 내 행복의 정체를 의심하고 타인의 불행에 대해 미안해하는 마음이 인문학이다. 물론 인문학은 나의 아레테를 발견하고 계발하여 널리 인간을 복되게 하는 긍정의 정신이고, 고통과 슬픔을 정면으로 응시하면서 그것으로 인한 상처의 회복을 바라는 희망의 변증법을 포함하지만, 더 근본적으로 인문정신은 우리 시대의 고통과 슬픔의 원인이 무엇인지를 밝히고, 함께 힘을 모아 우리가 지금 겪고 있는 비참과 탄식을 극복할 방도를 모색하는 비판의 정신이어야 맞다. 그 마음으로 신자유주의가 선사하는 불편한 진실과 타협하지 말고 우리 시대 가장 비천한 이들과의 연대에 동참하는 것, 우리 사회에서 잊히고 가려지는 진실을 외면하지 않고 들춰내어 그것들로 하여금 스스로 말하게 하는 것, 그 하나하나의 과정이 진정한 우리의 스펙이고, 그 순간순간들 속에서 우리는 진정한 힐링을 맛보게 될 것이다.

3부. 비판과 성찰, 고백과 애도

12장

옥바라지 골목 철거를 둘러싼 서사

그날 밤에 내가 이집트 땅을 지나가면서, 사람이든지 짐승이든지, 이집트 땅에
있는 처음 난 것을 모두 치겠다. 그리고 이집트의 모든 신을 벌하겠다. 나는 주다.
문틀에 피를 발랐으면, 그것은 너희가 살고 있는 집의 표적이니, 내가 이집트 땅을
칠 때에, 문설주에 피를 바른 집은, 그 피를 보고 내가 너희를 치지 않고 넘어갈
터이니, 너희는 재앙을 피하여 살아남을 것이다.

—「출애굽기」 12:12~13

열 번째 재앙

「출애굽기」에 나오는 이집트에 닥친 열 가지 재앙 중 마지막 열 번째
재앙에 대한 이야기다. 사람이든 짐승이든 장자들을 다 죽인다는 재
앙 말이다. 아홉 가지 재앙까지 버티던 파라오는 열 번째 재앙을 극복
하지 못하고, 이스라엘 백성의 이집트 탈출을 허락하고 만다.

나는 언제부터인가 이 구절을 접할 때마다 무섭고 공포에 떨었
다. 생명을 죽이는 신이 우리가 믿는 신이라면, 그 신은 도대체 얼마

275 옥바라지 골목 철거를 둘러싼 서사

나 잔인한 신일까. 생명의 첫 번째 기쁨과 축복을 별다른 동요 없이 빼앗아가는 무감한 신을 우리가 믿을 필요가 있을까. 이런 풀리지 않는 고민과 회의를 참 많이도 했다.

이집트 백성들에게는 그토록 잔인했던 신 야훼가 이스라엘 백성들에게는 그들을 죽음에서 살린 전지전능한 신으로 거듭난다. 특히 열 번째 재앙은 이스라엘 사람들에게 야훼 신앙을 공고히 하는 이데올로기적인 효과를 낳았다. 유대교의 최대 명절인 유월절逾越節은 바로 이 사건을 기억하는 절기다. 유월절은 영어로 Passover인데, 직역하면 '넘어 간다'라는 뜻이다. 하느님의 은혜로 재앙을 비껴갔는데, 그 전제 조건은 '문설주에 피를 바른 집'이었다.

이 글에서 말하고 싶은 것은 이토록 잔인한 신이 어떻게 우리의 신이 될 수 있느냐에 대한 변명과 항변은 아니다. 나는 이집트 땅을 덮고 있는 하느님의 죽음의 영을 대한민국을 덮고 있는 자본의 영으로 대체하여 이야기를 전개할 것이다. 여기서 중요한 포인트는 죽음의 영이 비껴가는 '문설주에 피를 바른 집'을 무엇으로 상정하느냐인데, 나는 그것을 옥바라지 골목 철거 현장에서 저항하고 있는 '옥바라지 선교센터'로 치환하여 이야기를 전개하고자 한다. 그리하여 최종적으로 자본의 악령이 판을 치는 세상에서 그 법칙이 작동되지 않는 공간을 어떻게 확보할 수 있을지를 상상하는 것이 이 글의 최종 목적이다.

서대문 옥바라지 골목 잔혹사

옥바라지 골목은 서울 종로구 무악동 인왕산 자락에 자리한다. 그곳에 사람들이 모이기 시작한 것은 일제강점기부터다. 한일강제병합에 성공한 일본은 체제에 반하는 독립운동가나 불순분자들을 잡아 감옥으로 보냈는데, 그곳이 바로 서대문형무소다. 감옥에 갇힌 남편과 아들, 또는 딸의 옥바라지를 위해 서대문 감옥 주변에 기거할 곳을 마련하면서 동네가 생기기 시작했다. 감옥 수용자들의 밥과 옷가지를 챙기려고 가족들이 모여들었기 때문이다. 그들은 여관에 머물거나, 잘 모르는 동네 사람들에게 하룻밤 신세를 지며 하염없이 면회를 기다렸다. 이런 사연들이 쌓여 서대문형무소 앞에 '옥바라지 골목'이 형성되었다.

서대문형무소에서 옥고를 치른 김구 선생의 『백범일지』에도, 김구 선생의 어머니 곽낙원 여사가 옥바라지 골목에서 삯바느질을 하며 하루에 한두 끼는 꼭 사식을 넣었다는 대목이 나왔던 것으로 기억한다. 김구, 여운형, 김좌진, 손병희, 유관순 등이 이곳에 투옥되었고, 해방 후 4·19, 5·16을 거치면서는 주로 시국사범들이 수감되었다. 대법원 판결 18시간 만에 사형이 집행되었던 악명 높은 인혁당 사건(1975)도 서대문형무소 역사에 또렷이 새겨져 있다. 이렇듯 옥바라지 골목은 일제강점기부터 박정희 독재시대까지 한국 현대사의 비극을 고스란히 간직하고 있는 몇 안 되는 장소다.

이 동네는 또한 소설가 박완서가 자란 곳으로도 알려져 있다. 박완서는 황해도 개성 근처의 한적한 시골에서 태어났지만, 교육열이 높았던 엄마의 등쌀에 서대문형무소(당시 경성감옥) 근처 현저동으로 유학을 왔다. 소녀는 고된 셋방살이를 하며 서울의 분주한 생활에 적응해나간다. 그 시절을 배경으로 쓴 소설이 바로 박완서의 자전적 성장소설 『그 많던 싱아는 누가 다 먹었을까』다.

1987년 경기도 의왕으로 구치소가 옮겨가면서 옥바라지 골목은 점차 쇠퇴했고, 2000년대로 넘어오면서 재개발 이야기가 나오기는 했지만 그리 걱정할 만한 수준은 아니었다고 한다. 2011년 11월 서울시 종로구는 독립문역 3번 출구 앞에 "서대문형무소 옥바라지 아낙들의 임시 기거 100년 여관골목"이라는 글귀가 적힌 골목길 관광코스 표지판을 세운 바 있다. 종로구가 일종의 관광자원으로 골목길에 관심을 가지기 시작한 것은 2000년대 후반이라고 한다. 종로구청 홈페이지에는 2009년 9월 23일부터 몇 차례에 걸쳐 '600년 옛 도시 종로의 길을 걷다—고샅길 20코스'라는 제목의 공지사항이 게시되었다. 당시 언론은 종로구가 "골목마다 숨어 있는 역사의 흔적을 찾아" 기획한 것이라며 긍정적으로 다루었다. '옥바라지 골목'은 이때 기획된 '무악동: 인왕산 영기코스'의 출발점이었다. 이후 종로구는 표지판을 설치했고, 2012년 1월 1일부터 한동안 '동네 골목길 관광 제6코스: 무악동' 리플릿을 구청 홈페이지에서 제공했다.

이런 과거를 생각해보면 지금 벌어지고 있는 상황은 이해하기 어렵다. 옥바라지 골목에 해당하는 무악2구역은 바로 그 종로구에 의해 재개발이 결정되었고, 롯데건설에 의해 2016년 초부터 철거가 진행되어 지금은 완료된 상황이다. 2015년 7월에 주민 70퍼센트 이상의 동의를 받아 재개발정비사업 관리처분 인가가 합법적으로 이루어진 것이라고 종로구는 강조한다. 아파트 6개 동을 세우기 위해 옥바라지 골목의 역사적 의미를 아무 거리낌 없이 휴지조각으로 만들어버린

3부. 비판과 성찰, 고백과 애도

서대문 옥바라지 골목은 한국 현대사의 비극을 고스란히 간직하고 있는 몇 안 되는
장소다. 2016년 여름, 옥바라지 골목 보존을 위해 투쟁하는 현장의 모습.

것이다.

옥바라지 골목은 다양한 서사와 함의를 지니고 있음에도 불구하고, 그동안 이슈가 되지 못했다. 그러한 상황에서 2016년 5월 초에 몇몇 단체들이 뒤늦게 '대책위'를 꾸렸고, 감리교신학대학교, 장로교신학대학교, 한신대학교에 재학 중인 신학생과 졸업생들이 합류하면서 '옥바라지 선교센터'가 구성되었다. 그리고 2016년 5월 11일부터 매주 수요일마다 신학도들이 기도회를 이끌면서 옥바라지 골목 사수를 위한 투쟁을 전개했다.*

* 옥바라지 선교센터: 옥바라지 골목에서의 투쟁과 예배는 절반의 승리라는 소득을 남긴 채 2016년 8월 29일 마무리되었다. 서울시에서는 옥바라지 골목의 역사성을 인정하여, 이에 대한 기억의 형태를 놓고 현재 옥바라지 골목 보존 대책위와 논의 중이다. 옥바라지 골목에서의 투쟁의 기억을 안고 옥바라지 선교센터는 바로 아현포차 철거민들과 연대했다. 2016년 8월 마포 래○○, 푸○○○ 아파트 주민들이 땅값이 떨어진다는 이유로, 해방 후부터 형성된 유서 깊은 아현역 인근 포장마차촌의 철거를 민원을 넣어 요청했고, 그것이 받아들여져 강제철거가 집행되었다. 이후 2016년 10월부터 강제철거로 쫓겨난 아현포차 철거민들과 연대하여 약 1년간 매주 수요일 저녁 '아현포차를 되찾기 위한 현장기도회'를 열었다. 아현포차 투쟁에서 성과를 거둔 옥바라지 선교센터는 2017년 11월부터 서울 종로구 서촌의 본가궁중족발에서 '궁중족발을 지키기 위한 현장기도회'를 지속하고 있다. 그곳의 건물주는 임대차보호법의 허점을 이용해 임대료를 네 배나 인상하는 무리한 요구를 했고(보증금 3000만 원·월세 300만 원에서 보증금 1억 원·월세 1200만 원으로), 현재 몇 차례 강제집행을 겪은 본가궁중족발은 유치권 행사를 놓고 분쟁 중이다. 도시재개발로 인한 문제는 자본주의 사회에서 구조적으로 일어날 수 있는 일반적인 문제임에도, 그동안 발전과 개발논리에 밀려 문제의 심각성이 간과되어왔다. 옥바라지 선교센터는 젠트리피케이션 문제로 인해 고통을 겪는 철거민들과 함께함은 물론이고, 이들과 더욱 강하고 길게 연대하기 위해 기독청년들을 대상으로 다양한 교육·문화사업을 병행하고자 한다. https://www.facebook.com/okbaraji/

장소의 몰락

옥바라지 골목 사수를 위한 투쟁 과정을 지켜보면서 새삼 우리가 살고 있는 공간空間(space)과 장소場所(place)에 대해 다시 생각하게 되었다. 공간이란 말 그대로 텅 빈 장소다. 가능성과 잠재성이 똬리를 틀고 있는 곳이다. 반면 장소는 무언가로 채워진, 혹은 이름을 붙일 수 있는 자리 혹은 위치position를 일컫는다. 장소는 건물, 지역, 도시, 나라 등 어떤 지점point을 나타내거나, 혹은 누군가가 자신의 소속을 드러내거나 향유하고 있는 위치를 드러낼 때 사용한다. 이런 이유로 공간과 장소는 구분된다. 예를 들어 아무도 살지 않는 공간은 말이 되지만, 아무도 살지 않는 장소는 성립하지 않는다. 장소는 텅 빈 공간이 아니다. 거기에는 사물이 있고, 생명이 있고, 사건이 있다. 사건은 의미를 창출하고 의미가 모여 역사가 된다.

오늘날 지구촌 곳곳에서 발생하는 문제는 장소성의 소거와 관계된다. 이에 대해 지그문트 바우만은 신자유주의 시대의 민중이 "취할 수 있는 유일한 방법은 자신들의 약점을 보여주고 저항할 힘이 없다는 것을 설득력 있게 보여주는 것"이라고 말한다.* 죽음을 무릅쓰고 국경을 넘거나 망망대해에서 표류하는 난민, 밀양·성주·강정의 예에서 보듯이 조상 대대로 살아왔던 장소를 상실한 원주민들의 눈물겨운 투쟁들, 구조조정으로 인해 길거리에서 연좌농성을 하거나 건물 꼭대기에 올라가 자신들의 의지를 관철하려는 노동자들의 투쟁은 일하고 살 장소를 잃어버린 사람들의 마지막 선택이다. 이 모두가 장소를 둘

---

* 지그문트 바우만, 홍지수 옮김, 『방황하는 개인들의 사회』(봄아필, 2013), 63쪽.

옥바라지 골목 철거를 둘러싼 서사

러싸고 벌어지는 우리 시대 비참의 현상학이라 할 수 있다.

우리는 그동안 도시가 성장하는 과정에서 역사적 장소가 어떻게 폭력적으로 소멸되는지를 수없이 많이 목도했다. 대표적인 도시가 서울이 아닐까 싶다. 특히 나는 아직까지도 서울의 변화된 모습에 잘 적응하지 못하겠다. 유학을 핑계로 2004년부터 2014년까지 고국을 비웠는데 10년 만에 돌아와 찾은 서울의 지형은 몰라보게 변해 있었다. 노무현 정권에서 이명박을 거쳐 박근혜로 정권이 교체되었다는 사실보다 나를 더 당혹스럽게 만든 것은 달라진 서울의 모습이었다. 사라진 골목과 변해버린 광장과 물이 흐르는 청계천, 새로 지어진 건물 사이에서 귀국한 지 4년이 지나가는 나는 여전히 길을 잃고 배회한다. 유학 당시 잠시 서울에 다니러 왔을 때, 도시재개발 과정에서 용산에서 많은 희생이 있었다고 누가 나에게 고자질을 했던 것도 기억난다. 용산뿐만이 아니란다. 4대 강이 흐르는 국토 곳곳에서, 밀양으로, 강정으로 대표되는 수많은 대한민국의 그곳에서 자본의 행진은 계속되고 있었다. 그리고 이제 이곳 서대문 옥바라지 골목으로 악령이 찾아왔다.

지금 돌이켜보니 옥바라지 골목의 비극이 시작되기 전에 한 가지 징후가 있었다. 2015년 서대문 고가가 철거된 사건이다. 예전에 서대문 고가 밑에 화양극장이 있었다. 고등학교 때 중간고사 끝나고 미성년자 관람불가 영화 보고 몰래 숨어서 처음 담배를 피웠던 골목이 거기 있었는데, 그 골목도 사라졌다. 1989년으로 기억한다. 그 무렵 대한민국은 임수경과 문익환 목사의 방북으로 인해 통일의 열기가 후끈 달아올라 있었다. 당시 '기청'(한국기독교장로회 청년회)과 '감청'(기독교대한감리회 청년회)이 중심이 되었던 서울 시내 기독청년들이

3부. 비판과 성찰, 고백과 애도

서대문 근처 교회에서 예배드리고 시내로 데모를 하러 갈라 치면 꼭 서대문 고가 밑에서 큰 숨을 길게 내쉬고 광화문으로 뛰어갔는데, 그 고가가 사라진 것이다. 우리의 칙칙하고 암울했던 과거의 기억이 사라진 것이 홀가분한 면도 있지만 어딘가 마음 한구석이 편치 않은 건 왜일까. 육중했던 고가가 사라지자 서대문 로터리는 밝고 화려한 거리로 변모했다. 새롭게 상권이 조성되면서 후진 건물들은 철거되고 집값도 오르고 땅값도 올랐다고 한다. 앞으로 닥쳐올 우리 교회 월세 인상이 살짝 걱정된다.

기억의 종말

앞서도 말했듯이 정권이 바뀐 것보다 내가 놀던 동네와 내가 활보하던 거리가 달라졌다는 것이 귀국 후 나에게 다가온 가장 큰 당혹감이었다. 7080을 낭만적으로만 회고하고, 아무런 비판 없이 '그때 그 시절'에 대한 주례사적 비평을 쏟아내는 것은 민망하고 유치한 일이다. 우리는 더 큰 거리로 나가야 하고, 더 큰 세상으로 진출해야 한다. 그래서 많은 것을 보고 느끼고 배워야 한다. 그럼에도 불구하고 왜 이리 기분이 무거운 걸까?

　문득 미국에서 9년간 살았던 학교 기숙사가 떠오른다. 하도 낡고 삐걱거려 도대체 이 건물이 언제 지어졌냐고 학교 직원에게 물었다. 그이가 답하기를 1893년 시카고 만국박람회에 참여하기 위해 온 각국 대표단들의 숙박용으로 지어졌다는 것이다. 당시 우리나라에서도 고종황제가 파견한 사신들이 'COREA'라는 이름으로 참석했다는 그

박람회 말이다. 100년이 지났어도 건물과 도로의 변화를 별로 실감하지 못하는 지역에서 살다 돌아온 나로서는 10년 만에 완전히 변해버린 조국 산하가 놀랍고 경이롭기 그지없었다. 그러나 토건 대한민국에 대한 자랑스러움 안에는 정권적 차원의 음모가 있음을 깨닫게 되기까지는 오랜 시간이 걸리지 않았다. 그 혐의의 내용은 대략 이런 것이다.

거리와 동네가 사라지거나 달라지는 연유는 각각의 장소와 공간에 배어 있는 과거 그곳에서 벌어졌던 이야기에 대한 세탁, 혹은 그 장소성으로부터 야기되는 기억의 연쇄를 차단하거나 거세하기 위한 시도에 있지 않을까. 귀국하여 뒤늦게 안 사실인데, 지난 정권은 실제로 거액을 들여 온 나라의 길 이름과 집주소를 새롭게 바꾸었다. 옛 지명을 다 지우고 새 주소로 싹 교체한 것이다. 현대 철학이 이룩한 성과 중 하나가 바로 언어의 재발견이다. 그전까지 언어란 단지 사물이 지닌 의미를 겉으로 외화外化시키는 도구에 불과했다. 하지만 현대 철학에서 언어는 더 이상 보조적 차원의 그 무엇이 아니다. 언어는 사건을 일으키는 단서가 되거나 실마리가 되기도 하고, 경우에 따라서는 사건 그 자체가 되기도 한다. 이런 관점에서 볼 때 도로명과 집주소를 바꾸는 일, 도심의 상징적 건물을 부수고 파헤치는 일은 장소성과 연관된 사건의 의미와 의식을 다시 주조하겠다는 정권 차원의 야욕을 드러내 보인 것이라 할 수 있다.

그 약발은 먹힌 듯하다. 내가 만나본 사람들의 상당수는 예전 거리의 이름과 옛날 동네어귀에서 벌어졌던 사건들을 회상하는 것을 낯설어하고 불편해했다. 과거 기억을 떠올리고 옛 동네에서 벌어진 사건을 들먹이는 나를 보며 시대착오적이라고 충고해주는 친구도 있었고, 나를 측은하게 여겨주는 고마운 동무도 있었다. 순간 이런 불안감이 밀려왔다. 어쩌면 무한히 증식하는 자본과 그 자본과 결탁한 권력이 민중의 기억의 메커니즘을 알아차린 것은 아닐는지. 4월과 5월, 그리고 6월이 되면, 거리와 광장에서 출렁이며 메아리쳤던 민중의 함성에 감추어진 봉기의 기억과 그 기억의 반복이라는 메커니즘을 말이다. 그것이 지니는 파괴력을 성실히 학습한 후 그것에 대처하는 자세를 이명박 정부와 박근혜 정부가 터득했던 것 아닐까. 그리하여 우선적으로 민중이 지닌 기억의 고리를 하나씩 절단하기로 작정하고, 잘려나간 지면을 잘 다지고 정리하면서 새로운 기억의 공간을 만들어간 것이라면? 새롭게 조성된 광장과 거리에서 제한적으로 뛰어놀게 하고, 폼나게 단장한 동네에서 세계시민이 되어 촌티 내지 말고 세련되게 그 문화를 향유하라고 다독이고 있다면 말이다.

'종교적인 것'에 관하여

시카고 유학 시절 탁월한 종교학자 미르체아 엘리아데Mircea Eliade (1907~1986)의 『성과 속』에 대해 토론하는 수업에서 교수가 마지막 날 수강생들에게 한 질문은 '종교란 무엇인가?'였다. 학생들의 이런저런 소감을 다 듣고 나서 교수는 다음과 같이 자신의 생각을 요약했다. '성'聖이 '왜'why를 묻고 대답하는 것이라면, '속'俗은 '어디'where에만 관심을 두는 것이라고. 우리가 전화를 받을 때나 전화를 걸 때 제일 먼저 알고자 하는 것은 상대방의 소재다. 그(녀)가 어디에 있는지 확인하는 게 왜 그리 중요할까? 우리가 어떤 사람을 소개할 때도 그렇다. 그 사람이 어디 출신이고 어느 대학을 나왔으며 어느 교회를 다니고 어느 회사를 다니고 어디에 사는 것이 뭐 그리 대수일까.

장소에 대한 정복을 제1원칙으로 여기는 사고방식이 '속'俗에 대한 가장 적합한 표현 아닐까, 라는 말을 던진 교수는 '성'聖에 대한 내용으로 빠르게 화제를 전환했다. '성'聖은 '속'俗과 다르게 소재를 파악하여 대상을 분석하고 정복하고자 하는 정신이 아닌, 끊임없이 사물과 사건의 원인과 이유를 묻는 마음이라고 했다. 그러므로 종교적인 사람, 즉 구도자는 늘 자신의 상황과 처지에 대한 불안한 동거를 인지하면서 진리를 향해 방황하고 배회하는 가위눌린 영혼이 아니겠느냐는 말로 수업을 마무리했다. 꽤 긴 여운과 울림을 준 시간이었다.

우리는 누군가의 됨됨이를 끊임없이 그(녀)가 속한 장소를 통해 확인하려 든다. 그것이 우리나라에서는 집(아파트)에 대한 집착으로 나타나는 것 같기도 하다. 결국 '속'俗이란 내 몸이 속한 장소를 자신의 계급과 정체성으로 여기는 사고방식이다. 그렇다고 볼 때 재개발, 재건축, 뉴타운 열풍은 이러한 속물스러운 사고방식을 잘 드러내는 현상학일 것이다. 그리고 그 속물스러운 사고는 자본의 운영방식과 결합하여 이제는 대한민국의 정언명법이 되었다. 나는 그것이 바로 악령이라고 생각한다.

그 악령이 종로와 광화문을 지나 서대문을 거쳐 북으로 방향을 틀어 옥바라지 골목에 다다랐다. 돌아가신 박완서 선생이 폐허로 변해가는 옥바라지 골목을 본다면 무어라 말할까? 어쩌면 선생은 이미 그 답을 『그 많던 싱아는 누가 다 먹었을까』 마지막 장에서 하고 있지 않나 싶다. 그 소설은 한국전쟁 뒤에 현저동 뒷산인 인왕산에 올라가 폐허가 된 서울을 내려다보는 감상으로 끝을 맺는다. "천지에 인기척이란 없었다. 마치 차고 푸른 비수가 등골을 살짝 긋는 것처럼 소름이 쫙 끼쳤다." 지금은 이미 폐허가 되어버린 옥바라지 골목을 가보셨는지. 박완서의 표현처럼 '차고 푸른 비수가 등골을 살짝 긋는 것처럼 소름이 쫙 끼치는' 경험을 할 수 있을 것이다. 그곳에 '옥바라지 선교센터'가 있다. 센터라고는 하지만 길 한모퉁이에 설치된 남루하고 초라한 천막 하나가 전부다. 거기에 사람들이 모이고 그곳에서 매주 수요일 저녁 예배를 드리고 있다.

문설주에 피를 바른 그 집

다시 「출애굽기」에 등장하는 모세의 열 번째 재앙으로 돌아왔다. 하느님의 영이 온 나라를 스쳐 지나가면서 장자들의 목숨을 거두어갈 때, '문설주에 피를 바른 집'은 죽음의 그림자가 피해갔다. 21세기 대한민국 서울에서 하느님의 영은 자본의 악령으로 대체되었고, 그 악령이 온 서울과 전 국토를 유린하고 있다. '문설주에 피를 바른 집'은 죽음을 면한다고 했는데, 나는 문설주에 피를 바른 그 집이 '옥바라지 선교센터'라고 이 글에서 말하고 싶었다.

　그러나 둘은 이름은 같지만 의미는 다르다. 「출애굽기」에 나오는 '문설주에 피를 바른 집'은 하느님으로부터 구별되고 선택된 집이었다고는 하지만, 다른 사람의 고통과 죽음에는 둔감했던 집이다. 반면 서대문 옥바라지 골목에 있는 그 집은 하느님으로부터 선택되었는지는 잘 모르겠으나, 타자의 고통에는 분명 애통해하는 마음으로 그 자리에서 그들과 함께 고통을 나누고 있는 집이다. 나는 '문설주에 피를 바른 집'이 하느님의 선택을 받은 표시와 자랑거리와 권위가 아니라, 이웃의 고통에 동참하고 그들과 함께 저항하는 집단과 장소에 명명되는 이름이어야 한다고 본다.

그런 의미에서 현재 옥바라지 골목에서 벌어지고 있는 투쟁은 단순히 공간을 지키기 위한 싸움만은 아닐 것이다. 그것은 기억과 기록의 소중함을 아는 사람들의 분노이고, 역사에 대한 신뢰와 소망을 포기하지 않겠다고 다짐하는 사람들의 양심이다. 이곳에서 벌어지고 있는 투쟁의 기록은 사물과 인간에 대한 예의, 시간과 장소에 대한 성찰, 그리고 신앙과 믿음에 관하여 우리에게 의미 있는 전망과 책임 있는 행위가 무엇인지에 대한 질문을 계속 던지면서 답을 하게 한다.

나는 옥바라지 선교센터에서 활동하는 젊은 신학도들을 통해 많이 배운다. 부디 자본의 악령이 그들을 보고 놀라 도망치기를, 그리고 자본의 횡포에 시달려 낙담한 사람들, 자본의 악령이 들린 사람들에게 옥바라지 선교센터가 부적이 되고 퇴마사가 되어 악령으로부터 그들을 보호하는 신호로 작동하기를 소망한다. 옥바라지 선교센터를 포함하여 지금 이 시간에도 고난받는 사람들과 함께하는 모든 이들에게 주께서 주시는 평안이 함께하기를 기원하며, (간만에) 아멘!

3부. 비판과 성찰, 고백과 애도

13장
여성 혐오, 그 중심에 교회가 있다

너희가 팔을 벌리고 기도한다 하더라도, 나는 거들떠보지도 않겠다. 너희가 아무리 많이 기도를 한다 하여도 나는 듣지 않겠다. 너희의 손에는 피가 가득하다.

─「이사야서」 1:15

너희의 손에는 피가 가득하다

「이사야서」의 처음은 이렇게 시작한다. "이것은 아모스의 아들 이사야가, 유다 왕 웃시야와 요담과 아하스와 히스기야 시대에 유다와 예루살렘에 대하여 본 이상이다." 히스기야 왕은 유다국의 개혁군주였다. 그는 북왕국 멸망 시기와 겹치는 남왕국의 왕이기도 하다.[*] 히스기야 앞에 있던 왕이 아하스다. 여기서 잠시 기원전 7~8세기 남왕국을 다스렸던 왕들의 족보를 살펴보면 다음과 같다. 아하스-히스기야-므낫세-요시야로 이어지는 왕들 중 히스기야와 요시야 왕이 평등주의 계열의 왕이라면, 아하스와 므낫세는 발전주의를 주장했던 왕이다.[**]

유다국은 아하스 왕 때 약소국의 지위에서 벗어나 비약적인 발전을 하게 된다. 당시 고대 근동은 아시리아가 득세를 하던 무렵이다. 제국의 반열에 오른 아시리아에 맞서 북이스라엘과 시리아는 서로 동맹을 맺었다. 유다국도 이 동맹에 참여하라는 압박을 받지만, 아하스는 거부하고 친아시리아 정책을 펼친다. 야훼를 버리고 제국의 질서를 택한 셈이다. 이에 앙심을 품은 시리아-이스라엘 연합군이 유다국을 유린하는 사건이 벌어졌고, 급기야 이런 위기 상황에서 아하스는 자기 아들을 국난 해소를 위한 번제물로 바치게 된다. 그러자 기적처럼 아시리아가 시리아-이스라엘 연합군을 초토화시키는 일이 발생했고, 유다국은 위기에서 벗어날 수 있었다.

　　그 후 유다국은 전례없는 발전을 하게 된다. 아시리아의 침공으로 인해 주변국 난민들이 유다국으로 유입되면서 인구가 크게 늘어나는 가운데 신흥 강대국으로 성장한 것이다. 이런 정세 속에서 제국의 논리에 의지해 성장을 주장하는 인물들이 득세를 했고, 그들은 지주들의 이익을 대변하고 농민들을 착취하는 정책을 펼쳤다. 양극화가 초래되더라도 일단 경제적 파이를 키우면 결국 낙수효과가 발생해 점차 양극화를 극복할 수 있다는 신자유주의 정책의 논리와 닮아 보

---

*　고대 이스라엘은 대략 기원전 10세기 무렵 다윗-솔로몬 시절을 거치면서 전성기를 구가하다가 솔로몬 사후 남왕국 유다(수도 예루살렘)와 북왕국 이스라엘(수도 사마리아)로 분단이 된다. 북왕국 이스라엘은 기원전 722년 아시리아 제국에 의해 멸망했고, 남왕국 유다는 기원전 586년에 바빌론 제국에 의해 멸망했다. 이스라엘의 혼란기에 왕과 백성들이 신으로부터 떠나 세상의 논리, 제국의 논리를 흠모하고 따르는 사태가 발생하자 이에 대해 날카롭게 비판한 그룹이 있었다. 그들을 '예언자'라 부르는데, 이사야는 성경에 등장하는 예언자 중에서도 가장 대표적인 예언자였다.

**　김진호, 『산당들을 폐하라』(동연, 2016), 117쪽.

인다. 그 과정에서 성소의 제사장들과 예언자들은 대지주들이 제공하는 자본에 영향을 받았다. 교회와 언론이 자본의 논리와 권력의 횡포에 영향을 받는 오늘의 현실과 너무나도 닮았다.

　서두에 인용한 성경 구절은 시대의 악행을 보면서도 아무런 비판을 하지 않았던 교회에 대해, 그리고 그곳에서 이루어지던 예배를 향해 던지는 이사야의 추상과도 같은 비판의 메시지다. 비록 수천 년 전의 발언이지만, 오늘의 한국 교회를 향한 너무나도 정확하고 무서운 경고의 메시지가 아닐까 한다. 그리고 이사야가 다시 환생하여 한국 교회를 바라본다면, 한국 교회를 향한 저주의 목록에 하나가 더 추가되지 않을까, 라는 생각도 해본다. 그 죄목은 여성 혐오다.

혐오 공화국

혐오란 '싫어하고 미워함'이다. 그렇다면 왜 우리는 누군가를 혐오하는가. 그 혐오의 대상이 나의 안전을 침해하기 때문이다. 그러므로 혐오란 나를 지키기 위한 심리적인 방어기제인 셈이다. 혐오의 메커니즘은 사회적으로도 확대된다. 국가의 법과 제도를 지키기 위해, 우리 사회가 용인할 수 없는 대상에 대한 혐오와 특정 행위에 대한 혐오, 그리고 일정한 사고에 대한 혐오가 존재한다.

　특히 우리나라는 같은 민족인 북한을 주적으로 명시하고 있는 지구상에 유일하게 남은 분단국가 아닌가. 북한은 우리의 안전을 침해하므로 분명한 혐오의 대상이고, 북한에 대해 우호적인 사람들 역시 혐오의 대상이다. 국가의 시책과 정책을 비판하는 사고와 행위 역시

　　　　　여성 혐오, 그 중심에 교회가 있다

바로 북한과 동류항으로 취급되어 혐오의 자기장 안으로 포섭된다. 이것이 해방 이후 지금까지 우리나라를 강력하게 지배하는 '빨갱이'에 대한 혐오 메커니즘이다. 빨갱이 혐오 이외에도 한국 사회를 휩쓰는 혐오의 종류는 많다. 동성애 혐오, 이방인 혐오, 여성 혐오 등등. 이들은 서로 다른 종류의 혐오로 보이지만 실은 서로 연결되어 있다.

다양성에 대한 존중, 다름에 대한 인정, 타자에 대한 관심과 배려는 21세기 세계시민이 지녀야 할 교양이고 덕목이다. 그럼에도 세계 10대 무역대국에 속하는 대한민국 국민이 보이는 소수자나 약자에 대한 감수성 지수는 세계 최하위라 해도 섭섭한 말이 아니다. 그것은 한국 사회가 단일민족적인 이성애 중심의 가부장제 국가로서의 정체성을 오랜 시간 유지해왔기 때문이라고 하지만, 그런 분석은 너무 피상적이다.

내가 '한국 사회에 팽배한 차별과 배제의 메커니즘'이라는 주제에서 눈여겨보는 대목은, 개신교 극우세력과 미국을 숭배하는 집단들이 차별과 배제의 선봉에 있다는 점이다. 숭미와 얽혀 있는 한국 개신교가 어느 시점에서 배제의 아이콘으로 부상하게 되었는지에 대해서는 이 책에서 다루지 않는다. 하지만 앞으로 한국 사회에서 올바른 개신교의 활로를 모색하고자 하는 사람들에게는 중요한 문제다.

시민사회와 한국 교회 간의 불협화음은 21세기에 접어들면서 눈에 띄게 강화되었다. 시민사회로부터 한국 개신교는 배제를 당하고 있고, 한국 교회는 자신들을 비난하는 시민사회와 소통을 거부하고 있다. 점점 사회로부터 게토(고립, 분립)화되어가고 있다는 위기감에 한국 교회는 내부 결속을 강화하기 위해 교회 밖 세력과 논리들에 대해 혐오 메커니즘을 어느 순간부터 강하게 작동시키고 있다.

3부. 비판과 성찰, 고백과 애도

이런 분위기 속에서 성 소수자, 여성, 외국인 노동자, 장애인들은 조르조 아감벤Giorgio Agamben의 말대로 '호모 사케르'Homo Sacer다. 호모 사케르는 직역하면 '성스러운 자'이지만, 현실에서는 불결한 자, 죽여도 살인죄가 성립되지 않는 자, 사회 속에 존재하지만 셈하여지지 않는 자, 사회 구성원이지만 목소리를 낼 수 없는 자를 지칭한다. 이들은 역사적으로 기득권의 이익을 지키기 위한, 혹은 체제의 모순을 감추기 위한 희생양으로 쓰이는 경우가 많았다. 그런 의미에서 혐오는 사회적이고 문화적이며, 그리고 정치적이다. 그렇다면 요 근래 활발한 이슈가 되고 있는 여성 혐오에는 지금까지 말한 혐오 일반이 지닌 법칙 이외에 다른 어떤 것이 더 추가되어 있는 것일까.

여성 혐오 발언의 메커니즘

여성의 사회 진출이 활발해지고 있는 현실 속에서 신자유주의 체제는 대졸 이상 고학력 인구들에 충분한 일자리를 제공하지 못한다. 근본적으로 신자유주의는 전통적인 산업자본주의가 아니라, 금융자본주의이기 때문이다. 전통 산업자본주의 모델은 중국 등 개발도상국가로 이전되었고, 선진국들은 더 이상 공장을 돌리고 원자재를 사들이는 일로 돈을 벌지 않는다. 대신 이자놀이를 하면서 돈을 번다. 우리나라의 상황은 애매하다. 대졸 이상 젊은이들의 눈높이는 이미 선진국형인 데 비해, 산업형태는 그렇지 못하다. 예전에는 공장에 젊은 남녀 노동자들로 가득 찼다. 하지만 현재 그 자리는 외국인 노동자들로 채워졌다.

　　　　　　　　　여성 혐오, 그 중심에 교회가 있다

그 사이 한국의 젊은 여성들은 당당하게 대학에서 남성들과 경쟁하면서 더 우수한 성적으로 대학을 졸업하고, 사회로 진출하여 그 능력을 인정받고 있다. 의사와 변호사시험, 사법고시, 교원자격시험에서 여성이 남성보다 점수가 높고 더 많이 합격했다는 소식을 종종 뉴스로 접한다. 파이는 일정한데 남성들은 남성들끼리의 경쟁도 힘겨운 판에 여성들과도 경쟁을 해야 한다. 여성에 대한 혐오 발언들이 쏟아진 것은 이러한 경제 원리들이 작동되기 시작한 신자유주의 시대부터다.

특히 한국 사회는 1997년 IMF 체제를 경험하면서 신자유주의를 체제 내로 흡수하기 시작했다. 그 무렵부터 여성 혐오의 조짐이 나타나지 않았나 싶다. 그 조짐이란 이런 것이다. 된장녀, 김치녀와 같이 무슨무슨 '녀' 자를 붙임으로써, 여성을 성급하게 일반화, 즉물화, 이미지화하는 행태들이다. 이는 여성성 어딘가에 있는 무엇이 혐오의 대상이 되었다기보다는, 여성을 비하하고 낙인찍는 기존의 문화적·사회적 관습이 선정적인 대중주의와 영합한 결과다.

2015년 여름 메르스가 발병하고 국가적 혼란이 초래되었을 때도 그랬다. 당시 시작된 여성 혐오와 여혐혐(여성 혐오를 혐오한다) 논쟁은 한국 현대사에서 가장 활발한 페미니즘 논쟁을 유발한 사건이었다. 시작은 이랬다. 홍콩에서 메르스 의심 환자 여성 2명이 격리치료를 거부한 것이 발단이었다. 그러자 누군가에 의해 된장녀와 메르스 바이러스가 연결되었고, 대중은 그녀들을 향해 여성 혐오 발언을 쏟아내기 시작했다.

여기서 주목할 것은 혐오의 대상을 선정하는 기준이다. 격리를 거부한 남성들도 꽤 있었다. 마땅히 공익을 무시하고 격리를 거부한

3부. 비판과 성찰, 고백과 애도

그(녀)들의 행위에 책임을 물을 수는 있다. 그런데 어찌하여 그것이 격리 거부에 대한 혐오도 아니고, 격리를 거부한 남성에 대한 혐오도 아닌, 격리를 거부한 여성 2명, 더 나아가 여성 전체에 대한 혐오로 급속하게 번질 수 있었을까. 그 이면에 작동하고 있는 메커니즘을 우리는 직시해야 한다.

그녀들의 반격, 미러링

여성 혐오 발언 이후에 젊은 신세대 페미니스트 진영에서 반박성의 글을 게재하기 시작했다. 최초 감염자가 남성이며, 감염자 남성이 격리수용 권고를 무시하고 해외출장을 나갔다는 사실에 주목하면서, 남성을 향한 공격적 발언을 하기 시작한 것이다. 이런 흐름 가운데 새로운 전술이 등장했다. 범람하는 여성 혐오적 문구의 성별을 바꾸는 것으로, 이른바 '미러링'mirroring이 그것이다. 미러링은 상대방의 논리나 담론을 거울을 통해 보듯 그대로 돌려주는 작전이다. 예를 들어 여성 혐오 발언으로 자주 등장하는 '된장녀, 김치녀'를 '된장남, 김치남'으로 바꿔 그대로 돌려주는 식이다. 미러링의 화법과 공격성은 페미니즘 내에서도 찬반논쟁이 뜨겁다. 페미니즘을 일반 대중으로부터 격리시켜 고립화하는 것이 아닌가라는 의견에서부터 시원하고 통쾌하다는 의견, 언어를 순화하자는 조언까지 다양한 의견이 제기되었다.

　　진보적인 남자인간들 중에서도 미러링을 곤혹스럽게 바라보곤 한다. 그들의 주장은 이렇다. 여성을 상대로 하는 희롱, 차별, 폭력은 일부 일탈적이고 문제 있는 남자인간들에 의한 우발적 사건이므로,

295　　　　　　　　　　　　　　　　　　　　여성 혐오, 그 중심에 교회가 있다

이것을 남자 일반으로 확대적용하는 것은 무리다. 진보적인 나 같은 남자인간들은 너희들 편이니 우리랑 합리적으로 대화하자고, 우리까지 그렇게 비난하면 너희는 설 자리를 잃는다고 말이다.

그럼 미러링은 여기서 중지되어야 하는가? 미러링으로 인한 불편함을 토로하고 미러링의 저속함을 지적하기 이전에, 여전히 완고하고 두터운 여성에 대한 의식, 무의식적인 편견과 폭력의 유리천장에 갇힌 현실을 비난하는 것이 먼저 아닐까. 여성 혐오가 판치는 한국 사회에서 매년 114명의 여성이 남성파트너에게 살해당하고, 무려 6800명이 데이트 폭력에 노출되어 있다. 여성 혐오는 이러한 폭력을 일삼는 악의적이고 무례한 일부 일탈적인 남성들의 전유물만은 아니다. 외부의 적과 대결하는 과정에서 정의와 민주주의를 부르짖지만, 자기가 속한 공간 안에서 성평등을 조직문화로 녹여내지 못한 진보적인 남성들에게도 여성 혐오는 똑같이 적용된다. 진보단체 소속 남성들이 여성 동지들에게 가하는 무수한 성폭력 사례를 이 자리에서 굳이 밝히지 않더라도 말이다.

문득 여성에 대한 혐오와 폭력, 여성들의 자구책인 미러링과 미러링을 바라보는 다양한 시선에 대해 생각하면서 내가 자라고 거하고 목회하고 있는 한국 교회에서 벌어지고 있는 여성을 향한 차별과 폭력의 현실이 떠올랐다. 몇 년 전 세간을 떠들썩하게 했던 전병욱 목사의 여신도 성폭행은 빙산의 일각일 뿐이다. 무엇보다 심각한 사실은 한국 교회가 여성 혐오를 대면하고 학습하는 공간이라는 점이다.

한국 교회, 여성 혐오의 인큐베이터

2016년 5월 강남역 인근 상가 화장실에서 발생한 여성 피살사건은 우리에게 놀라움과 충격을 던져주었다. 만나는 사람들마다 내가 윤리를 전공하고, 윤리를 가르친다는 이유로 이에 대한 윤리적 질문을 하거나, 윤리적 해법이 담긴 글을 쓰라고 했던 기억이 있다. 모두 바쁘다는 핑계로 거절을 했다. 실제로 2016년 봄이 바쁘기도 했지만, 그 사건을 분석하거나 비평하는 일보다 먼저 회개를 하고 애통해하고 탄식을 하는 것이 우선이 아닐까라는 생각이 컸다. 왜냐하면 이 사건으로부터 한국 교회가 절대 자유롭지 못했기 때문이다.

보도에 따르면 범인은 "여자가 무시해서" 범행 장소에서 한 시간 넘게 기다리다가 화장실에 들어오는 첫 번째 여성을 칼로 찔러 죽였다고 한다. 그런데 이 사건이 교회랑 무슨 상관이 있다는 말일까? 그 살인남은 목회를 꿈꾸던 신학생이었고 자퇴 후에는 교회에서 일했다고 한다. 어떤 방식으로든 그가 주로 영향을 받은 곳은 교회였다는 뜻이다. 그는 누군가의 친절하고 다정한 교회 오빠였거나, 교회 누나가 보기에 믿음직한 연하남 교회 동생이었을 것이다.

그렇다면 그는 왜 유독 여성의 무시를 못 견뎌 결국 여성을 죽이기로 작정했던 것일까. 그에게서 여성 혐오는 도대체 어떤 경로로 거쳐 형성되었을까. 물론 섣부르게 판단할 수는 없지만, 나는 교회에서 보고 자란 영향이 꽤 컸을 것으로 생각한다. 한국 교회는 드러내고 여성을 혐오하진 않지만, 오랜 시간에 걸쳐 여성 차별을 구조화해왔다. 성경을 근거로, 교리적 잣대로, 제도적으로 여성을 남성보다 열등한 존재로 여기도록 했고, 교회 내에서 여성의 지위와 자리는 헌신과 순

여성 혐오, 그 중심에 교회가 있다

2016년 5월 강남역 인근 화장실에서 일어난 불특정 여성을 대상으로 한 살인사건은 한국 사회에 만연한 여성 혐오의 심각성을 불러일으켰다. ⓒ오마이뉴스 김예지

종을 벗어나면 안 되었다.

아직도 한국 교회의 상당수는 여성에게 목사 안수를 거부하고 있고, 아직도 여성은 한국 교회의 강단 위에 오르지 못한다. 아직도 한국 교회의 당회는 남자인간들 일색이다. 교회에서 여성의 비율이 60퍼센트 이상을 상회할 텐데, 최소한 50퍼센트는 못 될지언정 당회의 여성 비율이 10퍼센트도 안 되는 기이한 인력 배치가 이루어지고 있는 곳이 바로 한국 교회다. 이런 이유로 교회 내에서 남성의 무시는 당연히 참아야 하는 것이지만, 여성의 무시에는 분노해도 되는 것이다. 어찌 목사 안수도 받을 수 없는 자들의 무시를, 어찌 장로도 될 수

없는 자들의 무시를, 어찌 교회 강단에도 서지 못하는 자들의 무시를 견딜 수 있다는 말인가. 그것은 어쩌면 평범한 한국 교회 남자들에게는 너무나 가혹한 인내심 테스트일지도 모르겠다. 그 인내심은 교회 내에서는 신앙의 이름으로 작동하겠지만, 교회 밖을 벗어나면 무장해제된다.

교회 내 여성에 대한 차별과 억압을 바라보는 시선은 여전히 무지하거나 무관심하다. 한국 교회의 간판 옆에는 여전히 전도 폭발, 성령 체험, 치유와 힐링 등의 문구가 난무하고 있다. 근래에는 사탄의 음모인 동성애로부터 교회를 보호해야 한다는 투사적인 열정과, 교회와 사회를 붉게 물들이는 좌파용공 세력으로부터 대한민국을 지켜내야 한다는 역사적 사명까지 장착하게 되었다. 이러한 정언명법 앞에서 한국 교회는 젠더 문제, 성평등, 페미니즘 따위에 한눈을 팔 시간이 없다.

'사회적 약자'를 위한다는 여러 진보 담론들을 살펴봐도 약자의 카테고리에서 여성을 발견하기란 쉽지 않다. 심지어 민중신학에서조차 여성을 언급하는 일은 드물다. 민주주의와 사회 정의, 경제적 불평등의 해소, 민족통일이라는 큰 그림들을 그리느라 성평등 같은 미시적 문제에는 미처 손길이 미치지 못했나 보다. 한국에서 가장 진보적인 교단이라 자부하는 내가 속한 한국기독교장로회조차도 페미니즘 신학과 여성 목회자에 대한 편견과 차별의 벽은 높기만 하다.

기독교장로회 교단에 속한 목사 후보생 신학생들은 각자가 속한 교회의 노회에 참여하여 정기적으로 목사 후보생 교육을 받고 면접을 치른다. 면접을 마치고 돌아온 여자 신학생 상당수는 남자 목사님들 앞에서 질문을 받으면서 심한 모욕감을 느꼈다고 증언한다. "여자가

여성 혐오, 그 중심에 교회가 있다

신학을 해서 뭐하려고?", "한국은 아직까지 여성 목회가 힘들어", "신학교에서 연애하면서 사모 되면 되겠네" 등 도저히 참을 수 없는 모욕적 질문들이 그 자리에서 오고 간다.

이렇듯 한국 사회는 보수든 진보든 상관없이, 그곳이 세속적인 공간이든 성스러운 공간이든 상관없이, 여성 문제에 대해서는 대동단결한다. 그 표현이 누구는 조금 세련되고, 그 문제에 대처하는 태도가 누구는 조금 진보적이고, 누구는 여전히 티 나게 후지지만, 한국 남성들의 무의식은 거의 대동소이하다. 여성 문제에 관해서는 관심도, 애정도 솔직히 없다. 애정과 관심이 없으니 당연히 문제의 심각성도 모른다.

여성에 대한 차별과 혐오는 이러한 발아 조건에서 서서히 싹이 터서 성장해갔고, 드디어는 '강남역 살인사건' 같은 증상으로 나타나기 시작했다. 이번 사건은 앞으로 닥쳐올 더 큰 사건의 징후다. 그러니 "국민 여러분, 이것은 시작에 불과합니다. 부디 마음 단단히 잡수십시오!" 이렇게 정부는 발표했어야 맞다.

국가의 거짓말

하지만 경찰이 내린 판단은 우리의 생각과 많이 달랐다. 경찰은 강남역 살인사건을 여성 혐오가 아닌 단순 정신질환자의 '묻지 마!' 사건으로 결론지었다. 경찰은 김씨가 2003~2007년 사이에 "누군가 나를 욕하는 것이 들린다"라고 호소하는 증세를 자주 보였고, 이 증세는 2년 전부터 '여성들이 나를 견제하고 괴롭힌다'라는 피해망상으로 발전했다고 발표했다. 김씨는 자신이 일하던 식당에서 위생 상태가 불결하다는 지적을 받고 홀 서빙에서 주방 보조로 옮겼는데, 이 일이 여성들의 음해 때문이라고 생각했고 이것이 범행 요인이 됐다고 경찰은 분석했다.

경찰은 범행 당시 김씨의 망상 증세가 심각한 상태였고 표면적인 동기가 없다는 점, 피해자와의 관계에서 직접적인 범죄 촉발 요인이 없다는 점 등을 들어 이번 사건이 묻지 마 범죄 중 정신질환 유형에 해당한다고 설명했다. 또 김씨가 여성이 화장실에 들어오자마자 바로 공격한 점으로 미루어 범행 목적성에 비해 범행 계획이 치밀하지 않아 전형적인 정신질환 범죄의 특성을 보인다고 덧붙였다. 그리고 우리 사회에는 확인된 여성 혐오 현상은 없다고 발표했다.

이러한 경찰의 발표는 자아심리학에서 말하는 환자에 대한 진단과 처방을 떠올린다. 주체와 대타자(사회, 국가, 교회 등)가 있고, 문제의 주체는 분열된 주체다. 분열된 주체라 함은 대타자의 법과 질서에 적응하지 못하거나 섞이지 못하는 주체를 의미한다. 흔히 우리는 이런 사람을 정신질환자라 부른다. 반면 대타자인 사회와 국가, 그리고 교회는 완벽한 시스템, 목소리, 법과 품격을 지녔다. 정신질환에 대한 치료는 분열된 주체를 완벽한 대타자 안으로 편입시키는 것이다. 대타자의 음성에 순응할 때, 우리는 그(녀)를 비로소 '정상인'이라 부른다.

경찰의 인식은 이런 것이었다. 대타자 대한민국은 여성 혐오 같은 것은 없는 완벽한 사회이고, 대타자 대한민국은 여성의 인권과 안전이 유지되는 정상적인 사회임을 먼저 전제한다. 어쩌다 미친놈이 하나 등장해서 재수없게 이런 일이 발생한 것이다. 그러니 "국민 여러

여성 혐오, 그 중심에 교회가 있다

분, 너무 이 문제를 확대 해석하지 마십시오. 한 개인의 우발적 범행이었고, 더군다나 그는 미친놈입니다. 그 미친놈 하나만 제거하면 이 사회는 여전히 안전할 것입니다."

여성 혐오라는 집단무의식

과연 대타자 대한민국은 안전한가. 세월호가 침몰했을 때도 대타자 대한민국이 보인 반응은 같았다. 한 개인의 일탈적 사건으로 세월호 사건을 몰아갔다. 세월호 발생 초기 언론과 경찰은 선주인 구원파 교주 유병언을 쫓는 데 혈안이 되었다. 분열된 주체의 일탈적 행위로 인해 세월호 참사가 발생했음을 드러내 보이는 액션이었다. 대한민국은 안전한데 사이비 광신도 집단으로 인해 이 문제가 발생했다는 것이다. 그러니 그들의 싹을 제거하면 다시는 이런 일이 일어나지 않는다. 이렇게 세월호 사건을 마무리하려고 했다.

　세월호 사건이 처리되는 과정을 지켜보면서 우리는 '우리에게 국가란 없음!'을 철저히 깨달았다. 주체도 분열되어 있지만, 완벽한 대타자였던 국가 역시 분열되어 있음을 세월호 사건을 통해 우리는 알아버렸다. 하지만 대타자인 정부는 사실을 인정하지 않는다. 여전히 자기네들은 완벽하고, 문제가 없고, 순결한 존재이고, 너희들 분열된 주체가 문제라고 말한다. 그리고 나서 분열된 주체를 좌파, 빨갱이, 동성애자, 이슬람 테러리스트로 지목했고, 강남역 살인사건 이후에는 조현병 환자가 그 목록에 추가되었다. 이런 거대한 공조에 숭고한 대타자들이 힘을 모으고 있다. 대한민국 정부와 '조·중·동' 그리고 일부 극우 개신교 세력들은 거대한 공조의 파트너들이다.

결론적으로 여성 혐오는 한국 사회에 층층이 쌓여 있는 구조적 폐습 어느 한구석에 완고하게 자리 잡은 집단무의식이다. 정신분석학의 기본이 무엇이었나. 억압된 것은 귀환한다는 것이다. 여성 혐오의 출몰은 그러한 점에서 위태로운 증상이다. 언제 어디에서 여성 혐오의 무의식이 출현할지 모른다. 여성 혐오는 나도 모르는 내 안에 있는 어떤 것이다. 그리고 그것은 지금까지의 행적을 보면 강남역 살인사건과 같은 야만의 형태로 드러난다. 야만이 우리의 의식과 무의식을 지배하고 있는 셈이다.

그 야만의 시스템 한가운데 한국 교회가 있다. 예언자 이사야는 당시 교회가 저지르는 악행을 보고 나서 "당장 너희들이 드리는 그 더러운 예배를 걷어치우라!"라고 울부짖었다. 지금부터 2000년도 훨씬 전에 울려퍼졌던 이사야의 절규가 돌고 돌아, 21세기 한국 땅에서 똑같은 울림으로 공명되고 있는 서글픈 현실을 우리는 지금 숨 가쁘게 지나고 있다.

여성 혐오, 그 중심에 교회가 있다

14장

자살에 관하여

신은 그렇게 말하지 않았다

어느 신학교 노교수의 자살

1973년부터 2012년까지 40년 동안 시카고신학교에서 프로이트와 융을 가르치면서 정신분석학과 신학 사이 학제간 연구를 주도했던 로버트 무어Robert Moore 교수의 부고를 들었다. 시카고신학교가 지금은 포스트모더니즘, 해체주의, 퀴어신학, 흑인신학, 포스트콜로니얼리즘 등 진보적인 색깔로 유명한 학교이지만, 원래 이 학교가 세상에 알려진 것은 목회상담 때문이다. 100년 전 20세기 초반에 시카고신학교는 미국에서 최초로 임상목회교육 CPE 과정을 실시하여 신학의 대중화 또는 현장화를 이끌어냈다. 미국 목회상담의 아버지라 평가받는 안톤 보이슨Anton T. Boisen이 시카고신학교에 근무하면서 이 운동을 이끌었고, 지금도 그를 기려 학교 도서관에는 안톤 보이슨 룸이 있다.

로버트 무어 교수는 시카고신학교의 심리신학을 담당하던 교수였다. 특히 그는 프로이트와 결별하고 분석심리학을 창시한 카를 구스타프 융 전문가로 손꼽히는 학자다. 무어 교수는 시카고에 있는 융

연구소를 이끌었고, 융의 집단무의식과 신학자 폴 틸리히의 궁극적 실재를 연결하여 새로운 형태의 신학을 구성하려 했던 창의적인 신학자였다. "네가 아직 알지 못하는, 네 안에 있는 그것을 발견하라! 그것이 궁극적 실재이고, 그것이 신과 만나는 통로다! 그것을 향해 달려가고 그것을 위해 행동하라!"라고 외치면서 많은 신학도들과 내담자에게 힘과 용기를 주었던 로버트 무어 교수는 늘 마니아들을 거느리고 다니던 스타 강사이기도 했다.

2012년에 은퇴한 후에도 학교는 예우 차원에서 그의 연구실을 그대로 남겨두었고, 교수 명단에서도 오랫동안 그의 이름을 지우지 않았다. 그만큼 시카고신학교에서 로버트 무어가 차지하는 비중은 컸다. 그런데 날벼락같은 소식이 전해진 것이다. 2016년 6월 22일 시카고 경찰은 로버트 무어 교수가 부인과 함께 총에 맞은 채 발견되었으며, '현재 사고 원인을 조사하고 있다'라고 발표했다. 그다음 날 경찰은 로버트 무어 교수가 부인을 권총으로 쏴서 죽인 후에 스스로 목숨을 끊었다고 공식 발표했다. 그리고 "아직까지 알코올, 약물중독, 마약에 의한 혐의는 밝혀진 바 없다"라는 소견을 제시했다.

교수님이 왜 자살했을까? 내가 10년 동안 봐왔던 무어 교수의 말과 모습을 되살리면서 그의 죽음을 해석해보려 했지만, 내가 알고 있는 자료들을 가지고는 온전히 파악할 수 없었다. 우리가 무언가에 대해 알고 있다는 것, 우리가 어떤 사건과 인물에 대해 파악하고 있는 것이 뭐 그리 대단한 것일까, 라는 생각과 함께 '무어 교수가 발견한 당신 안의 그것이 과연 무엇이었을까'에 대한 궁금증이 일었다. 그것이 얼마나 매혹적이었으면 선생은 이생에서의 삶을 그리 서둘러 단축했을까.

자살에 관하여

하지만 그의 결정은 내가 아는 무어 교수와는 어울리지 않는 선택이었다. 그렇게 폭력을 혐오하고, 폭력에 저항하던 분이었는데, 사랑하는 아내와, 그리고 자신을 향해 폭력을 행사하며 생을 마감했다는 것이 나로서는 믿기지 않았다. 이 사건을 어떻게 받아들이고, 이해하고, 해석해야 할까. 지금 내가 확실히 말할 수 있는 것은 이것이다. 로버트 무어 교수는 나에게 신학이 얼마나 매력적인 학문인지, 아니 신학이 얼마나 불안하고 균열이 많은 학문인지를 일러준 스승이었다. 삼가 고인의 명복을 빕니다. 일단, 오늘은 여기까지. ─2016년 6월 30일 일기 중에서.

자살에 대한 해석

사건 직후 이런저런 경로를 통해 수소문을 해봤지만 자세한 소식을 들을 수 없었다. 시카고 지역 신문에서 몇 차례 사건을 보도하여 약간 술렁이는 듯하더니 그것으로 끝이다. 시카고신학교 차원에서 유감의 표현과 추모예배를 드렸다는 소식을 들었다. 사건이 왜, 무엇 때문에 어떻게 일어났는지에 대한 소식은 들은 바가 없다. 무어 교수 부부의 소장품들이 경매 사이트에 올라왔다는 소식, 그의 집 앞에서 책이랑 생활용품을 펼쳐놓고 무슨 업체에서 나온 사람들이 개라지 세일garage sale 하는 것을 봤다는 소식을 전해 들었다. 아마도 노부부의 유품을 정리하고 처분해줄 가족조차 없어 그런 일을 대행하는 업체에 의해 뒤처리가 이루어지고 있는 것 같다며, 무어 교수 집 근처에 사는 옛 동료가 귀띔해주었다. 부인이 심각한 건강 이상에 시달렸다는 소문,

3부. 비판과 성찰, 고백과 애도

무어 교수가 2012년 돌연 학교에 사의를 표하고 사라졌는데 그 무렵부터 우울증 약을 복용했다는 소문까지……. 그 누구도 무어 교수의 죽음에 대해 정확하게 아는 것이 없어 보였다. 그렇다면 나는 무어 교수의 죽음을 어떻게 이해해야 할까. 아내를 먼저 총으로 쏴서 죽이고 자신도 스스로 목숨을 끊은 그 신학 교수를 말이다.

전통적으로 기독교에서는 자살한 사람은 지옥에 간다는 믿음이 있다. 중세에는 자살을 시도한 것만으로도 처벌을 받을 수 있었고, 로마가톨릭에서는 자살자의 교회 장례식을 거부한다. 자살이 회개와 용서를 불가능하게 만들었다는 이유에서다. 자살에 대한 기독교 차원에서의 공식적 반대의견은 중세 스콜라 철학을 완성한 토마스 아퀴나스에 와서 정교하게 완성되었다. 토마스 아퀴나스가 자살을 반대한 이유는 세 가지였다. 첫째, 인간의 자기 사랑과 자기 보전은 자연으로부터 주어진 의무이며, 둘째, 인간은 공동체에 소속되어 있고, 셋째, 생명의 권한은 인간에게 있지 않고 하느님께만 있다는 것이다. 하지만 자살자의 입장과 처지에 대한 이해와 배려 없이 이런 교리적이고 율법적인 잣대만 들이대는 것은 너무나 무지하고 폭력적이다.

이보다 조금 나아 보이는 기독교의 자살에 대한 이해가 있다. 자살을 거부하는 이유가 복음에 있다는 것이다. "누구든지 그리스도 안에 있으면, 그는 새로운 피조물입니다. 옛것은 지나갔습니다. 보십시오. 새것이 되었습니다."(「고린도후서」 5:17) 예수 그리스도 안에서 새것이 된 존재, 이것이 교회에서 말하는 복음의 핵심이고, 이것을 믿는 사람을 기독교인이라고 한다. 기독교인은 이 세상의 법칙과 강제로부터 해방된 자유로운 사람이고, 우리를 억누르고 있는 온갖 속박으로부터 구원받은 사람이다. 세상의 명령과 육신의 명령에 따라 살지 않는 새로운 피조물이라는 말이다. 이런 이유로 우리는 현실의 어려움과 절망과 환난 가운데서도, 죽음의 음침한 골짜기를 지날지라도 두려워하지 않을 수 있다. 그리스도 안에서 우리는 그러한 괴로운 질문으로부터 해방된 존재이기 때문이다. 이러한 해석은 환난에 처한 기독교인에게 현실을 견디게 하는 희망으로 작동할 수도 있을 것이다.

하지만 나는 복음의 능력으로 자살의 충동과 유혹을 극복할 수 있다는 견해에 동의하지 않는다. 이는 마치 정신의학에서 일탈적 행위를 보이는 개인이 치료를 통해 사회로 복귀하는 것과 같다. 사회, 즉 대타자는 완벽하다. 완벽한 대타자인 사회에 적응하지 못하고 순응하지 못하는 개인이 문제다. 정신병에 걸린 사람이란 사회에 적응하지 못하는 이상한 사람을 지칭한다. 그러니 그 사람을 사회에 잘 적응할 수 있도록 도와주는 것이 정신병원에서 하는 일이다. 이를 자살과 복음의 관계에 적용하면 이렇다. 복음은 일점일획도 틀림없이 완벽하다. 자살은 복음을 영접하지 못한 사람이 삶을 제대로 이해하지 못해 저지르는 것이다. 그러므로 자살 위험에 처한 사람에게 복음을 영접할 수 있도록 도와주면 문제는 해결된다. 그런데 과연 복음은 균열이 전혀 없는 완벽한 진리인가. 20세기 내내 전 세계적으로 복음 전파의 모범으로 군림했던 대한민국이 어처구니없게도 자살률 1위라는 사실을 우리는 어떻게 이해해야 할까.

3부. 비판과 성찰, 고백과 애도

자살률 1위에 드리운 그림자

2014년 2월 서울 송파구 석촌동의 한 단독주택 지하 1층에서 어머니 박모 씨(60)와 장녀 김모 씨(35), 차녀 김모 씨(32)가 번개탄을 피워 동반자살한 사건이 발생하였다. 현장에서는 현금 70만 원이 든 봉투와 함께 다음과 같은 메모가 발견되었다. "주인 아주머니께…… 죄송합니다. 마지막 집세와 공과금입니다. 정말 죄송합니다." 이 사건은 생활고에 시달리던 선량하고 정직한 서민이 법의 테두리 안에서 힘겹게 살다가 그 법을 지키지 못하게 되자 스스로 목숨을 끊은 사건이었다.

송파 세 모녀 자살 사건이 발생했던 2014년 그해 우리나라 자살률은 세계 최정상급이었고 지금도 별반 다르지 않다. 통계청의 2014년 자료에 따르면 한국인은 1년에 10만 명당 27.3명이 자살한다. 하루에 40명 가까운 사람이 스스로 목숨을 끊는다는 말이다. 한국의 자살률은 2003년 이후 OECD 회원국 중에서도 단연 1위다. OECD 평균이 10만 명당 12명인데 한국은 두 배가 넘는 수치다. 헝가리(19.4명), 일본(18.7명), 슬로베니아(18.6명), 벨기에(17.4명) 등이 자살률이 높은 나라라고 하는데 한국에는 턱없이 못 미친다.

한국의 자살률이 처음부터 고공행진을 했던 것은 아니다. 1990년대만 해도 자살률은 연간 10만 명당 8.8명으로 당시 일본(17.5명)과 독일(17.1명)의 절반에 못 미쳤다. 그런데 1997년 IMF와 2008년 미국발 글로벌 경제위기를 거치며 자살률이 급증했다. IMF 이후 서서히 증가하여 2000년 13.6명, 2003년 22.6명으로 껑충 뛰었다. 2009년 31.0명, 2010년 31.2명, 2011년 31.7명으로 가파르게 올라갔다가

2012년 28.1명으로 줄어든 이후 2013년 28.5명으로 다시 상승했다.

전문가들이 진단하는 자살의 원인은 고령화와 경제난이다. 인구 고령화 시대로 접어들면서 노인들의 삶의 질이 점점 떨어지고 있고, 노인을 섬기고 대우해주던 공동체는 파괴된 지 오래다. 전 세대 전 연령층에서 현실적 삶의 무게를 견디느라 모두가 아우성이다. 그런 까닭에 이웃을 돌아볼 물리적·감정적 여유가 없다. 국가도 마찬가지다. 글로벌 경제위기 속에서 나라살림도 어려워져 각종 복지정책은 뒤로 밀리고 있다. 최소한의 사회적 안전망이 제거되는 상황에서 한국은 그야말로 위험사회 그 자체라 해도 과언이 아니다. 이러한 현실을 반영하듯 대한민국의 자살률은 1위로 올라섰다.

어떻게 해야 자살률이 감소할 수 있을까? 시급을 만 원으로 올리고, 기초생활 수급자 대상을 확대하고, 임시직·계약직을 정규직으로 전환하고, 70세 이상 노인에게 월 50만 원 정도씩 보장하고, 치매와 암, 기타 난치병·희귀병의 치료와 후원에 국가가 적극적으로 개입하면 자살 문제가 해결될까? 그렇다면 분명 자살률은 감소할 것이다. 그러한 사회를 위해 적극적으로 정치에 개입하고 우리의 권리를 부르짖으며 사회적 안전망을 재건하는 데 노력해야 할 것이다.

내가 보기에 이런 물리적인 노력을 실천하는 것 못지않게 중요한 것이 자살에 대한 공부다. 우리는 그동안 진지하게 자살을 다루어본 적이 없다. 자살은 감추고 숨기고 피해야 하는 마치 주홍글씨 같은 것이어서 자살을 공공연하게 이야기하는 것 자체가 금기시되었기 때문이다. 자살에 대한 지식이 없는 이들에게 도움이 되는 자료가 지금 소개할 에밀 뒤르켐의 『자살론』이다. 100년도 훨씬 전에 자살에 대한 통계를 바탕으로 작성한 이 책은 희미하고 불명확했던 자살의 현상학을 다루었다는 점에서 빛나는 성과라 할 수 있다.

뒤르켐의 『자살론』

자살에 관한 여러 가지 연구 성과물 중에서도 에밀 뒤르켐Emile Durk-heim(1858~1917)의 『자살론』(1897)은 자살을 둘러싼 현상학 혹은 종교사회학에서 이룩한 단연 빛나는 저작이다. 뒤르켐은 여러 가지 자살 요인들, 예를 들어 정신질환, 유전적 요소, 인종적 특징, 계절과 자살의 관계, 알코올과 자살, 빈곤 등을 광범위하게 조사한 후에 "자살은 사회적 조건에 의존한다"라고 말했다.* 뒤르켐의 연구는 자살이라는 죽음의 형식이 근대성의 일면이라는 사실을 우리에게 알렸고, 그것은 현대의 자살 현상을 이해하는 데 결정적인 단초가 되었다.

물론 고대와 중세에도 자살하는 사람들이 있었다. 그러나 그들은 대부분 당대의 봉건적인 이데올로기와 종교가 내세우는 강압 속에서 수치스럽고 욕된 삶을 산다고 생각했을 때 스스로 목숨을 끊었다. 그러나 근대로 접어들어 도시화가 진행되고 사람들끼리의 관계가 복잡하게 얽히기 시작하면서 자살률은 가파르게 상승했다. 봉건사회보다 근대사회는 사회적인 끈끈함social cohesion이 느슨한 이기적egoistic 사회다. 뒤르켐은 이기주의를 자살의 중요한 원인으로 지목했다. "지나친 이기주의는 자살을 유발하는 원인을 촉발할 뿐 아니라, 그 자체가 자

---

* 에밀 뒤르켐, 황보종우 옮김, 『자살론』(청아출판사, 2008), 129쪽.

자살에 관하여

살을 유도하는 원인이다."* 근대로 접어들어 개인주의적인 삶이 고착
화되면서 공동체를 바탕으로 했던 삶의 원리가 점차 사라져갔고, 개
인은 자본주의 사회라는 정글 속에서 홀로 살아남는 법을 배워야 했
다. 이 과정에서 뒤처지고 도태되는 개인이 다시 사회로 편입되기란
사실상 불가능하다. 이러한 근대적 삶의 방식과 자살률의 증가는 불
가분의 관계에 있다.

　뒤르켐은 최종적으로 사회적 통합의 정도가 자살률에 영향을 미
칠 것이라고 예상했다. "자살은 종교사회의 통합, 가족사회의 통합,
정치사회의 통합 정도에 반비례한다."** 뒤르켐에 따르면 자살률 1위
를 자랑하는 한국은 종교의 사회 통합 기능 면에서 실패했고, 가정의
붕괴와 정치의 상실 또한 이미 도를 넘어선 지 오래다. 실제로 한국은
1인 가구의 비중이 30퍼센트에 근접해가고, 서울시의 1인 가구는 30
퍼센트를 훌쩍 넘었다. 개인의 삶을 지탱한다는 최소 단위인 가정이
빠른 속도로 해체되어가고 있는 셈이다. 또한 한국 국민의 성직자, 특
히 개신교 목사에 대한 신뢰와 존경의 수준은 밑바닥이고, 정치인에
대한 평가도 별반 다르지 않다. 이런 한국 사회의 현실은 뒤르켐의 자
살률 증가 원인과 절묘하게 맞아떨어진다는 측면에서 눈여겨볼 만
하다.

　뒤르켐의 『자살론』에서 마지막으로 주목할 만한 사실은 종교별
자살률 추이다. 종교별 자살률은 개신교-가톨릭-유대교 순으로 개신
교가 월등히 높다.*** 그 원인이 무엇일까? 우선 개신교는 가톨릭과

---

* 　위의 책, 251쪽.
** 　위의 책, 249쪽.
*** 　위의 책, 173~185쪽.

유대교에 비해 응집력이 느슨하다. 유대교와 가톨릭은 개신교에 비해 훨씬 조직의 힘이 강하고 뚜렷하다. 교회법을 중시하는 면에서도 개신교를 월등히 압도한다. 유대교와 가톨릭에 비해 개신교는 훨씬 개인적이다. 개인의 결단이 구원의 필수요소이고, 신과의 접촉도 사제라는 매개 없이 직통으로 가능하고, 경전에 대한 이해에 있어서도 평신도 각자가 말씀에 대한 이해를 갖고 신 앞으로 나아간다. 신과 개인의 일대일 관계를 강조하는 개인주의적 성격이 가장 강한 종교가 개신교라는 것이다. 개인의 탄생이 근대성의 가장 중요한 요소라고 할 때, 개신교는 근대정신과 부합하는 종교라 할 수 있다. 이러한 개인주의적 성향의 개신교도의 자살률이 높다는 사실은 한국의 높은 자살률을 이해하는 데 중요한 포인트다. 한국 개신교도의 자살률만을 따로 떼어 연구한 결과물은 아직 보지 못했지만, 개인주의적 성향의 신앙이 자살률과 상관관계가 있음을 짐작하게 하는 대목이다.

지금까지 나는 자살에 대한 전통적 해석과 뒤르켐의 『자살론』을 토대로 자살이라는 현상에 대한 다양한 분석을 시도했다. 뒤에서는 자살에 대해 유독 거부반응을 보이는 기독교의 자살 해석에 대한 반론을 살펴볼 것이다.

신의 음성, 신의 위로

보아라, 예루살렘아, 내가 네 이름을 내 손바닥에 새겼고, 네 성벽을 늘 지켜보고 있다.
—「이사야서」49:16

「이사야서」는 구약성경 예언서 중에서도 가장 중요하게 취급되는 예언서다. 이 책은 바빌론 포로기 전후를 배경으로 한다. 총 66장 가운데 1~39장을 '제1이사야서', 40~55장을 '제2이사야서', 56~66장을 '제3이사야서'라고 부른다. 제1이사야서는 바빌론으로 잡혀가기 이전 회개하지 않는 이스라엘 백성들을 향해 이사야 예언자가 하느님을 대신해 심판과 회개를 촉구하는 내용이고, 제2이사야서는 바빌론으로 잡혀가 절망과 슬픔과 비탄에 잠긴 이스라엘 백성들에게 하느님께서 위로의 메시지를 전하는 내용이다. 제3이사야서는 새로운 희망을 선포하는 메시지다. 위에 인용한 「이사야서」 49장은 위로의 메시지가 선포되는 제2이사야서 중 한 대목이다.

고대에 전쟁에 패한 국가의 백성들은 포로로 끌려갔다. 그런 포로들의 삶은 고단했다. 남자들은 고된 일과 또 다른 전쟁의 희생양이 되었고, 여인들은 온갖 고초와 능욕을 당했다. 그 과정에서 더러는 모진 노동에 시달리다 죽었을 것이고, 더러는 자신에게 닥쳐오는 모진 운명에 저항하다 스스로 목숨을 끊음으로써 자기의 존엄을 지키려 했을 것이다. 그렇게 죽어간 사람들을 향해, 그렇게 스스로 목숨을 끊은 사람들을 향해, 그렇게 주변에서 사라진 형제 자매와 부모 자식을 기억하고 있는 살아남은 자들을 향해 신이 이렇게 말한다. "내가 너희들의 이름을 나의 손바닥에 새겼다."

극심한 고통에 처한 사람들에게 이 말이 무슨 소용이 있나, 라는 마음이 들다가도 한편으로는 이보다 더 큰 위로가 어디 있을까, 라는 생각이 들었다. 억울하게 죽어간 사람들 하나하나의 이름을 애도한다는 신의 위로가, 삶의 공포와 절망에 지쳐 생을 포기한 이들 하나하나의 이름을 다 기억하겠다는 신의 다짐이, 모진 세월을 여전히 살아내고 있는 사람들에게 얼마나 큰 위로가 되었을까. 이렇게 말하는 신이 자살한 사람에게 벌을 주었으리라고 생각하지 않는다. 오히려 신은 그 반대의 반응을 보인다. 그렇게 죽어간 사람들 하나하나의 이름을 당신의 손바닥에 꾹꾹 눌러 새기겠다고 하지 않는가. 그런 신이라면 오히려 "너를 쓸쓸히 혼자 내버려둬서, 너와 함께하지 못해 미안하다" 라고 말하지 않았을까.

신은 그렇게 말하지 않았다

자살을 고민하는 대부분의 사람들은 목사를 찾아와 상담하지 않는다 고 한다. 왜 그럴까? 첫째는 목사에 대한 신뢰가 없기 때문이고, 둘째 는 그동안 한국 교회가 보여온 번영 지상주의, 축복 일변도의 태도 때 문이다. 축복받은 삶만이 신앙의 결실이자 열매라는 잘못된 생각이 자리 잡으면서 실패한 사람이나 삶의 무게에 짓눌려 신음하는 사람 은 믿음이 부족한 사람으로 취급받기에 교회에서 자신의 속내를 드러 내지 못한다. 그렇다면 신은 정말로 번영과 축복만을 믿고 따르는 신 자들만을 칭찬하고 반기는 신인가?

　「출애굽기」 33장에 보면 모세와 이스라엘 백성들이 시나이산을 떠나기 전에 모세가 신에게 "저에게 주님의 영광을 보여주십시오" (33:18)라고 요청하는 대목이 나온다. 그러자 신은 이렇게 답했다. "네가 나의 등을 보게 될 것이다. 그러나 나의 얼굴은 볼 수 없을 것이 다."(33:23) 멀리 길을 떠나는 친구에게, 새로운 사업을 시작하고 새 로운 가정을 꾸리고 새로운 다짐을 굳게 하는 친구가 찾아와 복을 빌어달라고 요청한다면 여러분은 뭐라 말하겠는가? 대부분의 사람들은 "잘될거야, 넌 할 수 있어, 내일은 또 내일의 태양이 뜰 거야" 같은 긍정의 메시지를 전달할 것이다. 하지만 진정 그렇게 일이 술술 잘 풀리지만은 않는다는 것을 우리는 잘 알고 있다.

길을 떠나는 모세와 이스라엘 백성들이 "축복을 빌어주십시오"라고 요청했을 때 하느님은 가장 정직한 답변을 했다고 생각한다. "네가 나의 등을 보게 될 것이다. 그러나 나의 얼굴은 볼 수 없을 것이다." 바꿔 말하면 "너희들이 원하고 생각하는 축복을 보이라고 나한테 요구한다면 난 그것에 대해서 말할 수 없다. 하지만 나는 무심할지라도, 항상 없는 듯 너희 곁에 있다"라고 말이다. 다석多夕 유영모 (1890~1981)는 이런 하느님을 "없이 계시는 분"*이라고 말했고, 독일의 목사이자 반나치운동가였던 디트리히 본회퍼Dietrich Bonhoeffer(1906~1945)는 "하느님 없이 하느님 앞에서 하느님과 더불어"**라는 아포리즘으로 하느님의 존재 방식을 표현했다.

나는 신이 우리를 빛으로 인도한다는 사실을 믿는다. 그러나 하느님은 우리를 빛으로 인도하실지라도, 우리 앞에서 그 빛을 보여주지는 않는다. 하느님의 빛은 우리 앞에서 비추는 빛이 아니라 언제나 우리 등 뒤에서 길을 비춘다. 이는 어쩌면 당연한 이치다. 강렬한 빛이 내 눈앞에 있으면 우리는 무엇을 볼 수 있을까? 오히려 우리의 눈이 멀어진다. 빛은 오직 등 뒤에서 비출 때 우리가 갈 길을 밝힐 수 있다. 그리고 그 빛이 우리 등 뒤에서 비추는 까닭에 그림자가 우리 앞

* 박영호, 『다석 유영모 어록』(두레, 2002), 215쪽.
** 디트리히 본회퍼, 손규태·정지련 옮김, 『저항과 복종(옥중서간): 디트리히 본회퍼 선집 8』(대한기독교서회, 2010), 516쪽.

에 있다. 그 그림자는 물론 우리 자신의 그림자다. 신이 인도하는 삶, 빛으로 밝히는 길 위에도 어둠과 그림자가 있다는 말이다. 이러한 사실을 받아들인다면, 인생의 그림자를 벗어나고자 발버둥쳤던 사람들의 마음과 행위를 좀 더 나의 문제와 현실로 받아들일 수 있지 않을까. 자살을 택한 사람을 향해 그 누가 뭐라 할 수 있겠나. 우리는 단지 "내가 네 이름을 내 손바닥에 새겼다"라고 한 신의 자비만을 구할 수 있을 뿐이다.

신정론에서 인정론으로

정신과 의사들에 따르면, 자살을 택한 사람은 그 누구보다도 살기를 원했던 사람이라고 한다. 우리가 할 수 있는 일은 자살이 죄냐 아니냐를 따지는 논쟁이 아니다. 만일 자살의 원인이 온갖 숨겨진 폭력에 기인한다면, 자살의 동기가 경제적 위기 혹은 외로움과 고독으로 인한 것이라면, 그 책임으로부터 우리도 자유롭지 못하다. 우리 모두가 자살의 잠재적 가해자인 셈이다. 그러므로 자살에 대한 사회적 책임을 묻는다면 그것은 살아남은 우리 모두의 몫이다. 이 대목에서 자살에 대한 문제는 신정론神正論(theodicy)에서 인정론人正論(anthropodicy)으로 넘어온다.

원인을 알 수 없는 고통에 대한 해석은 모든 종교들이 최종적으로 고심하는 난문제다. 고통을 정의하기가 어려운 것은 고통에 대한 이해가 고통을 겪는 사람들의 수만큼이나 다양하기 때문일 것이고, 각 종교 전통마다 고통을 대하는 자세가 다르기 때문일 것이다. 신정

자살에 관하여

론은 기독교 전통에서 말하는 고통과 악에 대한 신학적 답변이다. 신정론은 의인에게 닥치는 고난과 악의 명백한 현존 속에서도 신은 한 치의 오차도 없이 일한다는 사실, 그런 신의 전능과 계획에 의해 악과 고난은 현실적 차원이 아닌 신의 섭리가 작동하는 영역으로 고양될 수 있음을 증명하는 이론이다. 현재의 고난이 미래에 도래할 축복의 징표라는 신정론적 위안은 기독교인들로 하여금 알 수도 없고 설명도 불가능한 고난 속에서 흔들리는 믿음과 신앙을 지켜주었던 강력한 신학적 근거였다.

레비나스는 기독교의 신정론에 대한 반대의사를 분명히 밝힌다. 그에 따르면 지난 20세기에 발생한 두 번의 세계대전, 홀로코스트, 히로시마 원자폭탄 등으로 대표되는 대학살의 기록은 더 이상 고난의 유의미성을 내세우는 신정론으로는 설명할 수 없는 현상이다. 그는 신정론이 내세우는 고난의 낙관성, 즉 신적 섭리로서의 고난, 고난의 유의미성에 대한 해석이 고난 자체에 대한 객관적 이해를 막는다고 하면서 신정론의 폐기를 선언했다.*

자살의 문제는 원인과 이유도 모른 채 다가오는 우리 시대의 대표적인 고통의 현상학이다. 기존의 신정론은 자살의 유의미성과 자살 뒤에 숨겨진 신의 섭리에 주목하라고 말한다. 그리고 그것을 타산지석으로 삼아 너의 (개인) 구원에 몰두하라고 가르친다. 그러나 이러한 답변은 고통의 당사자 혹은 희생자를 두 번 죽이는 행위일 뿐 아니라, 자살을 유발하는 원인과 책임에 대한 방임과 면책의 사유가 된다.

---

* Emmanuel Levinas, "Useless Suffering," in *Entre Nous: On Thinking Of the Other*, translated by Michael B. Smith & Barbara Harshav(New York: Columbia University Press, 1998), 97쪽.

3부. 비판과 성찰, 고백과 애도

이 대목에서 자살에 대한 신정론적 회피는 인정론적 대응으로 전환된다. 인정론은 고통과 탄식 가운데서 발견해야 할 인간의 몫에 대한 문제다. 신정론이 고통에 직면한 인간이 신을 향해 던지는 질문에서 비롯되는 것이라면, 인정론은 고통에 직면했을 때 역으로 등장하는 인간을 향한 신의 질문에서 시작된다. 신정론의 질문이 "왜 내게 이런 고난이 생기는 겁니까?"라면, 인정론적 질문은 "거기 너 있었는가?"이다. 성경에 나오는 신의 인간을 향한 질문들, 예를 들어 에덴에서 죄를 지은 아담을 향한 신의 질문인 "네가 어디 있느냐?"(「창세기」 3:9), 복음 증거를 핍박하는 사울을 향한 신의 음성, "네가 왜 나를 핍박하느냐?"(「사도행전」 9:4)를 떠올려보면 신을 향한 우리의 질문 못지않게, 신 역시 우리를 향해 묻는다는 것을 알 수 있다. "이 고난의 현장에서 너는 지금 무엇을 하고 있는가?" 결국 인정론은 고통의 시대, 죽음의 사회를 살아가는 우리에게 던지는 신의 물음이다.

　자살에 대해 내가 마지막으로 말하고 싶은 것은 자살을 향한 인정론적 개입이다. 신정론적 낙관 혹은 관조로 우리 사회의 자살 현상학을 바라보지 말자. 그러기에는 상황이 너무 심각하고, 그렇게 대응하다 우리 모두는 자살 열풍의 부역자 또는 당사자가 될 수 있다. 공동체 구성원 모두가 자살에 대한 책임을 묻는 자세를 가질 때만 이 죽음의 행렬을 멈출 수 있을 것이다. 우리 시대 고통의 요체가 무엇인지, 자살은 무엇을 말하고 있는지, 자살을 막기 위해 우리는 무엇을 할 수 있을지? 이것이 살아남은 우리가 던져야 하는 질문이고 행동의 원칙이다. 그렇게 해서 우리 사회에 켜켜이 쌓인 고통의 결을 드러내고 그 진실의 힘으로 죽음을 생산하는 메커니즘을 해체하는 것, 그것이 인정론적 개입에 담긴 기대이고 요청일 것이다.

15장

세월호, 바람 그리고 유령

바람만이 아는 대답

밥 딜런Bob Dylan이 2016년 노벨문학상을 수상했다. 미국 포크계의 거장이자 노래하는 음유시인으로 불리는 밥 딜런은 전쟁과 평화, 그리고 자유에 대한 노랫말에 있어서 타의 추종을 불허한다. 매혹적이고 날카로운 첫 키스의 추억을 떠올리게 하는 밥 딜런의 목소리와 그 목소리를 타고 흐르는 음률과 가사는 인권과 반전운동으로 홍역을 앓고 있던 1960~1970년대 미국 젊은이들의 영혼을 위로하면서 자유와 평화에 대한 갈증을 촉촉히 적시는 역할을 했다.

밥 딜런을 세상에 알린 대표적인 노래가 〈바람만이 아는 대답〉 Blowing in the Wind이다. 내가 중·고등부 시절 꽤나 진보적인 교회로 소문난 모교회에서 많이 불렀던 노래다. 당시 소년이었던 나는 밥 딜런이라는 가수를 잘 몰랐음에도, "얼마나 많은 길을 걸어야 사람들은 진정한 인간이 될 수 있을까? 얼마나 먼 바다를 건너야 하얀 새는 모래사장에서 잠들 수 있을까? 오, 내 친구여, 묻지를 마라, 바람만이 아는 대답을"이라는 가사를 흥얼거리면서 알 수 없는 감상에 빠졌다.

그로부터 얼마만큼의 시간이 흘렀을까? 며칠 전 마을버스를 타고 가는데 라디오에서 이 곡이 흘러나왔고, 순간 그 노래의 3절 가사가 귀에 들어와 꽂혔다.

얼마나 많이 고개 들어 올려다봐야 사람들은 하늘을 볼 수 있을까?

How many times must a man look up before he can see the sky?

얼마나 많은 귀가 있어야 사람들은 울부짖는 소리를 들을 수 있을까?

How many ears must one man have before he can hear people cry?

얼마나 많은 사람들이 죽어나가야 수많은 사람들의 죽음의 희생을 깨닫게 될까?

How many deaths will it take till he knows that too many people have died?

오, 내 친구여, 묻지를 마라. 바람만이 아는 대답을, 바람만이 아는 대답을.

The answer, my friend, is blowing in the wind, The answer is blowing in the wind.

가사를 듣고 있는데 2014년 4월 진도 앞바다에서 수장당한 수백 명의 죽음이 생각났고, 거리와 광장에서 울부짖던 유가족들의 모습이 스쳐 지나갔다. 밥 딜런의 노래는 이렇듯 나를 세월호 참사 당시로 타임슬립시키고 있었다. 하지만 그것은 4년 전 비극에 대한 단순한 복기가 아니다. 밥 딜런이 자신의 노래에서 말하고자 했던 것은 절망과 비극으로 인한 염세주의적 태도가 아니라, 그것들을 뚫고 오는 희망에 대한, 생명에 대한 바람이었다. 이 글은 그 바람에 관한 이야기다. 그 바람이 부는 방식에 관하여, 그 바람으로부터 기대되는 꿈과 희망에 관하여, 더 나아가 그 바람이 일으킬 사건과 파장에 관한 이야기를 지금부터 시작하고자 한다.

바람은 불고 싶은 대로 분다

'어떻게 하면 바람을 잡을 수 있을까?' 황당하게 들릴 수도 있겠지만 기독교인에게는 익숙한 질문이다. 왜냐하면 예수께서 성령을 바람으로 비유했기 때문이다. 「요한복음」 3장 8절에 보면, 밤늦게 찾아와 영생의 비밀을 묻는 니고데모에게 예수는 이렇게 말한다. "바람은 불고 싶은 대로 분다. 너는 그 소리는 듣지만, 어디에서 와서 어디로 가는지는 모른다 where it comes from or where it goes. 성령으로 태어난 사람은 다 이와 같다."

예수의 말에서 알 수 있는 것은 바람은 어딘가에서부터 불어와서, 어딘가로 다시 불어 나간다는 것이다. 본문에서는 바람의 범주가 공간적 범위where로 처리되고 있으나, 뉘앙스로는 시간적 범위까지를 포괄한다. 'comes from'은 '어디 어디에서부터 기인하다'를 의미하는 말로, 기원의 지점에서는 이미 사건이 벌어져 있음을 전제한다. 이미 그곳에서 벌어진 사건이 지금 여기로 'comes from' 한다는 점에서 시제상으로는 현재완료의 느낌이 있다. 현재완료가 무엇인가? 과거에 발생한 사건이 현재까지 영향을 미치고 있는 상태를 표현할 때 쓰는 표현 아닌가. 그런 의미에서 'comes from'은 현재시제이지만 그것의 심리적 무게는 과거에 있다. 반면 'where it goes'에서 'goes'는 현재 시제이나 근접한 미래까지를 포함한다.

종합하면 바람은 과거의 어느 시점에서 불어와 다시 미래의 어느 시점을 향하여 불어가는 것이고, 또 역으로 바람은 미래의 어느 곳으로부터 유래하여 현재에 영향을 미치는 그것이다. 바람은 그렇게 인간의 시간을 넘고 타고 흐른다. 그래서 밥 딜런은 '바람만이 아는 대답'이라고, 예수도 '바람은 불고 싶은 대로 분다'라는 선문답을 남겼나 보다. 나는 왠지 "바람은 불고 싶은 대로 분다. 그것이 어디에서 와서 어디로 가는지는 모른다"라는 말이 하늘로 올라가지 못해 구천을 떠도는 유령들의 넋두리처럼 들린다. 바람과 유령, 그리고 세월호. 뭔가 묘한 관계가 형성될 것 같은 예감을 하며 다시 데리다를 만나러 간다.

마르크스의 유령, 데리다의 유령

현실사회주의가 무너진 지 얼마 지나지 않아 데리다는 『마르크스의 유령들』(1993)을 출간했다. 1990년 사회주의가 몰락한 이후 자본에 의한 전 지구적 재편이 거침없이 진행되던 무렵이었다. 데리다는 유령론hauntology의 모티프를 마르크스와 엥겔스의 『공산당 선언』에 나오는 한 구절 "유령이 유럽을 배회하고 있다. 공산주의라는 유령이"에서 빌려왔다. 19세기 중반 자본주의가 본 궤도에 진입하고 있을 무렵,

자본주의의 대항마로 공산주의를 도모하던 자들은 가상의 시나리오를 작성했다. 공산주의가 그 운명을 다하고 사라진 후에 유령이 되어 전 유럽을 떠돌아다닌다는 상상이었다. 그들의 치기 어린 생각은 얄궂게 현실에서 이루어지게 되는데, 실제로 공산주의는 한 세기가 지나지 않아 역사의 저편으로 사라져갔다. 20세기 내내 실험되었던 현실사회주의가 몰락한 것이다.

그러나 20세기 말 세계를 평정한 자본주의에 대한 송가가 흘러넘치던 그 무렵, 생뚱맞게 데리다가 『마르크스의 유령들』을 들고 나와 자본의 승리 제단에 재를 뿌렸다. 본래 유령은 심령과학 혹은 판타지 소설에나 등장하는 것이지, 철학과 담론의 장에서는 한 번도 진지하게 다루어진 적이 없는 소재다. 철학이란 명료한 언어와 개념을 지향하는 학문이므로, 유령 같은 불확실하고 초현실적인 개념은 취급불가의 대상이기 때문이다. 불확실한 유령을 끌어들여 현실의 법칙과 보편이 되어버린 전 지구적 자본에 흠집을 내려는 데리다의 시도에 사람들은 의아해했다.*

---

* 『마르크스의 유령들』은 현실사회주의 패망 이후 주춤했던 좌파이론가들에게 논쟁의 계기를 제공했다. 이들의 논의들을 편집해 출판된 책이 Ghostly Demarcations: A Symposium on Jacques Derrida's Specters of Marx(Verso, 1999)이다. 이 책에는 안토니오 네그리의 "The Specter's Smile", 프레드릭 제임슨의 "Marx's Purloined Letter", 테리 이글턴의 "Marxism without Marxism", 아이자즈 아마드의 "Reconciling Derrida: 'Specters of Marx' and Deconstructive Politics" 등의 글이 실려 있다. 모두 데리다의 『마르크스의 유령들』에 대한 비평문이다. 이에 질세라 데리다도 그들의 지적과 비판에 맞서 반박하는 글을 꼼꼼히 썼는데, "Marx & Sons"라는 제목으로 이 책 후반부에 실렸다. 한국에서는 Ghostly Demarcations에 실려 있는 3편의 논문과 데리다의 "Marx & Sons"를 묶어 『마르크스주의와 해체: 불가능한 만남?』(길, 2009)으로 출간되었다.

그런데 한편으로는 데리다의 취지를 이해 못하는 바도 아니다. 자고로 서양 철학의 오랜 전통인 형이상학은 고대 그리스 철학 이래로 '있음 자체'에 대한 논의였다. 그런데 '있음'에 대한 연원을 거슬러 올라가다 보면 만나게 되는 것이 아리스토텔레스의 '제1원인', '부동의 동자'unmoved mover이지만, 궁극에 가서는 완벽히 설명할 수 없고 재현 불가능한 것의 있음과 직면하게 된다. 이런 이유로 형이상학을 'metaphysics'라고 부른다. '물리적인 것'physics을 넘어선meta 대상에 대한 논의가 형이상학인 셈이다. 결국 '언어로 완벽히 구현해낼 수 없는 것이 존재함'을 인정하는 것이 형이상학이다. 언어로 완벽히 설명해낼 수 없는 것에는 무엇이 있을까 새삼 생각해본다. 그것은 신이거나, 타자이거나, 그것도 아니면 괴물 혹은 유령 아닌가. 이 대목에서 존재론과 유령론은 어색한 조우를 한다.

그렇다면 왜 데리다는 유령을 호출하는 것일까? 데리다가 호명하는 마르크스는 실존 인물로서의 마르크스도 아니고, 실패한 현실사회주의에서 실험되었던 마르크스주의도 아닌, 유령으로서의 마르크스다. 유령은 바람을 타고 '아직-아니'not-yet라는 미래의 영역과, '이미-항상'always-already이라는 과거의 영역을 가로지르며, 과거의 기억과 미래의 전망을 현재로 불러내고 호출한다. 데리다는 자본주의가 부상할 무렵 쓰인 마르크스의 유령론에서 모티프를 얻어 신자유주의가 탄력을 받기 시작하는 시점에서 마르크스의 유령을 다시 호출하고 있다. 그리하여 실체는 없지만 그렇다고 없다고 말할 수 없는 그 무엇, 내 안에 있지만 없이 존재하는 유령적인 것으로 전 지구를 호령하는 세계의 부르주아들을 잠 못 들게 한다. 이것이 데리다가 말하는 유령론의 목표다. 그렇다면 유령론을 가지고 세월호를 바라보면 어떤

세월호, 바람 그리고 유령

그림이 그려질까?

참사의 현상학

2017년 4월, 세월호가 가라앉은 지 3년 만에 완전히 뭍으로 인양되었다. 공교롭게도 세월호 사건이 3년째 되던 날인 2017년 4월 16일은 부활절이었다. 다시 돌아온 세월호를 바라보며 부활절 예배를 드릴수 있어서 다행이다, 라는 생각이 들면서도 아직 돌아오지 못하고 있는 미수습자가 5명이나 된다는 사실을 깨닫고 정신을 차린다. 돌이켜보면 2014년 고난 주간에 들려온 세월호 참사 소식은 대한민국을 경악과 절규의 지경으로 몰아갔고, 그해 부활절 예배에서 우리는 아무도 부활을 말할 수 없었다.

세월호가 침몰한 그다음 주간에 발행된 한 시사주간지의 표지가지금까지 뇌리에 선명히 남아 있다. 어둠이 깔린 밤바다에 세월호가바다에 잠긴 배경 위로 "이것이 국가인가"라는 문구가 새겨져 있다. 하지만 그 무렵 세월호 때문에 들끓었던 민심과 여론의 향배는 구원파에 대한 마녀사냥으로 이미 상당 부분 희석되기 시작했고, 점점시간이 흐르면서 정치논리와 색깔논쟁을 덧씌우면서 진영논리만이남았다. 세월호는 부담스럽고 거북한, 그래서 하루빨리 지우고 싶은사건이 되었다.

이러한 관행은 그리 낯설지 않은 참사의 현상학이다. 한국 현대사를 회고해보라. 무슨 사건, 사고, 사태가 발생했을 때 그것에 대처하는 정부의 태도와 언론의 자세, 대중의 반응은 늘 그런 식이었다.

3부. 비판과 성찰, 고백과 애도

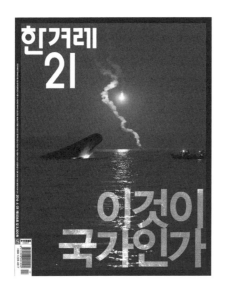

세월호 참사 직후 이를 보도한 한
시사주간지의 표지.

먼저 사건을 은폐하거나 흐리게 하여 진실이 밝혀지는 과정을 차단한
다. 그러고 나서 여러 가지 복잡한 서사들을 덧붙이는 이른바 물타기
수법이 동원된다. 배를 산으로 가게끔 한 후에 적절한 시점에서 그 문
제와 결별하는 것이다. 가깝게는 세월호, 천안함, 용산에서부터, 멀게
는 1980년 광주, 유신시대에 발생했으나 묻혀버린 수많은 의문의 죽
음들, 그보다 훨씬 더 거슬러 올라가면 한국전쟁시 발생한 학살, 제주
4·3 등이 그런 식이었다.

　얼마나 많은 죽음이 가려지고 잊혀왔는지 아무도 정확히 알지 못
한다. 밥 딜런의 노래처럼 얼마나 더 많은 사람들이 죽어야 이 죽음이
알려질 수 있을까. 죽음이 정당한 대우를 받지 못하는 나라, 애도에
관한 최소한의 예의조차 묵살되는 나라에서 우리가 살아왔고, 지금
살고 있다. 이런 식으로 죽음이 소비되었던 까닭에 대한민국 사회에

　　　　　　　　세월호, 바람 그리고 유령

서 유령을 말한다는 것은 어쩌면 지극히 자연스러운 '참사의 현상학' 일지도 모르겠다.

세월호의 유령이 대한민국을 배회하고 있다

앞서 우리는 의미로 환원할 수 없는, 말로는 재현 불가능한 실재 속 틈과 균열을 데리다가 유령이라 불렀던 것을 기억한다. 데리다의 유령론이 물신物神을 섬기는 신자유주의 시대에서 마르크스의 유령을 호출하면서 고착화되어가는 자본의 법칙에 딴지를 걸었던 것처럼, 세월호의 유령도 아직 진실이 밝혀진 것이 없음에도 세월호 문제를 덮고 털어버리려 하는 사람들에게 그런 역할을 하고 있다. 세월호의 진실을 덮으려고 하는 완고한 시스템에 균열을 내고 틈을 조성하여 이 상황이 결코 정상적이지 않다는 것, 이 상태가 비정상적인 국면이라는 것을 드러내는 것이 세월호 유령론에 깃든 함의다. 그리하여 체제로 하여금 뭔가 알 수 없는 불안과 긴장에 휩싸이게 하고, 뭔가 상서롭지 않은 기운이 이 사회를 휘감고 있다, 라는 공포를 느끼게 하면서 마침내 '무슨 일이 벌어질 것이다!'라는 주술에 빠지게 하는 것, 그것이 바로 "지금, 세월호의 유령이 대한민국을 배회하고 있다"라는 주문에 깃들어 있는 효과다.

2016년 늦가을부터 시작된 촛불집회는 데리다의 유령론이 실재가 되는 과정이었다. 박근혜라는 악령이 최순실의 국정농단을 통해 현실로 출몰하던 때였고, 세월호의 유령이 대한민국의 정의와 진실을 밝히는 데 원동력이 되었던 시기다. 구천을 떠도는 세월호의 영령들이 우리를 지치지 않게 했고, 그리하여 수백 수천만 명의 시민들이 2016년에서 2017년으로 넘어가는 겨울 내내 광화문에서 촛불을 밝혔다. 그리고 마침내 2017년 봄에 대통령 박근혜는 탄핵당했고, 5월에 치러진 대선에서 정권이 교체되었다.

대한민국 역사에 기록된 봄날의 기억들을 거슬러 올라가다 보면, 가슴 시린 사건들이 많이 발생했음을 발견할 수 있다. 한국전쟁, 4·19혁명, 5·16쿠데타, 1980년 광주, 1987년 6월, 훨씬 이전에 3·1운동, 그보다 전에 동학의 전봉준이 형장의 이슬로 사라진 것도 4월이었다. 세월호 참사도 4월에 일어났다. 따뜻한 봄바람을 기대해야 할 시기에, 역사의 고비에서 한국 사회를 강타했던 봄바람은 이처럼 죽음의 바람, 슬픔과 좌절의 바람이었다. 하지만 2017년에 불어온 대한민국의 봄바람은 변혁의 바람, 희망의 바람, 부활의 바람이 되었다.

바람이 불어오는 곳, 바람이 불어가는 곳

바람은 중심이 꽉 찬 기표로 존재하지 않는다. 텅 비어 있는 기표다. 바람의 실재가 우리의 손에 잡히지 않는다는 말이다. 그래서 예수는 바람을 "불고 싶은 대로 부는 바람"이라고 규정한 후에, "어디에서 와서 어디로 가는지 모른다"라고 부연설명을 하는 것이다. 그럼에도 분명한 사실은 바람은 예수에게 생명의 바람이었다는 것이다. 왜냐하면 예수는 그전에 니고데모의 질문인 영생, 즉 영원한 생명에 대한 답을 하면서 바람에 대한 이야기를 했기 때문이다. 비록 생명의 바람이 어디에서 와서 어디로 가는지는 모르지만, 우리를 살리는 생명의 바람

세월호, 바람 그리고 유령

을 예수는 확실히 전제하고 있었다.

그러나 예수가 말하는 생명의 바람은 기존의 문법과 서사구조에서 벗어나 있다. 기존의 문법과 서사구조라 함은 종전의 구원관을 상징한다고 할 수 있다. 니고데모로 상징되는 전통적인 구원관은 무엇인가? 우리가 흔히 구원이라고 할 때, 그것은 현실세계와 전혀 다른 질적·물리적 삶과 세상의 도래를 의미한다. 이런 내용의 논의들이 담긴 장르를 보통 메시아주의라 부른다. 성경은 현실의 고난을 해결해줄 영웅의 등장을 갈망해왔다. 그(녀)가 바로 메시아다. 메시아는 누구이고, 메시아는 언제, 어디서, 어떻게, 어떤 능력을 갖고 등장할지? 그리고 메시아의 등장으로 인해 후천개벽한 세상은 지금의 세상과 어떻게 다른지? 이러한 의문들이 메시아주의의 요체였다.

하지만 예수는 이런 궁금증을 갖고 달려온 니고데모에게 "그 바람은 어디에서 와서 어디로 가는지 모른다"라는 알 수 없는 말을 한 것이다. 예수의 발언이 문제가 되었던 것은 시간관 때문이 아닐까 싶다. 예수가 위의 발언에서 보인 시간에 대한 생각은 전통적인 메시아주의 혹은 구원관에서 보아왔던 그것과 다르다. 본래 구원이 도래하는 시간, 즉 메시아가 등장하는 파국의 시간은 우리와 상관없는 미래로부터 불쑥 도래하는 것이어야 맞다. 그런데 예수에게 바람이란 과거의 어느 한 시점과 기억으로부터 불어오는 바람이고, 또 그것은 어딘가를 향해 불어가는 바람이다. 바람이 불어오는 곳과 바람이 불어가는 곳은 '어디'where라는 의문사로 처리되어 있다. 그런데 여기에 쓰인 의문사 'where'는 공간을 나타내는 의문사이나 앞서 설명한 것처럼 시간적 의미까지를 포함하는 말이다. 통찰력 있는 사람이라면 의문사로 처리된 그 공간과 시간이 메시아의 공간이고, 메시아의 때라는 사실을 알 것이다. 예수는 그 공간과 시간을 빈 공간과 빈 시간으로 남겨둔 채, 바람이 들고 날 수 있도록 했다. 바로 그곳으로부터 자유의 바람, 정의의 바람이 불어온다.

부디 그날까지 우리 곁에 머물라!

데리다가 말하는 유령론은 텅 빈 기표의 중심에서 스멀스멀 올라오는, 과거-현재-미래의 에네르기가 서로 만나서 일으키는 변혁에 대한 희망론이다. 이제 그동안 막혀 있던 정의와 희망이 구천을 떠도는 유령들로 인해 봉인이 해제될 것이다. 그리하여 우리에게 지난날 벌어졌던 은폐된 진실을 들려주면서, 못된 권력과 그 권력에 협조했던 부역자들을 벌할 것이다. 그러고 나서 앞으로 벌어질 일들에 대한 전망도 전해줄 것이다. 밥 딜런은 이를 "바람만이 아는 대답"이라 했고, 예수는 "바람은 불고 싶은 대로 분다"라는 시적인 표현으로 진술했다. 생명의 바람, 부활의 바람, 그리고 위로와 회복의 바람이 이제 곧 불어올 것이다.

세월호는 대한민국 사회에서 실재the Real가 드러나는 방식을 여과없이 보여준 사건이다. 2014년 고난 주간에 진도 앞바다에서 발생한 세월호의 비극은 한국 현대사에서 현실의 질서를 탈구시킨 사건이었다고 후대 역사는 기록할 것이다. 1980년 광주를 분기점으로 광주 이전의 대한민국과 광주 이후의 대한민국을 나누는 것처럼, 2014년 세월호 사건도 그러하다. 21세기 대한민국은 세월호 이전과 이후로 나뉜다. 세월호는 우리에게 미래를 향한 다양한 서사와 극적인 상상

세월호, 바람 그리고 유령

력을 재생시키는 기제가 될 것이며, 메시아적 현실을 견인할 매개로 작동할 것이다.

메시아적 현실이란 현실에 뿌리박지 않은 미래로부터 도래하는 환상이 아니다. 이 땅에서 투쟁하던(-는, -할) 사람들의 집단적 기억들 속에서 재생되고 이어진다. 그 시차를 매개하는 것이 유령이고, 그 유령에 의해 매개되는 수많은 사람들의 꿈의 파편이 모이고 자리를 잡고 쌓여서 마침내 사건이 일어날 것이다. 세월호의 유령은 우리에게 그런 의미로 다가온다. 그렇게 우리에게 다가와 속삭이면서, 우리의 과거를 회상하게 하고, 미래를 전망하게 하면서 우리의 혁명을 도울 것이다. 그러니 세월호의 유령이여, 부디 그날까지 우리 곁에 머물라!

16장

동성애 혐오를 혐오한다

마녀사냥, 한국 교회를 뒤덮다

2017년 여름은 한국 개신교의 동성애를 바라보는 입장의 빈곤함과 발언의 천박성이 만천하에 드러났던 시절로 기억될 것이다. 2017년 6월 15일 대한예수교장로회총회(합동) 이단대책위원회는 한국기독교장로회(이하 기장) 섬돌향린교회 임보라 목사에게 '이단사상 조사 연구에 대한 자료 요청의 건'이라는 공문을 발송했다. 그리고 7월 20일 한국 교회 8개 교단 이단대책위원장 연석회의는 '퀴어신학'을 내세우며 동성애를 감싸는 임보라 목사가 이단성이 있다는 결론을 내렸다. 이에 대해 8월 8일 기장 '교회와 사회위원회'에서 반박 성명을 발표하면서 퀴어신학을 둘러싼 논쟁이 가열되었다.

2017년 가을에 열렸던 대부분의 교단 총회에서 동성애 이슈는 가장 뜨거운 화제가 되었다. 한국 최대 교단인 장로교를 양분하는 '예장통합'과 '예장합동'은 동성애 이슈에서만큼은 같은 목소리를 냈다. 분열되었던 장로교가 동성애 문제로 다시 하나로 뭉칠 수 있겠다, 라는 생각이 들 정도였으니 말이다. 그들은 동성애를 지지하는 사람은 교역자는 물론 교회 중직(장로, 집사)자가 될 수 없을 뿐 아니라, 신학생도 될 수 없다는 결정을 내렸다. 이처럼 중세에나 있을 법한 보수 개신교단들의 동성애에 대한 여론몰이식 '마녀사냥'이 21세기 한국 땅에서 자행되고 있는 이 현실을 우리는 어떻게 받아들여야 하는가?

혐오와 한국 개신교

혐오란 '싫어하고 미워함'이다. 사회의 법과 제도를 지키기 위해 사회가 용인할 수 없는 대상에 대한 혐오, 특정 행위에 대한 혐오, 특별한 사고에 대한 혐오는 시대마다 존재했다. 그렇다면 왜 우리는 누군가를 혐오하는가? 주된 이유는 혐오의 대상이 나의 안전을 침해할 것이라는 막연한 공포감에 있다. 나를 지키기 위한 심리적인 방어기제에서 시작된 혐오 감정은 집단적으로 증폭되다가 공동체에 위기가 도래하는 순간 발톱을 드러낸다.

우리의 경우를 살펴보면 혐오 현상은 쉽게 포착된다. 한국 현대사에서 북한은 우리의 안전을 위협하는 혐오의 대상이었다. 북한에 대해 우호적인 자세를 보이는 사람들 역시 혐오의 대상이다. 국가의 시책과 정책을 비판하는 사고와 행위 역시 바로 북한과 동류항으로 취급되어 혐오의 자기장 안으로 들어간다. 빨갱이 혐오 이외에도 한국 사회를 휩쓰는 혐오의 메커니즘은 다양하다. 동성애 혐오, 이방인 혐오, 여성 혐오 등등. 이들은 다른 종류의 혐오 같지만 서로가 연결되어 있다. 그것은 한국 사회가 너무나 오랫동안 단일민족적인 이성애 중심의 가부장제 국가로서의 정체성을 유지해왔다는 데 원인이 있다. 이런 사회적 분위기 속에서 성 소수자, 여성, 외국인 노동자들이 혐오의 대상이 되는 것은 어쩌면 자연스러운 현상이다. 그렇기에 혐오는 문화적이고 사회적이다.

한국 현대사의 전개 과정에서 개신교는 순기능을 해왔다. 하지만 양지가 있으면 음지가 있듯이 한국 교회는 혐오의 메커니즘을 생산하는 장치이기도 했다. 특히 차이를 차별의 근거로 삼고, 다름을 배제와 제거의 메커니즘으로 삼는 능력에서 한국의 극우적 개신교도가 보이는 강도와 민첩성은 강하고도 빠르다. 빨갱이 혐오, 외국인 혐오, 여성 혐오, 이슬람 혐오, 그리고 동성애 혐오까지. 한국 사회를 휩쓰는 온갖 종류의 혐오의 중심에는 어김없이 대형 극우 개신교회들이 있다. 사랑의 종교였던 기독교가 어째서 한반도에서는 혐오와 적대의 종교가 되었나?

돌이켜보면 해방 후 한국 개신교는 빨갱이 혐오의 중심이었다. 서북청년단을 중심으로 한 월남 개신교도들이 자신들과 정치적 입장이 다른 이들을 빨갱이로 몰아 처단에 앞장섰던 역사를 우리는 기억하고 있다. 그런 과정을 거치면서 남한의 개신교는 나름의 체제 정비와 내부 결속을 빠르게 진행할 수 있었다. 외부의 적을 상정하여 내부의 균열과 부조리를 감추고, 희생양을 선정해 제거함으로써 내부의 문제를 단속하는 극우적인 한국 개신교의 문법은 해방과 분단, 한국전쟁, 남북한의 이데올로기 대결과 군사정부의 개발독재와 맞물리면서 개인 구원과 축복 일변도의 신앙으로 고착화되었다.

지난 20세기에 자행되었던 빨갱이 혐오와 종북몰이가 한국 개신교의 정체성의 정치를 위한 토대였다면, 동성애 혐오는 가히 21세기

동성애 혐오를 혐오한다

한국 사회를 휩쓰는 온갖 종류의 혐오의 중심에는 어김없이 대형 극우 개신교회들이 있다. 동성애 혐오도 마찬가지다. ⓒ프레시안

한국형 종교재판 혹은 마녀사냥이라 불릴 만하다. 중세 교회가 위기에 빠질 때 정점에 달했던 마녀사냥의 열풍이 한국 교회의 위기가 선언되는 이 시기에 등장한 것은 우연이 아니다. 그것은 기독교 역사에서 종종 나타나는 고전적 방식의 체제 유지법 혹은 위기 타개법이라할 수 있다.

오늘의 한국 개신교는 부도덕과 부패로 인한 교회의 위기를 타파하고자 동성애 혐오를 부추기고 있다. 또한 그 동력으로 이탈하고 있는 신도들을 다시 결집시키고자 한다. 마치 십자군전쟁의 패배와 페스트로 인한 죽음의 그림자가 전 유럽을 휩쓸 무렵, 흔들리는 교회의권위와 위상을 회복시키고자 마녀사냥을 벌였던 것처럼 말이다. '마

녀사냥'식 동성애 혐오는 쇠락하는 한국 보수 개신교의 위기의식과 초조감이 드러난 성급하고 서투른 결정이다.

지금까지 혐오장치로서의 한국 개신교의 현상에 대해 살펴보았다. 이제 본격적으로 동성애 혐오에 대한 고고학적 성찰과 성경 속 반동성애 구절에 대한 반론을 통해 기독교를 중심으로 형성된 동성애 혐오의 위증을 고발하고자 한다.

동성애에 대한 새로운 접근과 이해

동성애는 구석기 시대의 동굴벽화에서도 묘사되어 있듯이 고대부터 지금까지 거의 모든 문화에서 확인되고 있다. 폴리네시아 및 멜라네시아 문화권에서는 동성애가 사회적으로 용인되었고, 특히 고대 그리스에서는 동성애가 성행하여 고급 문명의 상징처럼 여겨지기도 했다. 그러나 로마가 기독교를 공인한 이래로 동성애는 부도덕과 타락의 징표가 되었다. 중세 이후 18세기까지 동성 간에 이루어지는 성행위는 범죄로 취급되었고, 20세기에 들어와서도 상황은 크게 달라지지 않았다.

그러나 20세기 후반부터 동성애에 대한 새로운 접근과 이해가 나타나기 시작했다. 무엇보다 결정적인 변화의 시작은 미국정신의학협회American Psychiatric Association의 공식적인 발표였다. 미국정신의학협회는 동성애를 포함하여 양성애, 무성애 등을 '정신적 장애'나 '질병'으로 보는 것이 오류였다는 결론을 내리고, 동성애가 '질병'이 아닌 '지향'orientation이라는 것을 1973년에 공식화했다.

동성애 혐오를 혐오한다

성 정체성이 '선택'이 아니라 타고난 '지향'이라는 미국정신의학 협회의 진단은 동성애를 둘러싼 편견과 소문을 냉철하게 바라보게끔 하는 계기가 되었다. 그동안의 왜곡된 시선에서 벗어나 성 소수자들 역시 인간으로서의 권리와 평등을 보장받아야 하는 정상적인 인간이라는 점, 그러니 제발 도덕적 순결성을 내세워 그들을 정죄하고, 종교와 전통의 이름으로 그들을 파문하는 행위를 중단하라고 요구하는 목소리가 힘을 얻기 시작했다.

　　동성애에 대한 전향적인 흐름 속에서 2001년 네덜란드를 시작으로 현재 약 20여 개 나라가 동성 간 결혼을 합법화하고 있다. 2015년 5월 보수적인 가톨릭 국가인 아일랜드가 국민투표를 통해 동성 간 결혼을 합법화한 사건은 다시 한번 동성애 담론에 활기를 불어넣었다. 아울러 서양에서는 성 소수자를 종교지도자로 인정하는 교회도 늘어나고 있는 추세다. 미국에서 가장 진보적인 교단이라 할 수 있는 그리스도연합교회The United Church of Christ는 1972년에 게이 남성을 최초로 성직자로 임명하면서 교회 내 동성애 논쟁의 시작을 알렸다. 그 후 2000년대로 넘어오면서 미국 루터교, 미국 성공회, 미국 장로교에서 동성애자 사제를 인정하면서 이를 둘러싼 긴장과 대립이 고조되고 있는 상황이다.

　　이러한 사회적·정치적·종교적 제도의 변화에도 불구하고, 여전히 성 소수자의 자살률은 높다. 사회적 편견을 못 이기고 극단적 선택을 하는 성 소수자들이 많다는 말이다. 미국 보건복지부에서 2012년에 발표한 통계에 따르면, 성인 가운데 이성애자의 5퍼센트가 자살 시도를 한 적이 있는 반면, 성 소수자는 12~19퍼센트나 된다. 또한 이성애자 청소년의 자살 시도율은 8~10퍼센트인 반면, 성 소수자 청소

서양에서는 성 소수자를 종교지도자로 인정하는 교회도 늘어나고 있는 추세다. 2000년대로 넘어오면서 미국 루터교, 미국 성공회, 미국 장로교에서 동성애자 사제를 인정하면서 이를 둘러싼 긴장과 대립이 고조되고 있는 상황이다. 사진은 2003년 동성애자로 처음 미국 성공회 주교에 임명된 진 로빈슨(오른쪽)의 모습.

년은 30퍼센트에 이른다. 만약 성적 정체성이 '선택'이라면 누가 극심한 혐오의 대상인 동성애자가 되겠는가.

여전히 많은 사람들은 동성애자를 부정적으로 바라본다. 이 때문에 동성애자들은 자신의 성적 정체성을 드러내는 커밍아웃을 하는 순간 부모와 인연을 끊어야 하고 직장에서도 불편한 시선을 받아야 한다. 이런 상황이 두려워 스스로를 속이며 살아가는 경우도 많다. 특히 한국 개신교는 문자주의적 성경 해석에 따라 동성애를 창조 질서에 위배되는 죄로 받아들이면서, 성 소수자들을 회개와 거듭남의 대상으로 낙인찍고 있다. 그런데 흥미로운 사실은 한국 개신교도의 대부분

동성애 혐오를 혐오한다

은 동성애 문제에 대한 강의를 들어보거나, 공부를 하거나, 토론에 참여한 적이 없다는 것이다. 즉 그들은 동성애에 대한 균형 잡힌 시각을 접할 기회가 없었다. 그들은 당연히 한 번도 동성애자를 만나서 대화를 나눠본 적도 없다. 동성애에 대한 무지의 해석학이 한국 개신교를 뒤덮고 있는 셈이다.

성경은 그렇게 말하지 않았다

그렇다면 성경은 정말 그들의 주장처럼 동성애를 혐오하는가? 결론부터 말하자면, '아니오'다. 만약 성경의 일부 구절들이 동성애 혐오를 위한 각주로 쓰였다고 주장하는 사람이 있다면, 성경을 모독하는 후안무치한 일이다. 성경의 하느님이 동성애를 벌하는 신이라고 설교하는 목사가 있다면 그들은 신학교 1학년생들과 함께 신학 공부를 처음부터 다시 해야 한다. 성경은 동성애를 혐오하기 위해 쓰인 책이 아니고, 우리가 믿는 하느님은 일부 보수적 개신교도들이 주장하는 것처럼 동성애자를 벌하시는 분이 아니다.

동성애를 저주하는 데 동원되는 성경의 구절은 대략 손으로 꼽힌다. 「창세기」 19장, 「레위기」 18장과 20장, 「로마서」 1장, 「고린도전서」 6장, 「디모데전서」 1장 등이다. 흥미로운 점은 동성애 혐오를 주장하는 근거로 동원되는 성경 구절 중 예수의 입에서 나온 것은 한 구절도 없다는 것이다. 또 한 가지, 성경에는 게이에 대한 언급은 등장하나 레즈비언, 양성애자, 무성애자, 트랜스젠더에 대한 언급은 없다. 이는 성경이 쓰이고 편집되던 때가 가부장적인 시대였기 때문

3부. 비판과 성찰, 고백과 애도

이기도 하지만, 성경무오설, 즉 성경의 기록만을 맹신하는 사람이 범하는 논리적 오류를 보여주는 증거이기도 하다. 성경에는 레즈비언, 양성애자, 무성애자, 트랜스젠더는 적혀 있지 않으니 그것은 괜찮은 것 아닌가, 라고 묻는다면 문자적으로 성경을 믿는 그들은 뭐라 말할 수 있을까.

우리가 텍스트와 만난다는 것은 텍스트 안에 있는 다양한 결을 살피고 성찰한다는 말이다. 우선 텍스트를 근거로 어떤 대상을 논하거나 반박할 때 텍스트에 적힌 문자와 내용을 공부하는 것은 필수적이다. 그다음 텍스트가 구성되고 만들어지기까지의 역사와 해석을 거슬러 올라가야 한다. 그것이 텍스트를 대하는 자세이고 원칙이다. 텍스트는 학과 교재일 수도 있고, 지금 내가 읽고 있는 소설이나 시집일 수도 있고, 내가 만나고 있는 애인일 수도 있고, 우리가 살아가는 사회일 수도 있다.

성경은 인류 전체의 소중한 텍스트다. 성경에 적혀 있다는 동성애 관련 구절 몇 개를 끌어와 동성애 혐오를 위한 도구로 사용하는 일부 한국 개신교의 행태를 통해 우리는 텍스트 읽기와 해석의 원칙조차 모르는 천박하고 후진 한국 교회의 민낯을 본다. 기독교가 '개독교'가 된 이유를 여러 가지로 설명할 수 있겠으나 제1원인이 텍스트인 성경에 대한 왜곡된 시선과 해석으로부터 시작되었다고 한다면 너무 과문한 진단일까. 그렇다면 어디서부터 단추가 잘못 끼워진 것이고, 성경에 기록된 동성애 관련 구절은 어떻게 해석해야 하는 것일까?

앞서도 언급했듯이 동성애를 반대할 때 인용되는 성경 구절은 약 다섯 곳이다(「창세기」 19:1~11; 「레위기」 18:22, 20:13; 「로마서」 1:27; 「고린도전서」 6:9; 「디모데전서」 1:10). 구약성경에 두 곳, 신약

동성애 혐오를 혐오한다

성경에 세 곳이 나온다. 「창세기」 19장은 유명한 소돔과 고모라 이야기이고, 「레위기」 18장은 성관계에 대한 규례가 적혀 있는 장인데, 18장 22절에 "너는 여자와 교합하듯 남자와 교합하면 안 된다. 그것은 망측한 짓이다"라고 적혀 있다. 「레위기」 20장은 사형에 해당하는 범죄들의 항목이 나열되는데 20장 13절에 "남자가 같은 남자와 동침하면 (……) 사형에 처해야 한다"라고 쓰여 있다.

「레위기」 20장에 적혀 있는 남성 동성애와 비슷한 죄의 항목들은 다음과 같다. 우상을 섬기는 것(지금으로 따지면 자본을 섬기는 것), 근친상간을 하는 것, 불륜을 저지르는 것, 아버지나 어머니를 저주하는 것, 혼백을 불러내거나 마법을 쓰는 것. 남성끼리 동침하는 것에 특별한 강조가 있지는 않다는 말이다. 오히려 구약성경에서는 하느님 이외의 다른 것에 마음을 쏟는 것(우상을 섬기는 것), 정의가 실현되고 있지 않은 현실을 외면하는 자들에 대한 저주와 형벌이 더 빈번하게 강조된다.

이러한 경향은 신약성경도 마찬가지다. 예수는 동성애에 관한 발언을 한 번도 하지 않았다. 신약성경에서 동성애를 둘러싼 발언은 바울 서신 딱 세 곳에 나온다. 신약성경의 동성애 발언 역시 구약성경과 같은 맥락이다. 동성애가 수많은 죄악 중에 하나라는 것이다. 「로마서」 1장 18~32절에 사람이 짓는 갖가지 죄 중에 하나로 동성애가 나온다. 그 죄들의 목록은 다음과 같다. 불의와 악행과 탐욕과 악의로 가득한 사람, 시기와 살의와 분쟁과 사기와 적의로 가득한 사람, 하느님을 미워하는 사람, 불손한 사람, 오만한 자, 자랑하는 자, 악을 꾸미는 모략꾼, 부모를 거역하는 자, 우매한 자, 신의가 없는 자, 무정한 자, 무자비한 자, 욕정에 불타는 자 등이다. 마지막, 욕정에 불타는 자

3부. 비판과 성찰, 고백과 애도

에는 남자가 남자와 더불어 부끄러운 짓을 하는 것도 포함된다. 「고린
도전서」 6장 9~10절에는 하느님 나라를 상속받지 못할 사람들의 명
단이 나온다. 음행을 하는 사람, 우상을 숭배하는 사람, 간음을 하는
사람, 도둑질을 하는 사람, 탐욕을 부리는 사람, 술 취한 사람, 남을 중
상하는 사람, 남의 것을 약탈하는 사람, 동성애자 등이다. 「디모데전
서」 1장 9~10절은 율법을 어기는 사람을 분류하는 장면으로 그 목록
은 다음과 같다. 순종하지 않는 자, 경건하지 않은 자, 죄인, 거룩하지
않은 자, 속된 자, 아비를 살해하는 자, 어미를 살해하는 자, 살인자,
간음하는 자, 유괴하는 자, 거짓말하는 자, 거짓 맹세하는 자, 남색하
는 자.

　당신이 성경에 근거하여 동성애자를 비난한다면 여성을 혐오하
는 사람, 돈과 명예와 권력을 탐하는 인간도 똑같이 비난해야 한다.
당신이 성경에 근거하여 동성애자를 비난한다면, 간음하고, 도둑질하
고, 탐욕을 부리고, 술 취하고, 남을 중상하고, 거짓말하는 사람을 향
해서도 맹렬하게 비난해야 한다. 당신이 성경에 근거하여 동성애자를
비난한다면, 오만하고, 비겁하고, 신의 없고, 시기와 분쟁과 미움으로
가득 찬 인간들 모두를 똑같이 비난해야 한다. 그럼에도 왜 유독 우리
는 동성애만을 부각시켜 모든 악행의 끝판왕인 양 거품을 무는 것일
까. 한국의 수구세력들이 자신의 허물과 죄악을 다 털어 동성애 혐오
에다 덮어씌워 희생제물로 만든 후에 제단에 올려 번제를 드리고 있
다는 생각을 지울 수 없다.

　　　　　　　　　동성애 혐오를 혐오한다

동성애 혐오에 대한 저항과 성경의 해방적 전통

동성애에 대한 혐오는 크게 두 가지 이유로 기독교 역사에서 정당화되어왔다. 첫째, 동성애자는 '창조의 법칙'을 거스르는 '비정상적'인 존재라는 이유에서다. 그러나 '정상'과 '비정상'의 범주란 시대와 문화에 따라 변하는 것으로, 고정불변의 것이 아니다. 절대적이라고 여겨지는 '정상', '비정상'의 범주는 많은 경우 '권력'을 가진 주류 집단에 의해 결정된다. 만약 불변의 '정상', '비정상'의 기준이 있다면 그것은 나와 다른 타자에 대한 관심과 배려와 존중이야말로 '절대적 정상'이며, 반대로 그들에 대한 '혐오'야말로 '절대적 비정상'이 아닐는지.

둘째, 동성애 혐오는 각종 순결 이데올로기의 유지와 강화를 위해 끊임없이 요청되고 소환되어왔다. 역사적으로 '순결주의' 논리는 심심치 않게 대학살의 도구로 사용되었다. 나치의 유대인과 동성애자들에 대한 말살정책이 대표적인 사례다. 중세 내내 지속되었던 종교재판과 마녀사냥도 마찬가지다.

나치가 동성애자들에 대한 말살정책을 펼 때 등장한 것이 '도덕적 순결성'과 '기독교 정신'이었고, 그 구호 아래 동성애자로 의심되는 독일 남성들을 체포하여 사살하거나 가스실에서 죽였다. 표면적으로는 '도덕적 순결성' 강화가 동성애 혐오의 근거였으나, 실질적으로 동성애 혐오는 '인종적 번식'의 측면에서 다루어진 측면이 강하다. 독일인 게이들을 향해서는 독일의 '출산 잠재성'을 감소시키는 '인종적 위험'으로 간주한 반면, 레즈비언이나 비독일인 게이들은 박해를 받지 않았다는 점을 보면 말이다.

3부. 비판과 성찰, 고백과 애도

기독교 근본주의 전통에서 작동하는 창조 질서의 법칙과 순결주의는 어처구니없는 이데올로기다. 어딘가 원본과 원형이 있으며 그것들은 훼손되지 않게 잘 보존되어야 한다는 논리가 순결주의의 요체다. 하지만 그것은 성경의 메시지와 상충한다. 하느님께서 인간을 흙으로 만들었으며, 하느님이 인간의 모습으로 성육신했다는 것은 순수하고 완전하고 흠이 없는 신의 원형에 불순물을 주입하고, 흠집을 내고, 틈과 균열을 조장한 것이라 할 수 있다. 신은 오히려 당신의 완전성과 순수성과 순결성을 세상에 내어주고 훼손함으로써 당신의 신성을 최종적으로 완성했다. 이것이 기독교가 증언하는 정직한 신에 대한 고백 아닐는지.

　　「창세기」에 보면 세상을 쓸어버린 하느님이 새로운 창조를 기획하면서 노아의 방주에 들어갈 멤버들을 선정한다. 이때 정결한 짐승 일곱 쌍과 더불어 부정한 짐승 두 쌍도 포함된다. 정결한 짐승과 부정한 짐승이라고 대립적으로 배치한 것이 솔직히 조금 불편하지만, 어쨌든 하느님의 새로운 창조의 법칙 안에는 정결한 것만이 아니라 부정한 것까지도 당당히 셈하여진다.

　　성경은 다양한 소수자들의 인권과 평등이 존중되는 사회를 꿈꾼다. 도덕적 순결성, 관습과 전통, 또는 종교의 이름으로 이루어지는 소수를 향한 혐오와 폭력은, 그래서 죄라고 할 수 있다. 성경이 지니는 해방적 전통이 작동되는 지점은 차이가 차별이 되어 왜곡과 폭력과 불평등이 정당화되는 그곳이다. 성의 차이, 인종의 차이, 계급의 차이, 종교의 차이, 부의 차이, 학력의 차이, 지역의 차이 등 온갖 차이로 인한 적대와 차별이 이루어지는 그곳을 향해 변혁적인 기독교는 지금까지 달려왔다. 동성애 혐오에 대한 저항은 이러한 성경이 지닌

　　　　　　　　　　　　동성애 혐오를 혐오한다

해방적 전통의 맨 끝, 즉 화살촉과 같은 지점에 위치하고 있다. 그것을 둘러싼 싸움이 이제 막 시작되었다.

에필로그

무엇을 할 것인가?

도래한 파국

1990년대라는 그로테스크한 시절이 있었다. 레닌의 동상이 붉은 광장에서 철거되고, 베를린 장벽이 무너지고, 자본의 전 지구적 승리가 선언되었던 그 시기 말이다. 프랜시스 후쿠야마는 '역사의 종말'이라는 문구로 당시를 깔끔하게 정리했다. 그것은 자본의, 자본에 의한 세계 지배를 찬양하는 축가였다. 서구의 자유민주주의가 공산주의에 대해 승리를 거두었으므로 게임이 끝났다는 것이다. 후쿠야마는 이를 기쁜 소식이라고 말하면서 "자유민주주의라는 이상이 더 개선될 수 없다"*라고 선언했다.

이는 마치 헤겔이 『정신현상학』에서 인간의 이성이 마지막 기착점인 절대정신에 이르는 과정을 연상시킨다. 절대정신에 이르러 인간의 역사가 완성되듯이, 후쿠야마는 자본주의가 공산주의와의 대결에

---

* Francis Fukuyama, *The End of History and the Last Man*(London: Hamish Hamilton, 1992), xi, xiii.

서 승리를 거두고 최종 목적지에 이르렀다고 판단한 것이다. 그 최종 목적지란 자본이 아무런 제재와 비판과 규제 없이 자유롭게 이동하는 이곳이다. 그렇게 20세기 내내 지속되었던 혁명을 향한, 유토피아를 향한 상상은 1990년을 기점으로 공식적으로 폐기되었다.

이 무렵 한국의 상황은 어떠했던가. 김홍중은 당시를 이렇게 회고한다. "신자유주의적 삶의 환경은 시장에서 산포된 생명권력의 모세혈관적 망상조직에 자발적으로 투항하지 않으면 살아남을 수 없는 재앙적 압력을 행사한다. 이 압력의 내부로 진입한 자들은 오직 생존을 위한 육성과 배양의 대상이 되면서 존재의 꺼풀들을 하나씩 벗는다. 이것이 바로 현재 우리가 목도하고 있는 탈숭고, 탈내향, 탈사회, 탈정치, 탈정신적 문화변동의 핵심 메커니즘이다."* 1987년 체제를 거치면서 혁명의 뜨거움과 혁명의 헛헛함을 경험했던 우리는 1997년 IMF 사태를 겪으면서 돌아올 수 없는 강을 건너고야 말았다. 국가 부도라는 초유의 사태를 맞아 조국은 세계 금융시스템이 제시하는 프로그램을 따라야 했고, 그 과정에서 우리가 소중하게 생각했던 정의와 대의, 자본의 원리에 반하는 인간의 가치, 자본의 원리를 거스르는 양심과 이성의 소리들을 하나씩 포기해야만 했다. 신자유주의가 내세우는 세계화의 덫에 대한민국이 빨려 들어간 것이다.

데이비드 헬드 David Held를 비롯한 여러 학자들은 세계화를 통해 전 지구가 하나의 거대한 시장이 되었다고 말하면서, 개별 국가들이 자신의 운명을 스스로 결정할 수 없게 되고 더 높은 층위, 즉 금융시

---

* 김홍중, 「삶의 동물/속물화와 참을 수 없는 존재의 귀여움: 87년 에토스 체제의 붕괴와 그 이후」, 백욱인 엮음, 『속물과 잉여』(지식공작소, 2013), 65쪽.

장의 역학 속에서 국가의 앞날이 좌우될 것이라고 밝혔다.* 1997년 한국에 닥친 IMF 외환위기가 바로 그런 경우였다. 한국 정부는 아무것도 스스로 결정할 수 없었고, 대한민국은 IMF 관리체제에서 뼈를 깎는 고통을 감수해야만 했다. 노엄 촘스키는 이러한 신자유주의를 "민주주의적 형식 안에 있는 전체주의"**라고 비난하면서 무소불위의 지위로 격상한 자본에 대해 우려와 경고의 메시지를 보냈다.

한국처럼 신자유주의의 물결이 급속도로 전파되었던 나라가 또 있을까. 시카고에서 10년간의 공부를 마치고 2014년에 한국으로 돌아와서 제일 처음 던졌던 물음이다. 한국은 신자유주의의 본고장인 미국보다 더 신자유주의적이다. 이것은 비단 제도와 시스템의 문제가 아니다. 머리부터 발끝까지, 뼛속 깊숙이 한국인들의 마음속에는 신자유주의의 DNA가 자리 잡았다. 노인부터 어린이집 아이들까지 하나의 거대한 염기서열을 이루어 그 원리에 충실한 신자유주의 완전체! 이것이 내가 귀국하여 4년 남짓 살면서 느낀 대한민국의 민낯이다.

그럼 언제부터 이런 현상이 시작된 것일까. 세상사를 칼로 두부 자르듯 야멸차게 재단할 수는 없겠지만, 많은 사람들은 현재의 한국 사회를 언급할 때, IMF 이전과 이후로 나누어 진술한다. 김영삼 정권에 이어 등장한 김대중-노무현 정부 10년 동안 대한민국은 가치와 이

---

* David Held, Anthony McGrew, David Goldblatt and Jonathan Perraton, *Global Transformations: Politics, Economics and Culture*(Cambridge: Polity Press, 1999), 216쪽.

** Noam Chomsky, *World Orders, Old and New*(London: Pluto Press, 1997), 188쪽.

에필로그. 무엇을 할 것인가?

념의 시대에서 신자유주의의 프로그램에 입각한 생존과 야만의 시대로 서서히 변모해갔다. 아이러니하게도 국민의 정부와 참여정부는 한국 현대사의 발전 과정에서 등장한 유일한 민주정부다. 두 시기를 거치면서 한국인들이 가졌던 원죄의식, 그것은 과거 개발독재시절 민주주의와 인권에 대한 유린, 경제성장의 과정에서 도외시되었던 정의에 대한 부채의식을 말하는데, 그 빚을 대한민국 국민들은 탕감받았다. 민주정부 10년이 면죄부 역할을 한 셈이다. 노무현 어록 중 가장 많이 회자되는 "권력은 이미 시장으로 넘어갔다"라는 말은 이 시대의 풍경을 드러내는 증상이라 할 것이다. 그렇게 대한민국은 "광장에서 시장으로, 이념에서 자본으로" 깔끔하게 말을 갈아탔다.

그 무렵에 등장한 각종 위기 담론은 신자유주의 열풍으로 인한 급격한 시대적 변화와 연관이 깊다. IMF 위기, 경제위기, 인문학의 위기, 대학의 위기, 문학의 위기, 그리고 교회의 위기까지, 본래 위기란 최종적으로 파국을 지향한다. 어쩌면 지금부터 이야기할 냉소는 파국의 시대를 살아가는 사람들의 상처를 받지 않으려는 마음, 혹은 파국의 시대를 살아가는 사람들의 세상과의 거리 두기일지 모르겠다. 현실과의 거리 두기가 냉소라 한다면, 그것은 현실에 대한 꿈과 변혁을 비관하는 불행한 정신이다.

냉소주의, 계몽된 허위의식의 역설

현재의 한국 사회가 냉소주의가 만연한 불임의 사회라고 한다면 그것의 시발점은 이명박 정부다. 전통적으로 우리 국민은 국가의 최고지도자를 뽑을 때만큼은 나름의 원칙이 있었다. 국가 지도자는 대의를 존중하면서 그것을 이루어가는 과정에서 자기희생이 있어야 한다. 지역감정의 벽을 허물겠다며 부산으로 달려가 낙선한 노무현, 민주주의를 위해 죽을 고비를 몇 번이나 넘긴 김대중, 하물며 김영삼조차 박정희 때 민주주의를 위해 단식도 하고 의원직도 제명당한 전력이 있지 않았던가. 이처럼 대의와 명분, 지조와 신념을 가지고 자기희생을 치렀던 인물들에게 대한민국 유권자들은 표를 던졌다.

반면 이명박은 앞선 지도자들과는 판이한 캐릭터다. 이명박의 대의와 명분은 오로지 자본이다. 전직 대통령들이 지녔던 숭고한 아우라와는 다른 콘셉트로 이명박은 승부를 걸었고, 그것이 불행히도 먹혔다. 민주정부 10년을 거치면서 인권과 자유와 정의에 대한 원죄의식을 털어버린 한국 유권자들은 자본을 캐치프레이즈로 내건 이명박에게 몰표를 던졌다. 군사개발독재 시대를 거치면서 가졌던 원죄의식을 김대중-노무현 시기를 거치면서 씻어버렸기에 그 누구도 죄의식을 느끼지 않았다.

과거에는 그래도 우리에게 최소한의 체면이 있어서 공적인 자리에서 대놓고 돈에 대한 이야기를 하지 않았다. 혹 돈을 주제로 대화를 하는 사람이 주변에 있으면 경멸하거나 천박하다고 생각했다. 그런데 어느 순간부터 우리 대화의 대부분은 재테크와 부동산, 아이들 영어유치원, 혹은 명품과 성형으로 상징되는 자본의 페티시에 대한 내용뿐이다. 대의와 명분, 의리와 도덕 같은 것은 중요하지 않다. 오직 자본이다. 이명박 정권의 등장은 그것을 공식적으로 선언한 사건이었다. 그 후 우리는 다 같이 체면과 양심, 대의와 수치심과 윤리를 바닥에 내려놨다. 나는 그것이 바로 한국 사회의 파국의 지형학이고, 냉소의 감정이 시작되는 지점이라고 생각한다.

문득 10년 만에 돌아왔을 때 지인들이 내게 했던 말이 생각난다.

　　　　　　　에필로그. 무엇을 할 것인가?

그들은 비록 "민주주의 만세!"를 외치며 분신을 하거나 투신을 하던 열사들은 아니었지만, 그래도 한때 조국과 자신의 현실에 대한 울분과 분노를 토로하면서 긴긴 밤을 나와 함께 지새웠던 절친들이다. 40대 중후반이 된 그 친구들이 10년 만에 귀국한 내게 나를 아끼는 마음에서 해준 조언은 결국 이것이었다. "네 마음 다 알아. 하지만 안 돼. 오직 돈이야."

냉소주의는 이러한 세상의 법칙을 알아버린 성인의 마음이다. 지젝은 이를 다음과 같이 적고 있다.

> 그들은 자신들이 무엇을 하고 있는지 잘 알고 있지만 그럼에도 여전히 그것을 하고 있다. 냉소적인 이성은 더 이상 순진하지 않다. 그것은 계몽된 허위의식의 역설이다. 우리는 그것이 거짓임을 아주 잘 알고 있다. 우리는 이데올로기적인 보편성 뒤에 숨겨져 있는 어떤 특정 이익에 대해 잘 알고 있다. 하지만 그렇다고 그것을 포기하진 않는다.*

성인이 된 우리는 유소년 시절에 가졌던 유토피아적인 환상을 더 이상 갖지 않는다. 혹 주변에서 여전히 유토피아를 꿈꾸는 사람이 있으면 냉소주의자는 이렇게 말한다. "다 알아, 네 마음 다 알아. 하지만 꿈 깨! 현실은 냉혹해. 네가 생각하는 것처럼 세상은 그렇게 간단하지 않아!"라고 말이다.

그들은 이제 공적 가치를 상상하지 않고, 정신과 양심의 가위눌

---

* 슬라보예 지젝, 『이데올로기라는 숭고한 대상』, 60쪽.

림에도 반응하지 않는 쿨하고도 시크한 성인이다. 그 어떤 충격과 놀라움에도 적당한 거리를 두면서 간혹 잽을 날리며 자기를 보호할 뿐이다. 반성과 실천의 자리로 돌아가려 하지 않는다. "세상사 별것 없다" 혹은 "인생 다 부질없어"라는 말을 마치 삶의 연륜이나 지혜인 양 선문답처럼 던질 뿐이다.

또 다른 냉소주의의 상상력

냉소주의의 영어 단어는 'cynicism'으로 본래는 지금처럼 부정적이기만 한 정신은 아니었다. 냉소주의 하면 떠오르는 인물이 바로 견유학파의 대표적 철학자인 디오게네스다. 알렉산드로스 대왕이 그에게 "필요한 것이 뭐냐?"라고 물었을 때 "그대여! 나는 햇살이 필요하니 해를 가리지 말고 제발 내 앞에서 비켜 서달라!"라고 했던 유명한 일화의 주인공이다. 이것으로 미루어 짐작하건대 본래 냉소주의는 문명에 대한 비판이고, 체제에 대한 조롱의 정신이었다. 그렇다면 어디서부터 어긋난 것일까?

자본주의의 등장이 원인이 아닐까 싶다. 자본주의의 발흥과 더불어 전개되는 냉소주의의 특징은 "돈이 되는 것이면 다 한다!"라는 문구에서 선명하게 드러난다. 고대, 중세 시절 인민들의 삶과 의식을 지배했던 것들, 예를 들어 전통, 관습, 역사, 윤리, 명예, 사랑, 대의, 양심 등을 근대 자본주의는 화폐의 양으로 전환시켰다. 사용가치를 교환가치로 바꾸는 자본주의 특유의 마력 앞에서 각각이 지녔던 개별적 가치들은 화폐의 양에 따라 서열화되었다.

공전의 히트를 기록했던 TV 드라마 〈가을동화〉(2000)에서 남자 주인공(원빈)이 여자 주인공(송혜교)에게 한 명대사가 있다. "사랑?

에필로그. 무엇을 할 것인가?

웃기지 마! 돈으로 사겠어. 돈으로 사면 될 것 아냐! 얼마면 될까? 얼마면 되겠냐?" 자본주의 사회에서 전개되는 냉소의 증상을 아이러니하게 보여주는 장면이었다.

하지만 봉건적 가치들을 비웃고 화폐의 양으로 환산하는 자본주의적 냉소주의가 앙시앙레짐(구체제)을 무너뜨렸던 것처럼, 기존 체제와 질서를 냉소하는("웃기지 마!") 정신이 현재의 지배 이데올로기인 자본의 법칙에 타격을 줄 수도 있지 않을까. 이런 이유로 들뢰즈와 가타리는 그들의 공저 『안티 오이디푸스』(1972)에서 자본주의가 지닌 파토스에 주목하면서, 그것이 변혁을 위한 긍정적 에너지로 전환될 수 있음을 상상하기도 했다.

지젝은 여기서 한 발짝 더 나아간다. 탈이데올로기 시대를 맞아 거대서사가 사라진 상황에서 그는 "이데올로기의 한 형태로서의 냉소주의"*를 논한다. 지젝은 독일의 사상가 페터 슬로터다이크가 쓴 『냉소적 이성 비판』에 기대어 부정적이고 무력한 냉소주의(시니시즘)에 맞서는 또 다른 냉소주의인 키니시즘 Kynicism에 주목한다. 지젝은 시니시즘에 대해서는 "직접적으로 부도덕한 입장은 아니다. 그것은 오히려 그 자체로 부도덕성에 봉사하는 도덕성에 가깝다"**라고 비난하나, 키니시즘에 대해서는 "공식문화를 아이러니와 풍자를 통해 통속적이고 대중적으로 거부하는 것이다"***라고 두둔한다. 결론적으로 지젝은 냉소의 두 층위를 밝히면서 전자의 냉소주의(시니시즘)에 대해서는 비판하면서, 후자의 냉소주의(키니시즘)에 대해서는 환영한

* 위의 책, 60쪽.
** 위의 책, 63쪽.
*** 위의 책, 62쪽.

다. 그리고 키니시즘적 냉소가 현재 우리에게 요청되는 시대정신이 아닌가, 라는 제안을 한다.

냉소의 칼끝이 나를 향해 있다

다시 21세기 대한민국의 현실로 돌아오면, 이 파국의 공간에서 우리는 과연 무엇을 선포해야 하는 것일까. 세상이 변하기 전에, 즉 1990년대라는 그로테스크한 시절이 오기 전에는 우리가 선택해야 할 분명한 냉소의 대상이 있었다. 독재와 반통일 세력, 친자본과 친외세 세력이 그들이었다. 다양한 냉소의 메뉴가 우리 앞에 놓여 있었고, 우리는 그중 하나를 골라 냉소할 수 있었다. 하지만 1990년대가 지나면서 피아彼我를 갈랐던 전선이 흐트러졌고, 망가진 국경 너머로 초국가적인 자본이 넘나들기 시작하면서 상황은 달라졌다. 누가 적이고, 누가 아군인가? 무엇이 진리이고, 어느 것이 거짓인가? 과거의 패러다임이 통하지 않는 시대가 도래한 것이다. 하지만 그것도 잠시, 세기말에 벌어진 소란스럽고 불투명했던 상황은 곧 깔끔하게 정리되었다. 자본으로!

근대의 도래와 더불어 자본의 법칙에 기대어 전통적 가치를 부정하는 감정이 냉소였다면, 지금 우리에게는 다시 한번 21세기 현실을 지배하는 질서를 냉소하는 태도가 필요하다. 21세기 신자유주의가 선사하는 탐욕의 마음을 부정하는 냉소 말이다. 그렇다고 볼 때, 현재 우리가 직면하는 냉소의 현상학은 다분히 변증법적이고 이중적이다. 중세적 질서를 냉소할 수 있도록 우리에게 용기를 주었던 자본의 논리를 냉소해야 하기 때문이다.

중세가 종교적 문법에 짓눌렸던 시기라면, 현재는 자본의 법칙에 의해 억압당하는 시절이다. 우리의 적은 외부에 있지 않다. 내 안에 있다. 나의 탐욕이 문제의 원인이 되었고, 나의 욕망이 사건의 유력한 용의자다. 이렇게 시대가 바뀌면서 냉소의 성격도 변해야 한다. 외부에 존재하는 사회적 부조리에 대한 냉소에서, 자본의 목소리에 순응하고 복종하는 나의 내면의 욕망과 탐욕이 냉소의 대상이 되었다. 냉소의 칼끝이 이제 그 누구도 아닌 나를 향해 있다. 이것이 바로 21세기 새로운 파국의 지형학이다.

여기가 로도스다, 여기서 뛰어라!

헤겔이 『법철학』 서문에서 인용하고, 마르크스도 『루이 보나파르트의 브뤼메르 18일』에서 빌려 쓴 이솝우화에 나오는 대사 하나를 적으며 이 책의 여정을 마무리하고자 한다. "여기가 로도스다, 여기서 뛰어라!" Hic Rhodus, hic salta!*

이야기의 배경은 이렇다. 어떤 허풍쟁이가 자기가 로도스 섬에 있을 때는 높이 뛰었다고 자랑했다. 그러면서 "여기가 로도스 섬이라면 잘 뛸 수 있었을 텐데"라고 말하자, 옆에 있던 사람이 그에게 "여기가 로도스다, 여기서 뛰어라!"라고 말했다는 이야기다.

마르크스는 객관적이고 필연적인 조건이 충족되어야 혁명이 일어날 수 있다고 말했고, 헤겔은 미네르바의 부엉이는 황혼녘에 날개를 편다고 말했다. "여기가 로도스다, 여기서 뛰어라!"는 혁명의 날이 밝았다는 신호이고, 비상의 시작을 알리는 목소리이며, 양적 축적에

---

* 카를 마르크스, 최형익 옮김, 『루이 보나파르트의 브뤼메르 18일』(비르투출판사, 2012), 17쪽.

따른 질적 승화의 순간을 가리키는 표현이다. 발터 벤야민은 이 혁명의 순간을 "지금 시간jetztzeit으로 충만된 시간"이라 불렀고, 데리다는 그때를 "탈구된 시간"The time is out of joint이라 말했다. 결국 모두 변혁이 일어나는 순간에 대한 아포리즘이다.

이제 공은 우리에게 넘어왔고, 역사의 한복판에서 각자가 그 순간을 결정해야 한다. 우리는 자기가 머물고 있는 '지금-여기'에서의 작은 실천과 투쟁에 인색해지기 쉽다. "아직 여건이 무르익지 않았고, 아직 상황이 이르고, 좀 더 냉철해져야 하고, 소영웅주의에 빠지지 말고 조금만 진정하라"라고 스스로를 다독거린다. "실행에 옮기는 것은 좀 더 지켜본 후에 하면 된다"라는 말이 "로도스에서는 잘 뛰었는데"라는 허세와 동일하게 들리는 이유는 무엇일까. 중요한 것은 지금 여기서 내가 할 일이다. 자, 이제 그대는 무엇을 할 것인가? 나의 마지막 말은 이것이다. "지금이 바로 파국의 시간이고 여기가 다름 아닌 파국의 장소다. 그러니 뛰어라! 여기가 그대가 찾던 로도스다!"

감사의 말

저자만큼 자기가 쓴 책을 잘 아는 사람이 있을까요. 가위에 눌려 잠을 이루지 못하는 많은 밤들을 지나야, 마감을 앞두고 위에서 신물이 넘어오는 시간들을 견뎌야 비로소 작품을 잉태하는 작가는 필경 그 괴로움을 즐겨야 한다는 점에서 마조히스트가 아닐까 합니다. 또 저자란 온갖 허점과 단점이 난무하는 자신의 책과 마주하는 최초의 목격자이기도 합니다. 혹 누군가가 자기 책의 장점을 일러주어도 저자는 잘 믿지 않습니다. 어떤 책의 미덕을 겨우 발견하는 마지막 사람이 있다면 그이는 책의 저자일 확률이 높습니다.

2016년 초부터 책을 쓰겠노라고 다짐하고 나서도 1년이 넘도록 진척이 없었습니다. 하얀 노트북 화면에 커서가 깜박거리면서 글을 기다리는 모습은 마치 신호등 앞에서 빨간불이 파란불로 바뀌기를 기다리는 차량들의 거친 호흡과도 같았습니다. 파란불로 바뀌면 옆에서 대기하고 있던 차들은 맹렬히 달려 나가는데 나만 그대로 교차로에 정지해 있는 느낌이 한동안 저를 괴롭혔습니다. 그럴 때마다 빨리 가라고 재촉하지 않고 질주하는 교차로에서 저와 함께 있어준 아내 김

358

희선은 언제나 내 글을 처음 읽는 독자요 평자, 그리고 연인입니다.

　돌이켜보면 어릴 적 아버지 서가에 꽂혀 있던 책들을 훔쳐보면서 내 의식의 가위눌림은 시작되었습니다. 그래서일까요. 지금도 그 서재에 가면 그렇게 마음이 편합니다. 여전히 아버지는 서재 책상에 앉아 무엇인가를 읽고 있고, 뭔가를 써서 어딘가로 보내고 계시죠. 어머니는 아버지가 쓴 글의 시크하면서도 따뜻한 평자이자 독자입니다. 평생 한결같은 마음으로 주님의 교회를 섬겼던 두 분에게 기쁨이 되고, 아들을 위해 가슴 졸이며 애태우셨던 두 분의 시간이 이 책으로 인해 적게나마 위로가 된다면 저로서는 더할 나위 없이 기쁠 것 같습니다.

　서대문에서 저와 함께 생활신앙을 실천하고 있는 한백교회 교우들, 수유리와 오산에서 신학의 향연을 펼쳤던 한신대학교 학부와 신학대학원 학생들이 없었더라면 이 책은 세상의 빛을 보지 못했을 겁니다. 얼치기 선생이자 풋내기 담임목사인 저의 강의와 설교를 좋아라 들어준 저들의 애정과 사랑 덕에 이 책이 나왔습니다. 그들의 애정과 사랑이 혹시 나의 착각과 오인에 기대고 있을지도 모르겠지만, 아무튼 (현실 속 혹은 오인 속에 존재하는) 사랑과 애정이 저로 하여금 환상을 작동하게 했고, 그 환상은 이렇게 실재가 되어 출몰했습니다. 저의 현실과 환상, 그리고 믿음 속에 존재하는 한백의 교인들, 그리고 한신의 제자들에게 저의 두 번째 단행본을 헌정합니다.

　'인문학밴드: 대구와 카레' 도반들과 '제3시대그리스도교연구소' 식구들, 그리고 한신대학교 신학과 희년지기 동지들과 경동의 오래된 친구들에게 책의 출판을 수줍게 알립니다. 전자의 두 부류는 내 의식의 현재를 담당하고, 후자의 두 그룹은 내 삶의 무의식을 관장합니다. 그들과 함께했던 다양한 대화와 토론, 그리고 수다는 내 안에서 길항 관계를 일으켜 나의 글 어딘가로 흩어져 파편처럼 박혀 있습니다.

글을 기다리느라 답답했을 텐데 조급해하지 않고 묵묵히 인내해준 돌베개출판사에 감사드립니다. 돌베개는 대한민국을 대표하는 출판 양심이자 출판 지성이라 감히 말할 수 있습니다. 그것은 돌베개가 걸어온 지난날을 아는 사람이라면 누구나 인정하는 사실입니다. 이런 품격 있는 출판사에서 저의 두 번째 단행본이 나오게 된 것은 분명 영광스러운 일이지만, 저의 졸고가 자칫 돌베개가 쌓아온 명성에 누가 되는 것은 아닌지, 걱정이 드는 것 또한 사실입니다.

시카고 유학시절 작업했던 『탈경계의 신학』(2012) 이후 두 번째로 나오는 단행본입니다. 귀국하자마자 터진 세월호 참사부터 대통령 탄핵에 이은 정권 교체까지 지난 4년이 주마등처럼 스쳐 지나갑니다. 밋밋하고 무료했던 미국 생활 10년에 비하면 지난 4년은 그야말로 다이내믹 그 자체였습니다. 책에서도 간간이 언급했지만 세월호 참사와 저의 한국 사회 재적응은 시작이 같습니다. 광화문과 안산에서 만났던 세월호 가족들, 그리고 자식을 잃고 울부짖는 부모들과 거리에서 함께 비를 맞고 햇살을 받으며 곁을 지켜준 무수한 분들에게 이 책은 많은 빚을 졌습니다. 뿐만 아니라 이 시간에도 고난받는 사람들의 편에 서서 그들과 함께하는 이름 없는 분들이 있음을 우리는 압니다. 신이 사라진 시대에 어떻게 다시 신을 요청하면서 삶을 영위할 수 있을까 고민하다가도 그분들의 현존 앞에서 어렴풋이 신의 임재를 느끼면서 용기를 냅니다. 고맙습니다.

자라면서 저는 많은 죽음에 대한 이야기를 들었습니다. 신학은, 그리고 인문학은 결국 우리를 스쳐간 무수한 억울하고 안타까운 죽음들을 불러내는 것이고, 그 죽어간 사연을 대독하면서 같이 흐느끼는 것에서부터 시작합니다. 죽은 사람들을 다시 호명하고 죽음에서 살아난 사람들의 손을 잡아주는 것, 살아남은 이들에게는 죽음의 존엄과 삶의 역동을 들려주는 것, 그것이 인문학의 전통이고, 신학의 음성이라고 저는 믿습니다. 계속해서 그런 이야기를 전하는 사람으로 남겠습니다. 처음 글자를 알아갈 때 더듬거리며 발음하고 틀리지 않을까 노심초사 꾹꾹 눌러 받아쓰기를 했던 것처럼, 오독하지 않으려고 노력할 것이고 맞춤법이 틀리지 않도록 주의할 것입니다. 그것이 오늘을 살아가는 인문/신학자의 천형이라 여기면서 말입니다.

문득 이 순간 김연수의 단편소설 「다시 한 달을 가서 설산을 넘으면」의 마지막 구절이 생각나네요. "여기인가? 아니, 저기. 조금 더. 어디? 저기. 바로 저기. 다시 한 달을 가서 설산을 넘으면, 바로 저기. 문장이 끝나는 곳에서 나타나는 모든 꿈들의 케른, 더 이상 이해하지 못할 바가 없는 수정의 니르바나, 이로써 모든 여행이 끝나는 세상의 끝."

이 책을 쓰기 전에 마음먹었던 게 있었습니다. 탈고 후 설산을 넘으면 내게 새로운 깨달음의 경지가 펼쳐지리라. 하지만 막상 탈고를 하고 설산을 넘어 도달한 세상엔 적막함과 고요함뿐이네요. 다시 한 달을 가서 설산을 넘으면 그곳엔 꿈꾸던 성숙의 경지와 바라던 지혜의 샘이 있을까요. 잠시 쉬었다가 다시 짐을 챙겨 설산으로 향하려 합니다. 이번에 설산을 넘으면 제가 꿈꾸던 그곳에 당도할 수 있도록 빌어주십시오. 거기서 다시 소식 전하겠습니다. 평안을……

2018년 늦봄, 서대문 한백에서
이상철

감사의 말

발표 지면

본문에 실린 글들의 발표 지면은 아래와 같다. 대부분의 글은 책으로 묶는 과정에서 재집필 및 편집 의도와 의미 맥락의 변화에 따라 대폭 수정·보완한 것이지만, 그 최초 발표 지면을 밝혀두는 바이다.

2장 「본회퍼와 레비나스의 타자의 윤리」, 『신학연구』 66(한신대 신학대학, 2015), 59~87쪽.

3장 「해체론 시대의 기독교윤리」, 『한국기독교학회 제45차 정기학술대회발표 논문집』(한국기독교학회, 2016), 347~366쪽.

4장 「애도의 문법」, 『헤아려본 세월』(포이에마, 2015), 87~104쪽.

5장 「관점, 상상, 그리고 믿음」, 『씨네 21』 983(2014. 12), 52~53쪽.

6장 「제2계명 하느님의 이름을 함부로 부르지 못한다: 신의 이름을 둘러싼 전통, 상상, 그리고 진실」, 『가장 많이 알고 있음에도 가장 숙고되지 못한 '십계'에 대한 인문학적 고찰』(글항아리, 2018), 41~60쪽.

7장 "A Conversation with Minjung Messiah and Derrida's Messianic," *MADANG: International Journal of Contextual Theology in East Asia* Vol. 23(June 2015)(Seoul: Sungkonghoe University press, 2015), 25~46쪽.

8장 「무신론자의 믿음」, 웹진 『제3시대』(2017. 3), http://minjungtheology.tistory.com/773.

9장 「루터의 독일어 성서 번역에 깃든 해체성」, 『기독교세계』 1019(기독교대한 감리회 출판국, 2016. 4), 66~69쪽.

10장 「어느 늙은 민중신학자의 편지」, 『박근혜 정부의 탄생과 신학적 성찰』(동연,

2013), 93~116쪽.

11장 「호모 후마니타스」, 웹진 『제3시대』(2017. 9), http://minjungtheology. tistory.com/869.

12장 「옥바라지 골목을 둘러싼 서사학」, 『이제 여기 그 너머』(여울목, 2016 가을), 91~100쪽.

13장 「여혐, 그 중심에 교회가 있다」, 웹진 『제3시대』(2016. 6), http://minjun-gtheology.tistory.com/636.

14장 「자살에 관하여」, 웹진 『제3시대』(2017. 8), http://minjungtheology.tistory. com/853.

15장 「수장당한 세월호의 유령들이 아직 이곳에 있다」, 『남겨진 자들의 신학』(동연, 2015), 71~84쪽.

16장 「너희가 그들을 아느냐?: 한국 보수 개신교의 성 소수자 문제를 바라보는 관점에 대한 독설」, 『한신학보』 547(2017. 9. 1), 11면, 548(2017. 9. 25), 6면.

참고문헌

강성영, 『생명, 문화, 윤리: 기독교 사회윤리학의 주제 탐구』, 한신대학교 출판
　　부, 2006.

강원돈, 『物의 신학』, 한울, 1992.

고재식, 『기독교윤리의 유형론적 연구』, 대한기독교서회, 2005.

김민웅 외, 『헤아려본 세월』, 포이에마, 2015.

김애란 외, 『눈먼 자들의 국가』, 문학동네, 2014.

김진호 외, 『사회적 영성: 세월호 이후에도 '삶'은 가능한가』, 현암사, 2014.

김진호 외, 『죽은 민중의 시대 안병무를 다시 본다』, 삼인, 2006.

김진호, 『급진적 자유주의자들』, 동연, 2009.

_____, 『산당들을 폐하라』, 동연, 2016.

_____, 『시민 K, 교회를 나가다』, 현암사, 2012.

김현경, 『사람, 장소, 환대』, 문학과지성사, 2015.

백욱인 엮음, 『속물과 잉여』, 지식공작소, 2013.

박영호, 『다석 유영모 어록』, 두레, 2002.

백소영, 『세상을 욕망하는 경건한 신자들: 경건과 욕망 사이』, 그린비, 2013.

서보명, 『대학의 몰락』, 동연, 2011.

_____, 『미국의 묵시록』, 아카넷, 2017.

손규태, 『개신교 윤리사상사』, 대한기독교서회, 1998.

_____, 『마르틴 루터의 신학사상과 윤리』, 대한기독교서회, 2004.

_____, 『한국 개신교의 신학적-교회적 실존』, 대한기독교서회, 2014.

신상규, 『호모사피엔스의 미래: 포스트휴먼과 트랜스휴머니즘』, 아카넷, 2014.

안병무, 『민중신학 이야기』, 한국신학연구소, 1991.

이상철, 『탈경계의 신학』, 동연, 2012.

이화인문과학원 & LABEX Arts-H2H 연구소, 『포스트휴먼의 무대』, 아카넷, 2015.

채수일, 『신학의 공공성』, 한신대학교 출판부, 2010.

한국학술협의회 편, 『인문정신과 인문학』, 아카넷, 2007.

게오르크 루카치, 반성완 옮김, 『소설의 이론』, 심설당, 1998.

게오르크 빌헬름 프리드리히 헤겔, 임석진 옮김, 『정신현상학』, 분도출판사, 1981.

디트리히 본회퍼, 강성영 옮김, 『창조와 타락: 디트리히 본회퍼 선집 3』, 대한기독교서회, 2010.

_____, 손규태·이신건·오성현 옮김, 『윤리학: 디트리히 본회퍼 선집 7』, 대한기독교서회, 2010.

_____, 손규태·정지련 옮김, 『저항과 복종(옥중서간): 디트리히 본회퍼 선집 8』, 대한기독교서회, 2010.

래리 시덴톱, 정명진 옮김, 『개인의 탄생』, 부글북스, 2016.

로버트 L. 애링턴, 김성호 옮김, 『서양 윤리학사』, 서광사, 2003.

로지 브라이도티, 이경란 옮김, 『포스트휴먼』, 아카넷, 2015.

리처드 커니, 이지영 옮김, 『이방인, 신, 괴물』, 개마고원, 2004.

마르틴 루터, 추인해 옮김, 『그리스도인의 자유』, 동서문화사, 2016.

마리 안느 레스쿠레, 변광배·김모세 옮김, 『레비나스 평전』, 살림, 2006.

미셸 푸코 , 이규현 옮김, 『말과 사물』, 민음사, 2012.

_____, 김부용 옮김, 『광기의 역사』, 인간사랑, 1999.

_____, 신은영·문경자 옮김, 『성의 역사2: 쾌락의 활용』, 나남출판, 2004.

_____, 이희원 옮김, 『자기의 테크놀로지』, 동문선, 1997.

슬라보예 지젝, 김정아 옮김, 『죽은 신을 위하여: 기독교 비판 및 유물론과 신학의 문제』, 길, 2007.

_____, 김서영 옮김, 『시차적 관점』, 마티, 2009.

_____, 김성호 옮김, 『처음에는 비극으로, 다음에는 희극으로』, 창비, 2010.

_____, 김재영 옮김, 『무너지기 쉬운 절대성』, 인간사랑, 2004.

_____, 박정수 옮김, 『그들은 자기가 하는 일을 알지 못하나이다』, 인간사랑, 2004.

_____, 박정수 옮김, 『How to Read 라캉』, 웅진지식하우스, 2007.

_____, 이성민 옮김, 『부정적인 것과 함께 머물기』, 도서출판b, 2007.

_____, 이수련 옮김, 『이데올로기라는 숭고한 대상』, 인간사랑, 2002.

_____, 이현우 외 옮김, 『폭력이란 무엇인가』, 난장이, 2011.

_____, 주성우 옮김, 『멈춰라, 생각하라』, 와이즈베리, 2012.

_____, 최생열 옮김, 『믿음에 대하여』, 동문선, 2003.

슬라보예 지젝·존 밀뱅크, 배성민·박치현 옮김, 『예수는 괴물이다』, 마티, 2013.

알랭 바디우, 현성환 옮김, 『사도 바울』, 새물결, 2008.

알렉상드르 코제브, 설헌영 옮김, 『역사와 현실 변증법』, 한벗, 1981.

알렌카 주판치치, 이성민 옮김, 『실재의 윤리』, 도서출판b, 2004.

야콥 타우베스, 조효원 옮김, 『바울의 정치신학』, 그린비, 2012.

에마뉘엘 레비나스, 강영안 옮김, 『시간과 타자』, 문예출판사, 1996.

_____, 김도형 외 옮김, 『신, 죽음 그리고 시간』, 그린비, 2013.

_____, 김연숙·박한표 옮김, 『존재와 다르게: 본질의 저편』, 인간사랑, 2010.

_____, 양명수 옮김, 『윤리와 무한』, 다산글방, 2000.

에밀 뒤르켐, 황보종우 옮김, 『자살론』, 청아출판사, 2008.

에버렛 퍼거슨, 박경범 옮김, 『초대교회 배경사』, 은성, 1993.

위르겐 몰트만, 김균진 옮김, 『십자가에 달리신 하나님』, 대한기독교서회, 1987.

_____, 김균진·김명용 옮김, 『예수 그리스도의 길』, 대한기독교서회, 1990.

위르겐 하버마스, 이진우 옮김, 『현대성의 철학적 담론』, 문예출판사, 1994.

임마누엘 칸트, 백종현 옮김, 『순수이성비판 1』, 아카넷, 2006.

자크 데리다 외, 강우성 옮김, 『이론 이후 삶: 데리다와 현대이론을 말하다』, 민
　　음사, 2007.

＿＿＿, 김보현 엮고 옮김, 『해체』, 문예출판사, 1996.

＿＿＿, 남수인 옮김, 『환대에 대하여』, 동문선, 2004.

＿＿＿, 신정아·최용호 옮김, 『신앙과 지식』, 아카넷, 2016.

＿＿＿, 진태원 옮김, 『마르크스의 유령들』, 이제이북스, 2007.

제이슨 포웰, 박현정 옮김, 『데리다 평전』, 인간사랑, 2011.

조르조 아감벤, 강승훈 옮김, 『남겨진 시간』, 코나투스, 2008.

＿＿＿, 박진우·정문영 옮김, 『왕국과 영광』, 새물결, 2016.

조셉 플레처, 이희숙 옮김, 『상황윤리』, 종로서적, 1989.

존 힉, 김장생 옮김, 『신과 인간 그리고 악의 종교철학적 이해』, 열린책들, 2007.

존 D. 갓시, 유석성·김성복 옮김, 『디트리히 본회퍼의 신학』, 대한기독교서회,
　　2006.

존 D. 카푸토, 최생열 옮김, 『종교에 대하여』, 동문선, 2003.

지그문트 바우만, 이일수 옮김, 『액체 근대』, 강, 2009.

＿＿＿, 홍지수 옮김, 『방황하는 개인들의 사회』, 봄아필, 2013.

질 들뢰즈·펠릭스 가타리, 최명관 옮김, 『안티 오이디푸스』, 민음사, 1994.

카를 마르크스, 최형익 옮김, 『루이 보나파르트의 브뤼메르 18일』, 비르투출판
　　사, 2012.

콜린 데이비스, 주완식 옮김, 『처음 읽는 레비나스: 타자를 향한 존재론적 모
　　험』, 동녘, 2014.

테리 이글턴, 강주헌 옮김, 『신을 옹호하다』, 모멘토, 2010.

＿＿＿, 조은경 옮김, 『신의 죽음 그리고 문화』, 알마, 2017.

페터 슬로터다이크, 박미애·이진우 옮김, 『냉소적 이성 비판 1』, 에코리브르,
　　2005.

프란츠 카프카, 전영애 옮김, 「굴」, 『변신, 시골의사』, 민음사, 1998.

　　　　　　　　　　　　　　　　　　　　참고문헌

프리드리히 니체, 곽복록 옮김, 『비극의 탄생』, 범우사, 1989.

_____, 김태현 옮김, 『도덕의 계보학』, 청하, 1992.

_____, 김태현 옮김, 『이 사람을 보라』, 청하, 1992.

Adorno, Theodor, *Negative Dialectics*, translated by E.B. Ashton. New York: Seabury Press, 1973.

Agamben, Giorgio, *Homo Sacer: Sovereign Power and Bare Life*, California: Stanford University Press, 1998.

Ahn Byung-Mu, *Jesus of Galilee*, Hong Kong: Christian Conference of Asia: Dr. Ahn Byung-Mu Memorial Service Committee, 2004.

_____, *Stories of Minjung Theology*, Chun-An: Korea Theological Study Institute, 1990.

Altizer, Thomas J. J., *The Gospel of Christian Atheism*, Philadelphia: Westminster, 1966.

_____, *Living the Death of God: A Theological Memoir*, New York: State University of New York Press, 2006.

Badiou, Alain, *Saint Paul: The Foundation of Universalim*, translated by Ray Brassier, California: Stanford University Press, 2003.

_____, *Ethics: An Essay on the Understanding of Evil*, translated and introduced by Peter Hallward, New York: Verso, 2001.

Benjamin, Walter, *Illuminations*, translated by Harry Zohn, with an introduction by Hannah Arendt, New York: Schocken Books, 1969.

Bonhoeffer, Dietrich, *Letters & Papers from Prison*, edited by E. Bethge, New York: SCM Press Ltd., 1971.

Caputo, John D., *Against Ethics*, Bloomington: Indiana University Press, 1993.

_____, *On Religion*, New York: Routledge, 2001.

Chomsky, Noam, *World Orders, Old and New*, London: Pluto Press, 1997.

Derrida, Jacques, *Specters of Marx*, translated by Peggy Kamuf, New York: Routledge, 1994.

_____, "Hospitality, Justice and Responsibility: A Dialogue with Jacques Derrida," in *Questioning Ethics: Contemporary Debates in Philosophy*, edited by Richard Kearney and Mark Dooley, New York: Routledge, 1998.

_____, *Deconstruction in a Nutshell*, edited by John D. Caputo, New York: Fordham University Press, 1997.

_____, *Of Grammatology*(Corrected edition), translated by Gayatri Chakravorty Spivak, Baltimore and London: The Johns Hopkins University Press, 1997.

_____, *Adieu to Emmanuel Levinas*, translated by Pascale-Anne Brault and Michael Naas, California: Stanford University Press, 1999.

_____, *Acts of Religion*, edited by Gil Anidjar, New York: Routledge, 2001.

Deutscher, Penelope, *How to Read Derrida*, New York: W. W. Norton & Company, 2005.

Finnegan, William, *Cold New World: Growing Up in a Harder Country*, London: The Modern Library, 1999.

Foucault, Michel, *The Care of the Self: Vol. 3 The History of Sexuality*, translated by Robert Hurly, New York: Pantheon Books, 1986.

Fukuyama, Francis, *The End of History and the Last Man*, London: Hamish Hamilton, 1992.

Heidegger, Martin, *Being and Time*, translated by John Macquarrie & Edward Robinson, London: SCM Press Ltd., 1962.

Held, David, Anthony McGrew, David Goldblatt and Jonathan Perraton, *Global Transformations: Politics, Economics and Culture*, Cambridge: Polity Press, 1999.

Hobsbawm, Eric, *On Empire: America, War and Global Supremacy*, New York: Pantheon Books, 2008.

_____, *On History*, New York: The New Press, 1997.

Jennings, Theodore W., *Outlaw Justice: The Messianic Politics of Paul*, California: Stanford University Press, 2013.

Kant, Immanuel, *Critique of Practical Reason*, translated by Lewis W. Beck, New York: Macmillan, 1956.

Kierkegaard, Søren, *Kierkegaard's Writings XII, Concluding Unscientific Postscript to Philosophical Fragments*, translated and edited by Howard and Edna Hong, Princeton: Princeton University Press, 1992.

Lacan, Jacques, *Ecrits: A Selection*, translated by A. Sheridan, New York: W. W. Norton & Company, 1977.

_____, *Seminar VII, The Ethics of Psychoanalysis 1959~1960*, translated by Dennis Porter, New York: W. W. Norton & Company, 1992.

_____, *The Four Fundamental Concepts of Psycho-Analysis*, New York: W. W. Norton & Company, 1981.

Levinas, Emmanuel, *Totality and Infinity: An Essay on Exteriority*, translated by Alphonso Lingis, Pittsburgh: Duquesne University Press, 1969.

_____, *Time and the Other*, translated by Richard A. Cohen, Pittsburgh: Duquesne University Press, 1987.

_____, *Entre Nous: On Thinking of the Other*, translated by Michael B. Smith & Barbara Harshav, New York: Columbia University Press, 1998.

_____, *The Levinas Reader*, edited by Seán Hand, MA: Blackwell, 1989.

_____, *Of God Who Comes to Mind*, translated by Bettina Bergo, California: Stanford University Press, 1998.

_____, *Otherwise than Being or Beyond Essence*, translated by Alphonso Lingis, Pittsburgh: Duquesne University Press, 1998.

Long, Jr., Edward LeRoy, *A Survey of Christian Ethics*, New York: Oxford University Press, 1967.

Lyotard, J. F., *The Postmodern Condition: A Report on Knowledge*, translated by Geoff Bennington and Brian Massumi, Minneapolis: The University of Minnesota Press, 1984.

Niebuhr, H. Richard, *The Responsible Self*, New York: Harper & Row, 1963.

Peperzak, Adriaan T., "The Significance of Levinas's Work for Christian Thought," in *The Face Of The Other And The Trace Of God: Essays on the Philosophy of Emmanuel Levians*, edited by Jeffrey Bloechl, New York: Fordham University Press, 2000.

Ramsey, Paul, *Basic Christian Ethics*, Louisville: John Knox Press, 1993.

Žižek, Slavoj, *The Sublime Object of Ideology*, New York: Verso, 1989.

_____, *Welcome to the Desert of the Real*, London and New York: Verso, 2002.

찾아보기

255